Zen-shiatsu

Shizuto Masunaga

Zen-shiatsu

Como harmonizar o yin/yang para uma saúde melhor

Tradução
Yara Beatriz Polati

EDITORA PENSAMENTO
São Paulo

Título do original:
"Zen shiatsu — how to harmonize Yin and Yang for better health"

Edição	Ano
5-6-7-8-9-10-11	97-98-99

EDITORA PENSAMENTO LTDA.

Rua Dr. Mário Vicente, 374 — 04270-000 — São Paulo, SP — Brasil — Fone: 272-1399.

Impresso em nossas oficinas gráficas.

Sumário

Prefácio

Há muitos aspectos da cultura japonesa que foram influenciados pelo zen: o kendô, o tiro com arco, o judô, a jardinagem, a arquitetura, a cerimônia do chá, os arranjos florais (*ikebana*), o teatro Nô, a pintura com pincel, a caligrafia, o haicai, e até a culinária de certos alimentos como o tofu, a soja fermentada, as ameixas salgadas, o missô, etc. De fato, essa influência é tão generalizada que muitos japoneses esqueceram sua importância. Para eles, o zen é somente uma das seitas religiosas do budismo ou simplesmente o treino para se tornar monge através da meditação. Entretanto, com a popularização do zen no Ocidente, muitos japoneses o estão reavaliando para redescobrir a sabedoria oriental em relação à cultura, à saúde e ao modo de vida.

O propósito fundamental do zen é conseguir o esclarecimento total do homem através da descoberta de si mesmo.

O shiatsu é uma forma de manipulação física que se desenvolveu no Japão no século XX. Sua origem está nas antigas técnicas chinesas, o *do-in* e a *anma*. O *do-in* é muito parecido com a ioga, enquanto a *anma* se assemelha à massagem ocidental. Essas duas técnicas são as mais antigas formas de tratamento médico do Oriente.

Atualmente, as modernas terapias de manipulação, como a quiropatia e a osteopatia, importadas principalmente da América, estabeleceram um novo *status* em medicina. A massagem é, ainda, mais ou menos, considerada como um substituto médio. No Japão, a *anma* é praticada especialmente pelos cegos, objetivando o prazer e o conforto. Foi só recentemente que o autêntico shiatsu apareceu com o propósito único de tratamento médico. A fim de distinguir o shiatsu da *anma*, os terapeutas do shiatsu, intencionalmente, emprestaram teorias médicas ocidentais para explicar esse tipo especial de tratamento. Impropriamente, alguns terapeutas enfatizaram que a mera pressão pode curar todas as doenças. Essa mesma atitude orienta aqueles que pensam que somente sentar-se em meditação zen os conduzirá ao *satori*. Essa atitude, infelizmente, afasta qualquer significado oculto mais profundo. É verdade que o zen começa com a meditação, mas não sabemos por que devemos nos sentar para meditar. Visto que, no zen, as respostas não podem ser racionalizadas, há uma chance de que o entendimento possa ser obtido através da meditação.

O mesmo ocorre com o shiatsu. Ele começa com a pressão dos dedos, mas é difícil explicar por que a pressão dos pontos cura as doenças. Tanto no zen como no shiatsu, estamos lidando com algo que não pode ser explicado racionalmente, mas que deve ser sentido pelo corpo.

No zen, é difícil apreender e compreender a sabedoria que está por trás da filosofia oriental, mas isso é necessário para se entender o que ele é, na verdade. No shiatsu, a simples pressão não lhe revelará a essência vital daquilo que você está pressionando. Sem o conhecimento da filosofia oriental, você não será capaz de compreender o significado da vida e, portanto, aplicará o shiatsu de forma incorreta. Há pouco tempo publiquei um livro para explicar e mostrar a eficácia do shiatsu baseado na teoria médica oriental. O princípio subjacente que salientei foi, como no zen, o de se estabelecer um "eco" vital com o receptor do shiatsu. Alguns japoneses não levam em conta essa importante sensação, mas isso reduz o shiatsu a uma técnica mecânica, e ele deixa de ser um meio de restaurar a força vital de nosso corpo.

No zen é importante que se tenha um bom mestre com quem se possa aprender. No shiatsu, o paciente é o mestre. Pode-se atingir o *satori* curando doenças e restituindo a saúde. O mais importante é que você faça o diagnóstico pelo toque. Esse tipo de diagnose é chamado de *setsu-shin*, em japonês. Nesse tipo de diagnose, não procuramos uma doença específica. Pelo contrário, procuramos entender o paciente psicológica e fisicamente. Meu método foi explicado no livro *Zen treatment*, editado pelo professor Koji Sato, que é psicólogo e foi também meu professor de colégio. Ele devotou igualmente sua vida à divulgação dos princípios do zen pelo mundo. A filosofia básica deste livro vem de Hakuin Zenshi, que enfatizou o auto-*anma*. O professor Sato afirma que o shiatsu, para o paciente, é um tipo de zen mútuo, homem a homem. Deshimaru Roshi estudou o shiatsu em Paris a partir de uma apresentação feita pelo professor Sato, que usou o shiatsu em um de seus alunos para corrigir o alinhamento da espinha. Não só corrigiu a espinha, como também curou doenças.

Há muitas escolas de shiatsu, mas são raros os praticantes que se baseiam na teoria da medicina oriental. Muitas técnicas de shiatsu introduzidas no Ocidente são consideradas remédios caseiros e não tratamento.

Acredita-se que a medicina oriental tenha sido amplamente influenciada pela medicina indiana. Quando eu estava lendo um sutra budista, o Zo-agonkyo, que é praticado na Índia, uma passagem me chamou a atenção. Ele explicava como o mestre mais importante da medicina devia conhecer bem a doença, encontrar sua origem e causa, tratá-la e dedicar-se a conhecer tudo a respeito da constituição do corpo. Essa para mim é a atitude ideal no que diz respeito à medicina. Na China, Confúcio declarou que o médico é o ponto central de tudo: sua função é conectar céu, terra e homens. Isso significa que ele desempenha um papel fundamental ao combinar a ordem universal da natureza com a moral do ser humano. Essa não é uma atitude arrogante, mas de consciência de si mesmo em relação com a lei universal. Nós, que estamos lidando com a medicina, devemos estabelecer a mesma meta.

Com isso em mente, fundei o Instituto Real de Medicina, em Tóquio, que vem se dedicando a pesquisa e estudos há mais de quinze anos. Tenho pretendido divulgar esse conhecimento tanto a leigos como a profissionais.

A medicina oriental não é tão racional como a ocidental, mas, se respeitarmos os mistérios da vida e tornarmos o paciente consciente de si mesmo, ele se empenhará em melhorar e a doença desaparecerá. Ao aplicar sua mão num ponto ou *tsubô*, seguindo as linhas meridianas com os dedos, você perceberá a "vibração" da vida. Se você puder captar e entender essa sensação, a doença como que desaparecerá.

Pretendo, através deste livro, explicar as técnicas não só de um ponto de vista mecânico, mas também de um ponto de vista filosófico, o que habilitará a entender a essência do que estiver fazendo. Acredito que não só é nosso direito, mas também nosso dever, mantermos-nos saudáveis.

SHIZUTO MASUNAGA

1. A filosofia do zen-shiatsu

A história do shiatsu no Japão

O reconhecimento do shiatsu no Japão como um tipo confiável de terapia manipulativa começou há cerca de setenta anos e tornou-se popular junto ao público há cinqüenta. A *anma*, ou massagem japonesa, já era regulamentada pelo governo, e seus praticantes eram obrigados a se licenciar junto aos órgãos competentes.

Para fugir a esses regulamentos, muitos terapeutas já praticantes mudaram o nome do tipo de tratamento que faziam. Assim nasceu o termo "shiatsu". Como esta forma de tratamento tornou-se popular graças às suas técnicas simples mas eficazes, ela foi reconhecida como forma legítima de terapia.

No Japão as três formas legalmente reconhecidas de terapia manipulativa são a *anma*, a massagem ocidental e o shiatsu. Alguns terapeutas profissionais insistem em que existe grande diferença entre elas. Acredito que não existam grandes diferenças no uso de uma prática geral, como ocorre na estimulação aplicada manualmente no corpo humano. É claro que há uma variedade de métodos e de escolas, mas basicamente elas são semelhantes. No Japão, as pessoas se referem ao shiatsu como a uma forma de tratamento médico e o distinguem, desse modo, da *anma*. Isso não se deve às técnicas envolvidas, mas ao fato de a *anma* ser considerada mais uma massagem para o prazer do que para a saúde; além disso, ela pode ser efetuada por cegos.

É importante observar que a eficácia de qualquer tratamento depende da atuação conjunta do praticante e do método. Por essa razão, a eficácia de qualquer tratamento varia muito de praticante para praticante.

A eficiência das diferentes formas de tratamento

Nos antigos livros sobre a *anma*, o método descrito consistia em diagnóstico e tratamento. Essa foi a primeira abordagem completa da medicina. Por volta de mil anos atrás, a medicina chinesa foi introduzida no Japão. Nessa época, o método da *anma* era muito conhecido pela classe médica e considerado o mais seguro e simples para o tratamento do corpo humano. Durante a era Edo (cerca de trezentos anos atrás), exigiu-se que os médicos japoneses estudassem a *anma* a fim de entender e de se familiarizar com a estrutura do corpo humano e com o seu funcionamento, em termos de linhas meridianas. O treinamento desses médicos nesse tipo de terapia manual permitiu-lhes, quando se tornaram independentes, fazer diagnósticos, receitar as ervas da medicina chinesa e localizar os *tsubôs*, os chamados pontos de acupuntura, no intuito de facilitar os tratamentos.

Infelizmente, esse antigo método de manipulação destinava-se somente ao tratamento de problemas simples, tais como ombros enrijecidos e tensão dorsal. Era considerado uma profissão para cegos. Como estes estivessem em situação desvantajosa para receber instrução formal sobre diagnóstico e tratamento, a *anma* tornou-se gradualmente associada ao prazer e ao conforto.

A massagem ocidental, como uma antiga forma de manipulação, está documentada nas histórias egípcia e grega. Atualmente, ela é reconhecida na França como complemento médico e como meio para manter a beleza e a destreza física. Esse tipo de massagem ficou popular no Japão há cem anos, quando abrimos as portas ao Ocidente. Esse tipo de massagem não pertence, contudo, à principal corrente de medicina japonesa.

Mais tarde, um método moderno de manipulação foi importado pelo Japão; esse método se concentrava sobre a estrutura óssea, o sistema nervoso autônomo e o funcionamento dos órgãos internos, em vez de sobre os músculos, a linfa e a circulação sangüínea, como no caso da massagem. Uns poucos terapeutas tradicionais de *anma* estudaram esse novo método e o combinaram com sua técnica, criando um método próprio que, posteriormente, recebeu o nome do seu criador. Todas essas técnicas são classificadas sob o nome geral de "shiatsu". Assim, quando usamos o termo "shiatsu", podemos estar falando de diferentes métodos de manipulação.

Razões e uso das diferentes terapias de manipulação

No *Yellow Emperor's classic of internal medicine*, o Imperador Amarelo perguntou ao mestre de medicina oriental por que havia tantos métodos de tratamento de moléstias e qual a razão de todos eles serem eficientes. O mestre de medicina oriental respondeu que o meio ambiente era o responsável pela existência de diferentes métodos de tratamento. "No leste do país, as pessoas vivem perto do mar, comem mais peixe e proteína e tendem a desenvolver doenças de pele. Nesse caso, o melhor tratamento é a acupuntura. O oeste do país é caracterizado por montanhas e pelo deserto. As pessoas comem mais proteína animal e tendem a ser gordas. Isso, por outro lado, causa o mau funcionamento orgânico interno, e o melhor remédio é a medicina que utiliza ervas. O norte do país é extremamente frio e as pessoas, portanto, têm mais campos para a lavoura diária. Os órgãos tendem a se esfriar e desenvolvem problemas de tosse e catarro. Nesse caso, a moxibustão é mais eficaz. O sul do país é quente e úmido, as pessoas geralmente comem mais alimentos ácidos e fermentados. Estão propensas a espasmos. A acupuntura é o tratamento recomendado sob essas condições. Na planície central do país, as pessoas gostam de comer sem trabalhar muito. Prevalece um problema generalizado de fraqueza. Portanto, o *do-in* e a *ankio (anma)* são eficientes. " Assim, o santo e o gênio combinam esses métodos para obter o tratamento mais eficaz, dependendo das condições do paciente.

Podemos entender, por esse exemplo, que a eficiência de cada método depende da situação. Assim, um leigo pode tratar de uma pessoa e obter sucesso. Impressionado com o seu êxito, repete o mesmo método em outra pessoa. Se tiver bastante sorte para tratar de uma pessoa do mesmo tipo e sob as mesmas condições, obterá um sucesso semelhante. Caso contrário, falhará, sem entender o motivo.

Um terapeuta profissional deve questionar por que não teve sucesso e perceber que não deve seguir somente um método. Conhecer a variedade de métodos ajudará enormemente na determinação de qual deles oferecerá uma forma mais eficaz de tratamento para uma determinada pessoa e seus respectivos problemas.

Muitas escolas de manipulação insistem em que seu método é mais eficiente do que qualquer outro. Criticar uma técnica comparando-a com outra não prova que esta seja mais eficaz ou avançada que aquela. Tal atitude, que contribui para o rebaixamento do *status* da massagem japonesa, e para o fracasso no reconhecimento de mais de um método, é algo que se deve lamentar; freqüentemente, quem acaba sofrendo é o paciente. Em nossa avidez de sermos cientificamente objetivos, tornamo-nos insensíveis à parte subjetiva de qualquer doença — o paciente.

A fim de encontrarmos o tratamento mais eficaz para o paciente, devemos ser receptivos a diferentes tipos de terapias, sempre pensando nele.

Comparação entre a medicina oriental e a ocidental

Depois do Renascimento, a ascensão das ciências naturais acabou com a superstição e com o entendimento errôneo e deu ao homem um conhecimento novo e correto. Fez-se um enorme progresso na exploração de territórios desconhecidos e criou-se uma cultura baseada na ordem natural. Os novos conceitos, desenvolvidos a partir de premissas da ciência natural, resultaram num mundo mais esclarecido e melhor, livrando-o de sua ignorância e primitivismo. Do mesmo modo, na medicina, os cientistas tornaram-se aptos a dominar doenças e problemas difíceis e começaram a acreditar que podiam criar uma utopia em que não houvesse morte ou doença. Em contraste, a medicina oriental baseia-se numa idéia completamente oposta. Por exemplo, o *Somon*, um livro de medicina clássico chinês escrito há dois mil anos, diz que na Antiguidade as pessoas levavam uma vida saudável, chegando a viver mais de cem anos; atualmente, porém, as pessoas vivem a metade desse tempo. Isso ocorre porque os tempos mudaram ou porque as próprias pessoas encurtaram suas vidas? Essa observação é semelhante ao conceito budista sobre a decadência do fim do século, em que a existência feliz do homem marcha para a infelicidade. Mas antes de nos destruirmos completamente e desaparecermos, podemos contar com a ajuda oferecida pela religião e pela medicina para que nos reconduzam aos antigos caminhos e a uma vida melhor. Esse é o conceito oriental de decadência.

No conceito ocidental, o ser humano começou de um ponto escuro e progrediu para um futuro brilhante. Essa teoria pode ser designada como " teoria da linha reta ". No pensamento oriental, ao contrário, a humanidade começou de um mundo ideal e santificado, caminhou para uma existência corrupta, infeliz e desastrosa e aí recuperou algo da felicidade original, no intuito de criar um futuro melhor. Esta é uma teoria cíclica.

Para entender a ordem da natureza, o chamado pensamento ocidental, da linha reta, analisava fenômenos e procurava causas, combinando então os resultados e racionalizando tudo para desenvolver teorias bem sistematizadas. Mas, para entender e explicar o fenômeno da vida, o pensamento racional ocidental defrontava-se com suas próprias contradições. Essas contradições geraram a dialética que corresponde à teoria oriental do yin-yang, em que o fenômeno natural é entendido e explicado do ponto de vista do ciclo vital.

As teorias da linha reta e cíclica

Deixe-me falar um pouco mais sobre a medicina oriental e a ciência natural ocidental. A medicina desenvolveu-se a partir da experiência humana e selecionou métodos que provaram ser eficazes.

Na ciência moderna, recorremos a combinações para criar novas reações e manufaturamos produtos químicos para criar as drogas modernas. A teoria médica básica evolui a partir de experimentos em laboratório, cujo objeto são culturas de germes e animais infectados. A teoria que decorre desta abordagem é que, se você puder dominar o germe que deu início à doença, poderá curá-la. Essa é a essência da teoria da linha reta. Esse conceito, em que o germe infeccioso se torna inofensivo, conduziu às drogas químicas. Atentemos novamente para esse ponto: para a sobrevivência de formas de vida superiores, devemos matar as formas de vida inferiores. Portanto, as drogas e o veneno têm uma sutil afinidade: as drogas podem transformar-se em veneno. A medicina herbácea chinesa utiliza plantas, ossos de animais e minerais. Ela não ataca diretamente a doença, mas, em vez disso, ajuda o paciente.

Fig. 1

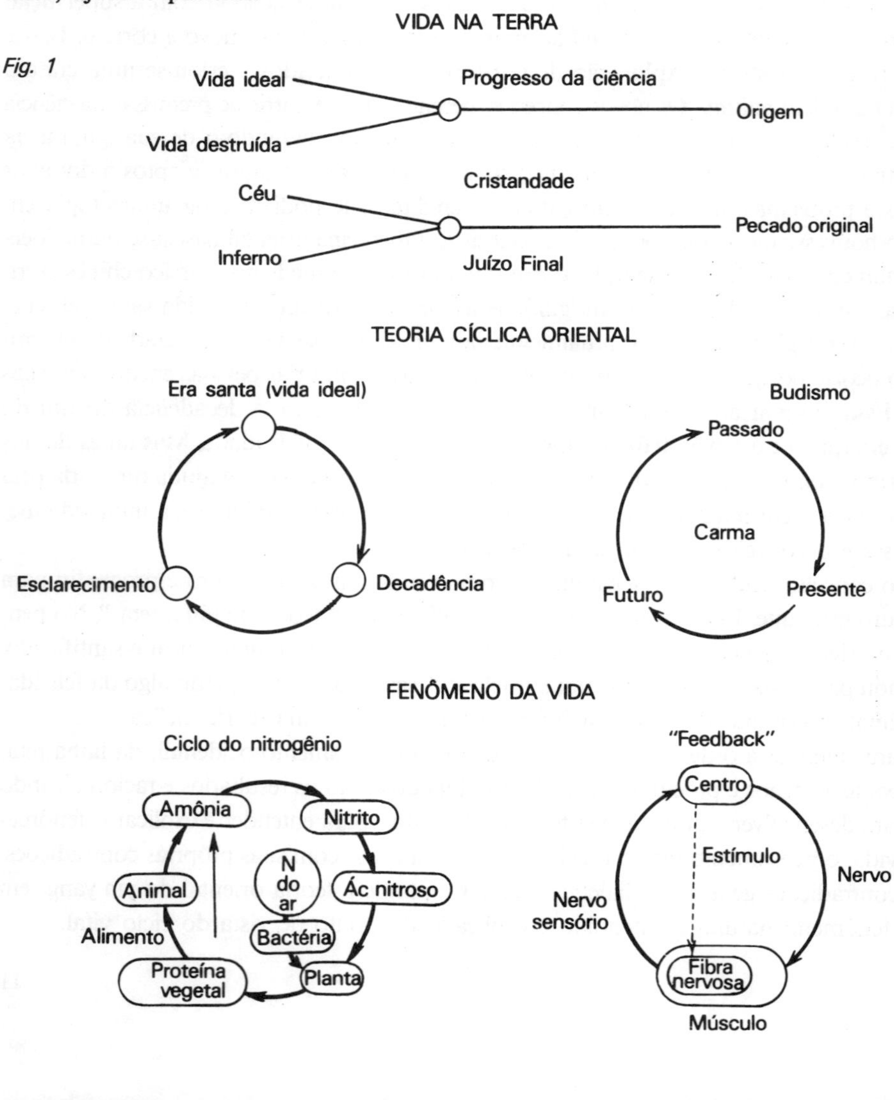

Algumas vezes agravamos temporariamente a doença do paciente, a fim de curá-lo. Esse agravamento temporário é chamado de *menken*. Na medicina ocidental, os médicos controlam a doença e aliviam a dor. Na medicina herbácea chinesa levam-se em conta as condições da doença, e a abordagem é circular, de modo a curar a doença na sua origem. Na filosofia médica ocidental, há um confronto direto de forças. Comparativamente, a medicina oriental, com sua teoria cíclica, considera a condição como ela é e trabalha, a partir desse ponto, para aliviá-la.

Dessa mesma forma, obtemos energia vital através da oxigenação, que transforma o açúcar em ácido láctico e, novamente, através do fosfato de adenosina (ATP), que, por sua vez, transforma o ácido láctico em açúcar. Chamamos a esse fenômeno de teoria do circuito açúcar-ácido láctico, através do qual a pessoa pode obter energia eterna.

No budismo, o resultado de uma causa é novamente uma causa. Causa gera conseqüência e conseqüência gera outra causa. Isto é o que chamamos de carma. Dessa maneira, a energia vital funciona num movimento circular em nosso corpo.

Medicina popular

Hoje estamos tão acostumados com a moderna terapia de drogas que nos esquecemos da importância e da necessidade de compreender o poder de cura do nosso próprio corpo. Sem esse poder, nossos corpos permaneceriam em estado de doença. Infelizmente, a ciência moderna não reconhece nenhum fenômeno que não possa ser explicado segundo a lógica científica; assim, essa verdade tem sido ignorada pelos médicos. Essa mesma atitude dos médicos também é verdadeira no que se refere à medicina popular.

Pelo fato de o seu grau de eficiência não poder ser analisado ou medido cientificamente, a medicina popular é considerada charlatanice. Contudo, de um ponto de vista empírico, não há dúvida de que funciona e é eficaz.

Há um número crescente de pessoas que se desiludem com os efeitos colaterais das drogas químicas e se voltam para a medicina popular como alternativa eficaz. O zelo demasiado, porém, tem provocado artigos que afirmam que os remédios populares são uma panacéia. Esse exagero é tão prejudicial para o público como uma notícia que declare que determinada droga pode curar todas as doenças, pois omite-se o princípio básico subjacente ao verdadeiro significado de saúde e de doença. O princípio subjacente básico e mais importante da saúde é o equilíbrio e a manutenção da nossa força vital e a confiança no poder natural de regeneração do próprio corpo. Medicamentos de qualquer espécie, sejam eles naturais ou químicos, são de importância apenas secundária.

Para que qualquer tipo de tratamento seja eficaz, devemos entender para que ele se destina — com seus limites e suas potencialidades. Para promover o uso e o conhecimento correto da medicina popular, devemos encará-la de modo adequado. Acontece a mesma coisa com o shiatsu.

O objetivo da medicina

Se levamos uma vida saudável e natural, não há necessidade de remédios, exceto em casos de emergência. A história tem nos mostrado que o estado da medicina freqüentemente refletiu as condições sociais da época. Durante a guerra, tempo de caos social, eram comuns as epidemias e prevaleceu a necessidade dos medicamentos. Os livros clássicos sustentam que a necessidade de remédios é um indício de que estamos vivendo de modo anormal e não de acordo com as leis da natureza. Para curar a doença, devemos curar a causa. Por exemplo, desenvolver técnicas médicas avançadas para tratar de soldados feridos na guerra não significa nada, a não ser que tentemos acabar com as guerras. A medicina desenvolvida para curar doenças causadas pela poluição não pode ser considerada um progresso, a menos que acabemos com a poluição. Enquanto o campo médico estiver concentrado na cura dos sintomas de doenças causadas por nossas desordens sociais e tecnológicas, ela somente poderá contribuir para acentuar essa mesma condição social e esse modo de vida anormais.

Medicina preventiva

No Ocidente, a medicina preventiva envolve recentes descobertas de infecções e doenças com tratamento imediato, para a obtenção de corpos saudáveis usando os *check-ups* como rotina. Isto é, de fato, prevenção?

A idéia geral de que se devem evitar as doenças para que não alcancem proporções epidêmicas envolve toda a população, mas não ressalta a responsabilidade que o indivíduo deve ter com as condições da própria saúde. Além disso, na medicina preventiva, como no campo médico em geral, a doença é tratada como um conjunto estereotipado de sintomas que se aplicam a todas as pessoas.

Na medicina oriental, não procuramos uma doença específica, mas, ao contrário, tentamos diagnosticar o fenômeno doentio que ocorre em determinado indivíduo. Ao examinar o paciente, partimos do princípio de que seu corpo é diferente de qualquer outro e levamos em consideração sua constituição básica. Primeiramente, tentamos descobrir por que a doença se desenvolveu e trabalhamos a partir disso, em vez de buscarmos uma cura.

Na medicina oriental, a teoria sobre o estresse, do dr. Hans Selye, confirma que deveríamos selecionar o tipo de tratamento de acordo com o fenômeno que está sendo observado no paciente, em vez de adotar um tratamento para uma doença específica. Na medicina ocidental, não há meio de se tratar um paciente exceto se uma determinada doença com sintomas específicos for claramente diagnosticada. Mesmo a medicina preventiva trabalha tendo em vista esse princípio básico.

Fig. 2

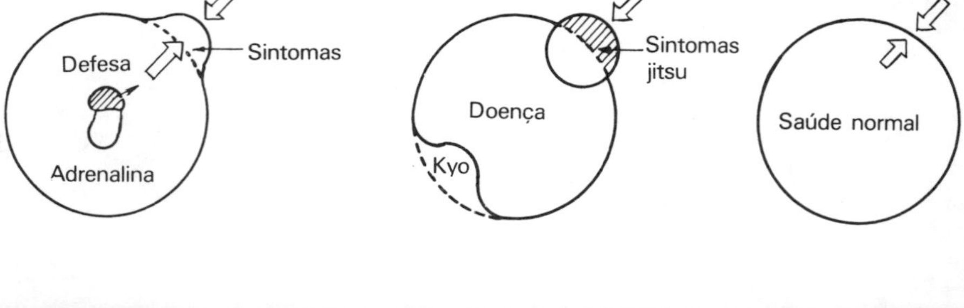

Hoje há muitas pessoas que estão a meio caminho entre a doença e a saúde. Podemos chamá-las de "meio saudáveis" ou de "quase doentes". Do ponto de vista ocidental, não há como ajudá-las até que elas fiquem doentes. Na medicina oriental, podemos iniciar imediatamente o tratamento dessas pessoas meio saudáveis antes de identificarmos a doença e, de fato, ainda mesmo enquanto esperamos a diagnose.

Na Índia, diz-se que a medicina ayurvédica é semelhante à medicina oriental praticada no Japão, isto é, os médicos diagnosticam o fenômeno que ocorre no paciente em vez de procurar uma determinada doença. Resumindo, eles tratam o fenômeno, não a doença.

Se a distorção, ou fenômeno anormal, for logo descoberta, um tratamento eficaz pode ser ministrado antes que ela se torne uma doença concreta que possa ser classificada. Tomar consciência da própria aparência física e tornar-se sensível ao corpo quando alguma coisa não vai "bem" pode ajudar muito na manutenção da verdadeira saúde. Quanto mais branca for a superfície, mais facilmente ela nos revelará a sujeira; quanto mais saudável o corpo, mais sensível estará a perturbações. O verdadeiro sentido da medicina preventiva é conduzir as pessoas à meta da saúde, incorporando os cuidados adequados e a calma à nossa vida diária.

O que o shiatsu faz por você

Considere o shiatsu como um dos melhores métodos de cuidar da saúde no dia-a-dia, pois não só trata, mas também previne as doenças. O tratamento médico convencional só é usado quando você adoece. Nenhum remédio lhe dá a garantia de que você nunca ficará doente se usá-lo. Por exemplo, a vacina contra a tuberculose não se destina a prevenir a infecção da tuberculose, mas serve para matar o germe antes que ele produza os sintomas da referida doença. Além disso, essa medida preventiva é freqüentemente acompanhada de reações colaterais, que podem assemelhar-se a uma manifestação branda da doença que se está tentando evitar. Se a infecção não ocorre, o medicamento não só é inútil como, até certo ponto, é prejudicial àqueles que têm constituição basicamente fraca. Pessoas saudáveis não contrairão tuberculose, com ou sem vacina.

A medicina herbácea chinesa, a acupuntura e a moxibustão curam sintomas, mas não aumentam o vigor físico. Entretanto, ao contrário da medicina ocidental, são capazes de iniciar de imediato o tratamento das pessoas ditas "meio saudáveis", sem as reações colaterais freqüentemente associadas com a medicina ocidental.

É importante lembrarmo-nos de que a inclusão do shiatsu e de uma dieta balanceada na nossa vida diária nos manterá saudáveis. A dieta é a base de uma boa saúde, porque o alimento é o que nutre a vida. Por isso, o adequado conhecimento de uma dieta balanceada é fundamental para manter a saúde.

Para que o organismo se beneficie de uma dieta balanceada, é importante que o alimento seja consumido em condições de relaxamento, que promoverão a digestão correta. A maneira como ingerimos e digerimos os alimentos é muitíssimo influenciada por nosso ambiente social. Assim, em grande parte, nossa saúde reflete os relacionamentos humanos sadios, e depende deles.

Os relacionamentos humanos básicos são de contato físico *(skin-ships)*, isto é, de relações pele a pele. Em nosso ambiente cheio de tensões, esse relacionamento é constantemente ameaçado. Como resultado, grande parte da tensão é transportada pela pele. Por vezes, isso causa afecções cutâneas, que, finalmente, afetam o funcionamento de órgãos internos.

Os tratamentos shiatsu nos permitem a conscientização das deformações não apenas físicas mas também sociais. Se alguém se sente confortável ao receber o shiatsu, é provável que tenha estabelecido boas relações humanas. Se sentir desconforto, a tensão criada pelo ambiente social pode ser um fator da causa do mau funcionamento interno. Em ambos os casos, o shiatsu pode promover o meio de aumentar e estabelecer melhores relacionamentos humanos, essenciais para a boa saúde.

Quando estamos com saúde, nosso corpo reage ao ambiente externo de modo natural e positivo. No shiatsu, emissor e receptor criam um caloroso e compreensível relacionamento humano através do toque e da pressão corporal, e um se torna sensível ao outro. O desconforto mental e emocional pode ser sentido imediatamente pelo contato da pele. Assim, no shiatsu, o desconforto e o funcionamento anormal da mente e do corpo podem ser transmitidos do praticante para o paciente. Em alguns casos, esse desconforto só é sentido posteriormente. O desconforto produzido por estímulos externos, como a pressão, pode nos conscientizar do nosso poder natural de autocura. Ao sentir essa perturbação o paciente tem a oportunidade de conscientizar-se dela e considerar a sua causa. Se o seu estado não for grave, ele poderá depender dos próprios recursos físicos para melhorar. As pessoas sem autoconsciência podem se beneficiar do shiatsu ao sentirem o desconforto, que sintonizam com o que ocorre em seus corpos. Ao conscientizar o paciente desse fenômeno, o praticante do shiatsu pode reconduzi-lo a uma vida normal.

É tarefa do praticante ser sincero quando partilha seu conhecimento com o paciente. Ele não deve criticar as fraquezas dele, mas compadecer-se de sua dor.

2. O zen-shiatsu e sua teoria

Definição de shiatsu

O ministro japonês da Saúde e do Bem-Estar declara: "A terapia do shiatsu é uma forma de manipulação administrada com os polegares, os dedos e a palma das mãos, sem o uso de qualquer aparelho mecânico ou de outro tipo, para aplicar pressão sobre a pele, corrigir o mau funcionamento interno, promover e manter a saúde e tratar de doenças específicas".

A antiga massagem japonesa *anma*, a massagem moderna e o shiatsu podem ser classificados de acordo com o modo pelo qual é aplicado o estímulo manual. O shiatsu também pode ser definido como a aplicação da pressão em um ponto que combina vários tipos de estímulos rítmicos e modulares. Todos os três métodos visam estabilizar o funcionamento do corpo humano; a diferença está em que eles estimulam direta ou indiretamente a circulação sangüínea e a tensão dos nervos. A eficácia da terapia manipulativa tem sido provada pelos experimentos científicos modernos que envolvem estimulação cutânea. Desse ponto de vista, não existem diferenças entre as três técnicas básicas, embora tenham se desenvolvido a partir de princípios diferentes.

Essas três técnicas são classificadas legalmente como diferentes, mas os próprios profissionais vêem pouca razão para isso. O objetivo da teoria de manipulação é curar pessoas trabalhando com sua força natural de cura para corrigir qualquer mau funcionamento interno específico da pessoa. O nome "shiatsu" foi usado para distingui-lo da *anma*, e como uma forma de tratamento em vez de algo usado só para o prazer.

O shiatsu como tratamento médico

Como foi mencionado anteriormente, o ambiente geográfico influi muito no tipo de doença e na medicina usada num determinado lugar. A técnica médica deve ser escolhida de acordo com a condição do paciente. A medicina ocidental desenvolveu-se para tratar doenças como a peste da Idade Média ou o câncer dos tempos modernos e resultou na medicina de emergência. A medicina oriental desenvolveu-se de acordo com a sua geografia e seu ambiente natural; portanto, quando a medicina ocidental chegou ao Japão, teve de ser adaptada ao ambiente japonês. As diferenças entre a massagem japonesa *anma*, a massagem européia e o shiatsu residem nas exigências da sociedade onde elas se desenvolveram. A *anma* e a massagem européia estimulam diretamente a circulação sangüínea, liberando sangue estagnado na pele e nos músculos e a tensão e rigidez resultantes da congestão circulatória. Por outro lado, o shiatsu destaca a correção e a manutenção da estrutura óssea, das juntas, dos tendões, dos músculos e linhas meridianas cujo mau funcionamento deturpa a energia física e o sistema nervoso autônomo, causando as doenças.

O shiatsu, como remédio caseiro, também é eficaz, embora seja necessário um diagnóstico acurado para se obter resultados profissionais positivos. Há pouco tempo publiquei em japonês um livro intitulado *Shiatsu in your home (O shiatsu em sua casa),* cuja principal proposta era divulgar uma nova visão do shiatsu para o praticante profissional.

Surpreendi-me, porém, com o recebimento de muitas cartas de leigos relatando ótimos resultados com a família e amigos. A técnica e a teoria foram compreendidas e praticadas por eles.

É impossível ao leigo praticar acupuntura, quiropatia ou osteopatia; até mesmo profissionais experientes demoram para dominar essas técnicas. O shiatsu, no entanto, é simples, eficaz e seguro. Essas são as razões de sua popularidade como medicina caseira. Há um século e meio, Shinsai Ota escreveu um livro sobre shiatsu-ampuku, em que ressalta que o shiatsu honesto, sincero e simples é muito melhor que o shiatsu profissional, orientado meramente pela técnica.

A diagnose shiatsu

O limite entre o shiatsu profissional e o amador não reside no número de técnicas que podemos usar, mas no fato de que o profissional deve ter a mais completa compreensão da teoria do *tsubô*, do seu funcionamento e aplicação. Ironicamente, quanto mais se enfatiza a facilidade do shiatsu, mais as pessoas recorrem à ajuda do shiatsu profissional.

No nível profissional, o shiatsu requer uma diagnose precisa, a fim de se determinar qual o melhor tratamento para cada paciente. Sem a habilidade para fazer um diagnóstico correto, o terapeuta do shiatsu não pode ir além de meros tratamentos semelhantes aos que são "feitos em casa". No shiatsu, o tratamento significa diagnose e a diagnose, tratamento. Na medicina oriental, usam-se quatro métodos de observação dos fenômenos: *bo-shin*, diagnóstico geral pela observação; *bun-shin*, diagnóstico pelo som; *mon-shin*, diagnóstico através de perguntas; e *setsu-shin*, diagnóstico pelo toque. No shiatsu, o *setsu-shin*, ou diagnóstico pelo toque, é o método definitivo que determina a condição do paciente. No *setsu-shin*, ou diagnóstico tátil, o corpo deve ser considerado como um todo; portanto, as técnicas usadas nesse tipo de diagnose servem para descobrir disfunções em todo o corpo.

Uma técnica usada na medicina oriental como parte do *setsu-shin* é a do pulso. Na medicina ocidental, o pulso indica palpitações cardíacas; no Oriente, é usado para diagnosticar a condição dos doze meridianos. Você pode sentir, na área do pulso, o que são as linhas meridianas *kyo* e *jitsu*.

Outra técnica é a terapia *ampuku* ou *setsu-shin* na região do *hará*. O mestre da medicina oriental Toudou Yoshimasu disse certa vez: "O *hará* é a fonte da energia *ki*. Todas as doenças derivam dessa área. Portanto, você pode sentir qualquer coisa pelo diagnóstico do *hará*". Esse é o princípio básico do diagnóstico *hará* na massagem japonesa. Na terapia *ampuku* não é necessário friccionar ou massagear a região do *hará* — simplesmente aplica-se uma pressão firme e contínua.

A pressão deve ser mantida de três a sete segundos para se obter resultados efetivos. Se pressionarmos rapidamente, não produziremos uma estimulação profunda. Pela pressão firme e contínua na pele, a dor diminuirá gradualmente e estaremos aptos a sentir mais claramente a verdadeira condição dessa área do corpo. Quanto mais concentrada a área de pressão, maiores serão os resultados.

O shiatsu age igualmente sobre os sistemas nervosos simpático e parassimpático. Ambos os sistemas trabalham juntos para regular as atividades do organismo. Por exemplo, quando, de repente, você ouve um ruído inesperado, há uma reação imediata do sistema nervoso simpático. Quando o ruído termina, o sistema nervoso parassimpático se ativa, tornando a pessoa sonolenta.

O mesmo fenômeno ocorre com a pele. Mudanças bruscas geram estimulação do sistema nervoso simpático, aumentando os batimentos cardíacos. Esta é a finalidade da massagem ocidental. Para influir sobre o funcionamento dos órgãos internos, porém, é necessário estimular o sistema nervoso parassimpático. Resumindo, para estimular o corpo, os nervos simpáticos entram em ação; para acalmá-lo, os nervos parassimpáticos tornam-se ativos.

Podemos controlar a reação dos nervos simpáticos e trabalhar com o sistema nervoso parassimpático pela aplicação de uma pressão contínua e firme. O método para atingir os nervos parassimpáticos envolve o uso simultâneo de ambas as mãos. Usando a palma de uma das mãos e a ponta dos dedos da outra, você sentirá na palma as mudanças que ocorrem ao pressionar com as pontas dos dedos da outra mão. Quando o sistema nervoso parassimpático reage negativamente, você sente resistência contra a pressão exercida. Essa resistência não deve ser tomada por tensão numa área particular, mas como uma reação do sistema nervoso autônomo. Qualquer desconforto criado pela qualidade e quantidade incorretas de pressão é sentido mutuamente pelo praticante e pelo paciente.

A simpatia e a compaixão pelo paciente são importantes no diagnóstico oriental. Infelizmente, as técnicas médicas ocidentais ignoram a condição do paciente; se essa condição não corresponde aos seus padrões de doenças, rotulam-na freqüentemente de ansiedade e deixam por isso mesmo. Diagnosticar por meio do tato é como sentir afeição maternal pelo paciente, a fim de sentir-lhe a dor. Isso significa que não estamos tratando do problema do paciente, mas sim partilhando de sua dor. É importante que nos lembremos disso ao aplicar o shiatsu, para não reduzirmos o tratamento a uma técnica superficial de ponta dos dedos. Enquanto o *setsu-shin* for enfatizado e praticado, o shiatsu não será reduzido a uma mera massagem destinada ao prazer.

A manipulação e o diagnóstico tátil

Os livros clássicos de medicina chinesa afirmam que o *kyo* e o *jitsu* devem ser encontrados primeiro pelo toque ou pela massagem das linhas meridianas antes de se administrar a acupuntura ou a moxibustão. Depois que o tratamento é completado, o mesmo procedimento inicial de toque é repetido. Mesmo que você não estimule as linhas meridianas com a acupuntura ou a moxa, resultados melhores podem ser obtidos com a inclusão do diagnóstico tátil. As técnicas modernas de acupuntura, contudo, não usam o *setsu-shin* e, por isso, devem utilizar mais agulhas para alcançar os resultados desejados.

Ainda que os quatro métodos de diagnose já mencionados pareçam difíceis, na verdade todos eles exigem, via de regra, que o paciente seja observado cuidadosamente. Seu padrão respiratório, reações irregulares, como a tosse, e sua conduta devem ser entendidos instintivamente pelo praticante. Os médicos ocidentais crêem que drogas e cirurgias podem curar doenças e consideram o método de diagnóstico um mero procedimento de rotina. Eles não percebem o papel importante que essa "acolhida" representa, no sentido de fazer com que o paciente confie no médico e se sinta seguro. A verdadeira medicina começa no momento em que o médico toca o *hará* do paciente. As drogas e operações são o último recurso. No shiatsu, esse tipo de toque já é tratamento.

O diagnóstico tátil não só é uma forma instintiva de manipulação, mas também uma expressão concreta de um relacionamento humano que pode afetar enormemente os resultados de qualquer tratamento médico. No shiatsu, esse relacionamento "pele a pele" é criado ao se lidar diretamente com o desconforto, usando o diagnóstico tátil.

O *setsu-shin* oriental exige que o praticante aplique pressão contínua e firme, o que relaxa o sistema nervoso simpático, permitindo que o sistema nervoso parassimpático acalme o funcionamento dos órgãos internos. Ao contrário da diagnose tátil ocidental, em que o médico examina as condições da pele, dos músculos e dos órgãos internos pela estimulação do sistema nervoso simpático, gerando uma forte reação, a diagnose tátil oriental do *setsu-shin* desenvolve-se com compaixão instintiva, sem que haja medo. Há condições para que o praticante sinta a real condição do corpo do paciente. Em muitos casos, o praticante é capaz de sentir melhor que o próprio paciente a condição geral do seu corpo.

De acordo com a filosofia do yin e do yang, o yin é calmo e imóvel, ao passo que o yang é superficial e ativo. A combinação dos dois deve ser levada em consideração ao tratarmos das doenças. Os sintomas que aparecem na superfície são yang, enquanto a causa da doença, que é profunda e oculta, é yin. Se não entendermos a causa da doença, o que é difícil de se descobrir, ela não será curada. Para exemplificar esse ponto, considere a grama. A grama cresce acima da terra, é yang; a raiz abaixo é yin. É fácil encontrar a parte que cresce acima da terra, mas é difícil descobrir a parte que fica embaixo. Não importa quantas vezes você corte a grama; mais cedo ou mais tarde ela crescerá de novo, a menos que você a arranque pela raiz. O mesmo se aplica ao shiatsu. Você não pode tratar a doença somente tratando da parte yang.

O shiatsu e os meridianos

Na medicina ocidental o conceito de meridianos não foi provado cientificamente. Porém, assim como a medicina herbácea chinesa, que não é manufaturada num laboratório científico, ela algumas vezes é mais eficaz que as drogas convencionais. Alguns métodos de acupuntura só lidam com os *tsubôs*, ignorando a teoria dos meridianos; mas não posso negar que a própria eficácia do tratamento dos *tsubôs* se relaciona com os meridianos.

Os meridianos são definidos como canais de energia magnética vital do corpo. Algumas vezes esses canais podem ser associados com o funcionamento dos órgãos internos. Há muito tempo, a medicina moderna compreendeu a relação existente entre a pele e os órgãos internos. O Oriente desenvolveu um sistema de tratamento de doenças pelo estímulo, na pele, de pontos que estão conectados ao funcionamento dos órgãos internos. Esses pontos estão ligados por uma linha imaginária que forma os meridianos, usados especialmente na acupuntura e na moxibustão.

Os doutores Yoshio Nagahama e Masao Maruyama publicaram um ensaio dando os sinais de uma doença específica que aparecem na superfície do corpo do paciente como pequenos talhos sob a pele. A disposição desses talhos é semelhante aos meridianos convencionais da acupuntura.

Acredita-se que os meridianos e os *tsubôs* classificados apareceram através da acupuntura, mas creio que a manipulação manual foi a primeira a usá-los. Como mencionei em outra parte deste livro, o tratamento clássico de acupuntura começa e termina com o *setsu-shin* ou diagnóstico tátil, que revela uma apurada diagnose das condições do corpo.

Através de minha própria experiência, descobri que podemos sentir os meridianos mediante a pressão dos *tsubôs* corretos, mesmo que não sejamos praticantes supersensíveis. Também descobri que *tsubôs* conectados a outros formam meridianos mais amplos, que não estão alinhados. Percebi que esses meridianos cobrem todo o corpo e são mais numerosos que os meridianos convencionais da acupuntura.

Recentemente, outras terapias, como a auriculoterapia, a reflexoterapia do pé e a iridologia, têm sido usadas como medidas diagnósticas para determinar a condição do corpo. Levando em consideração essas teorias, admitirmos seis meridianos nos braços, seis nas pernas e, mais ou menos, seiscentos *tsubôs* no corpo inteiro, é um modo bastante simplificado de observar o corpo. O dr. Nagahama divulgou que descobriu duas ou três linhas meridianas adicionais. Julgando por minha experiência clínica, encontrei doze meridianos nos braços e doze nas pernas, que passam pelas costas, o *hará* , o pescoço e a cabeça.

Na medicina clássica oriental, há catorze meridianos principais. Na manipulação, não devemos nos limitar a esses meridianos, como no caso da acupuntura. Podemos acrescentar outros meridianos aos convencionais, porque, na manipulação, relacionamo-nos com uma área mais ampla. Há tempos, em meus tratamentos, descobri doze meridianos nas pernas e doze nos braços. O tratamento desses meridianos tem produzido resultados mais eficazes.

Fig. 3

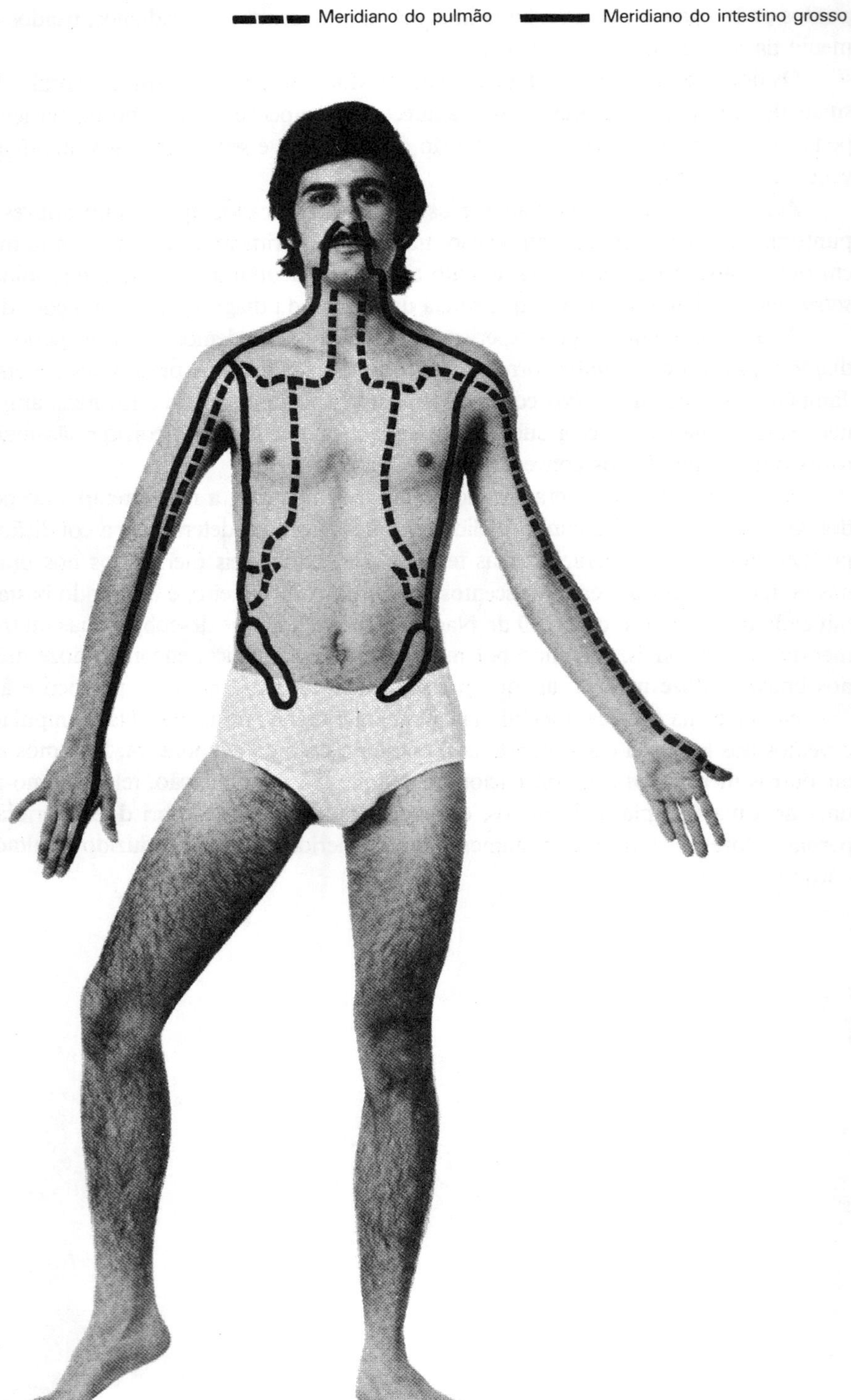

Fig. 4

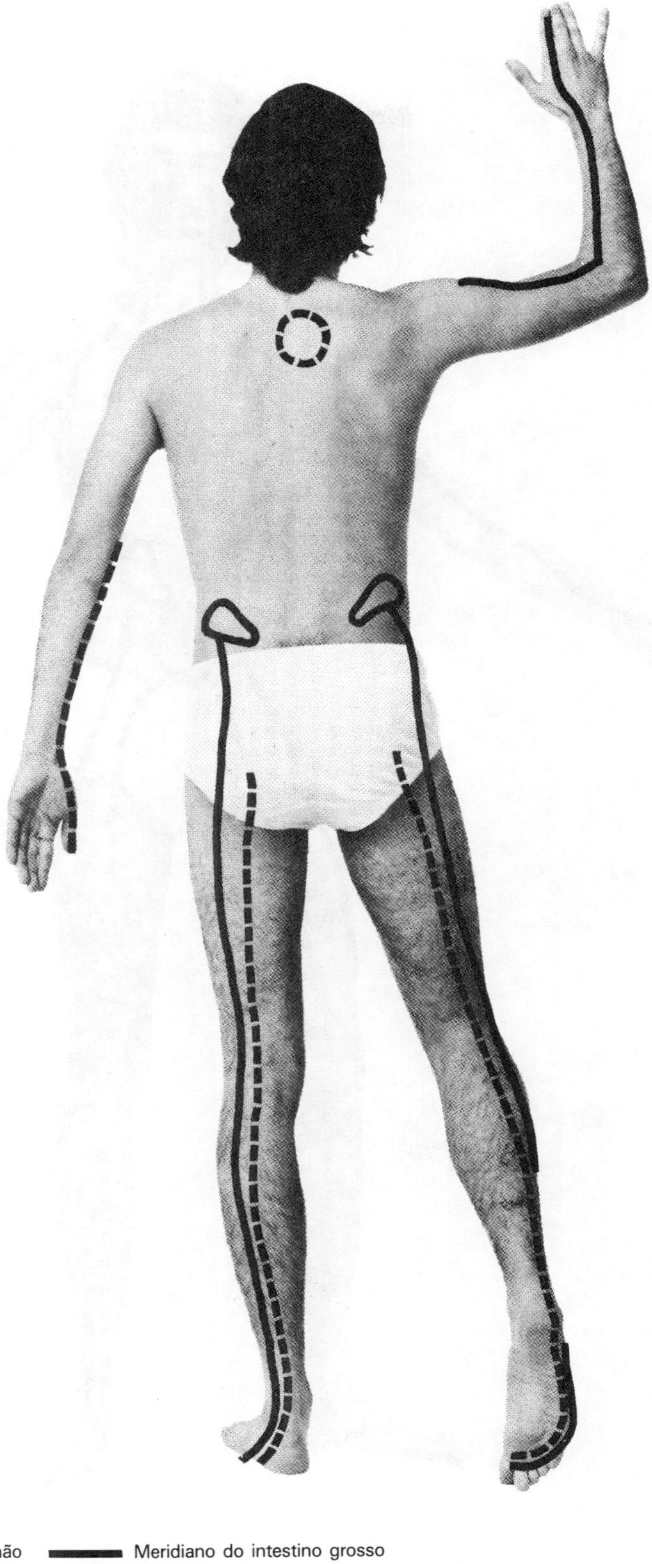

Meridiano do pulmão — Meridiano do intestino grosso

Fig. 5

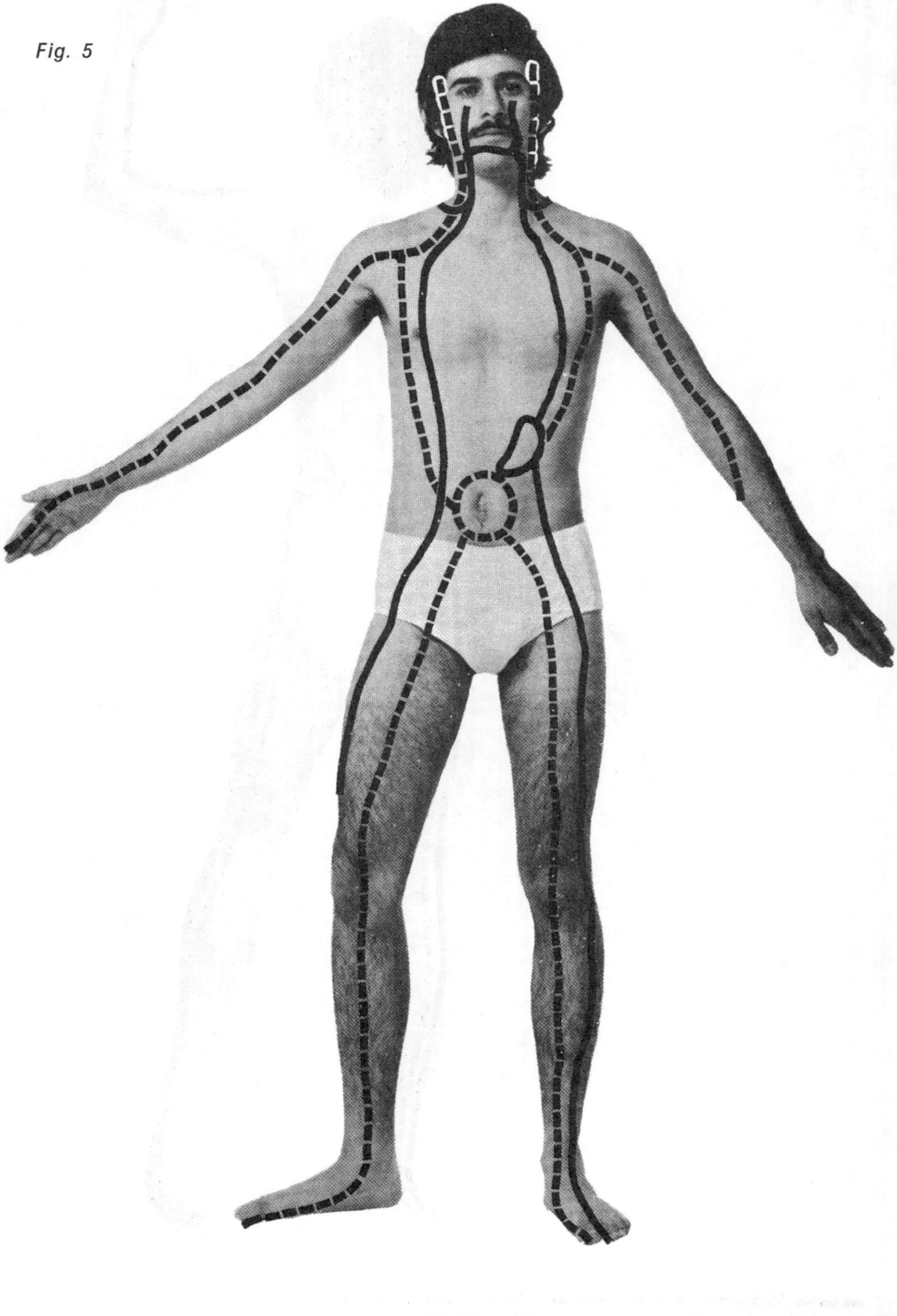

Fig. 6

Meridiano do baço

Meridiano do estômago

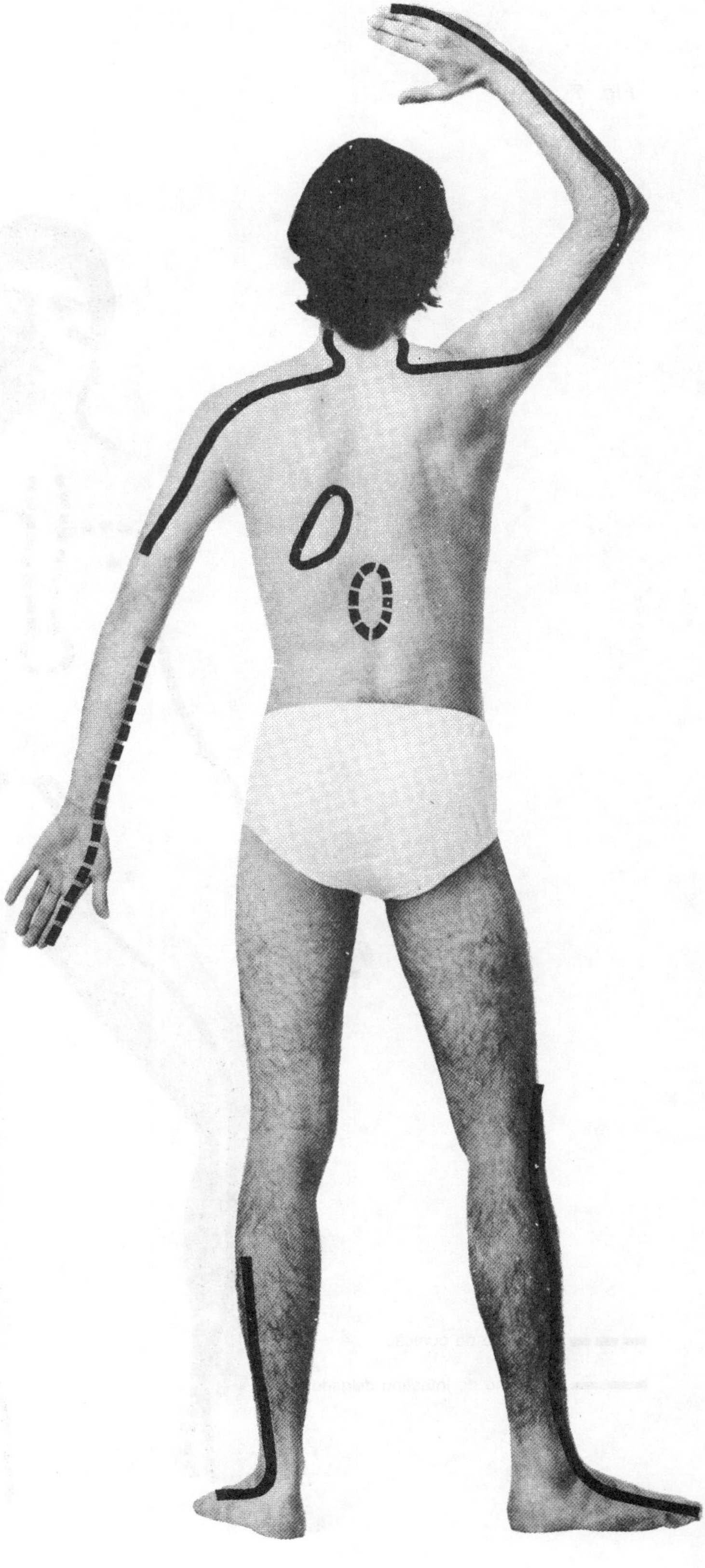

Fig. 7

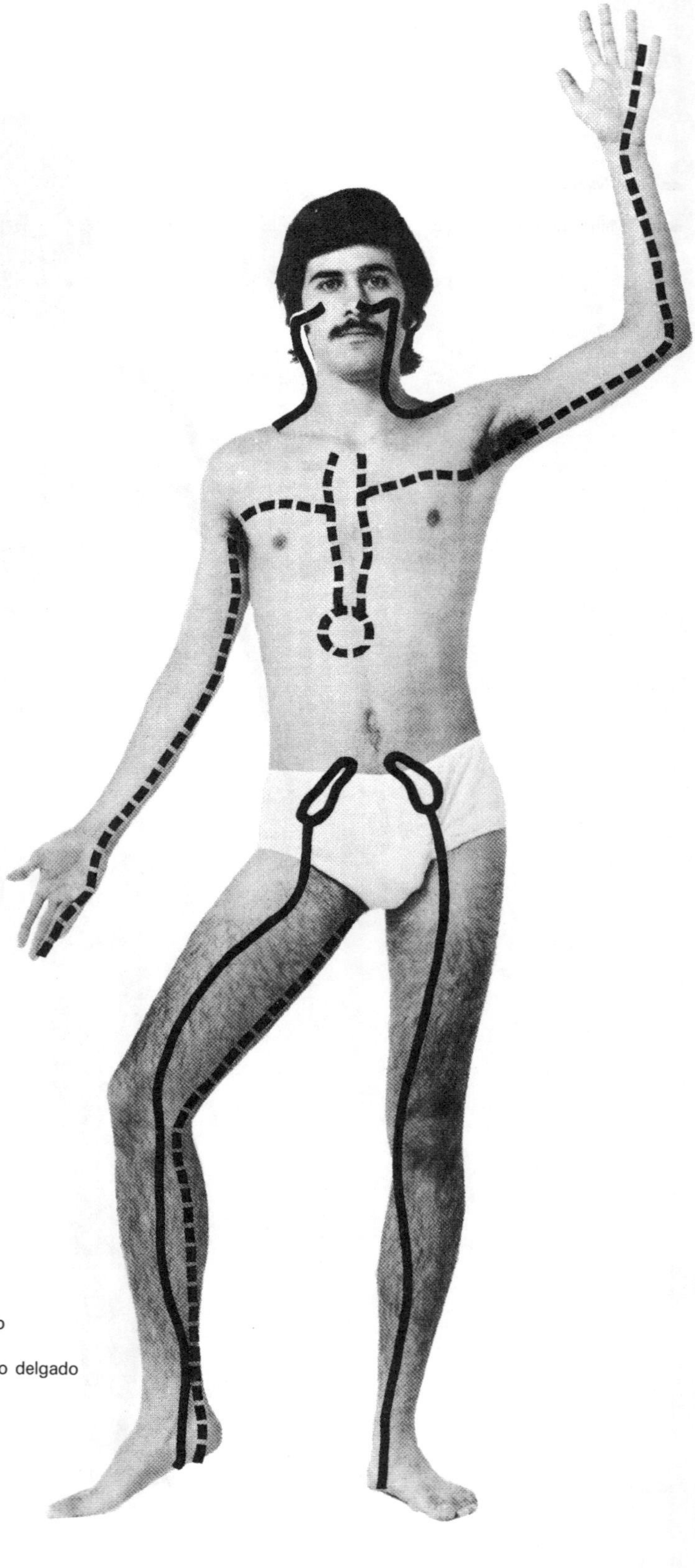

Meridiano do coração

Meridiano do intestino delgado

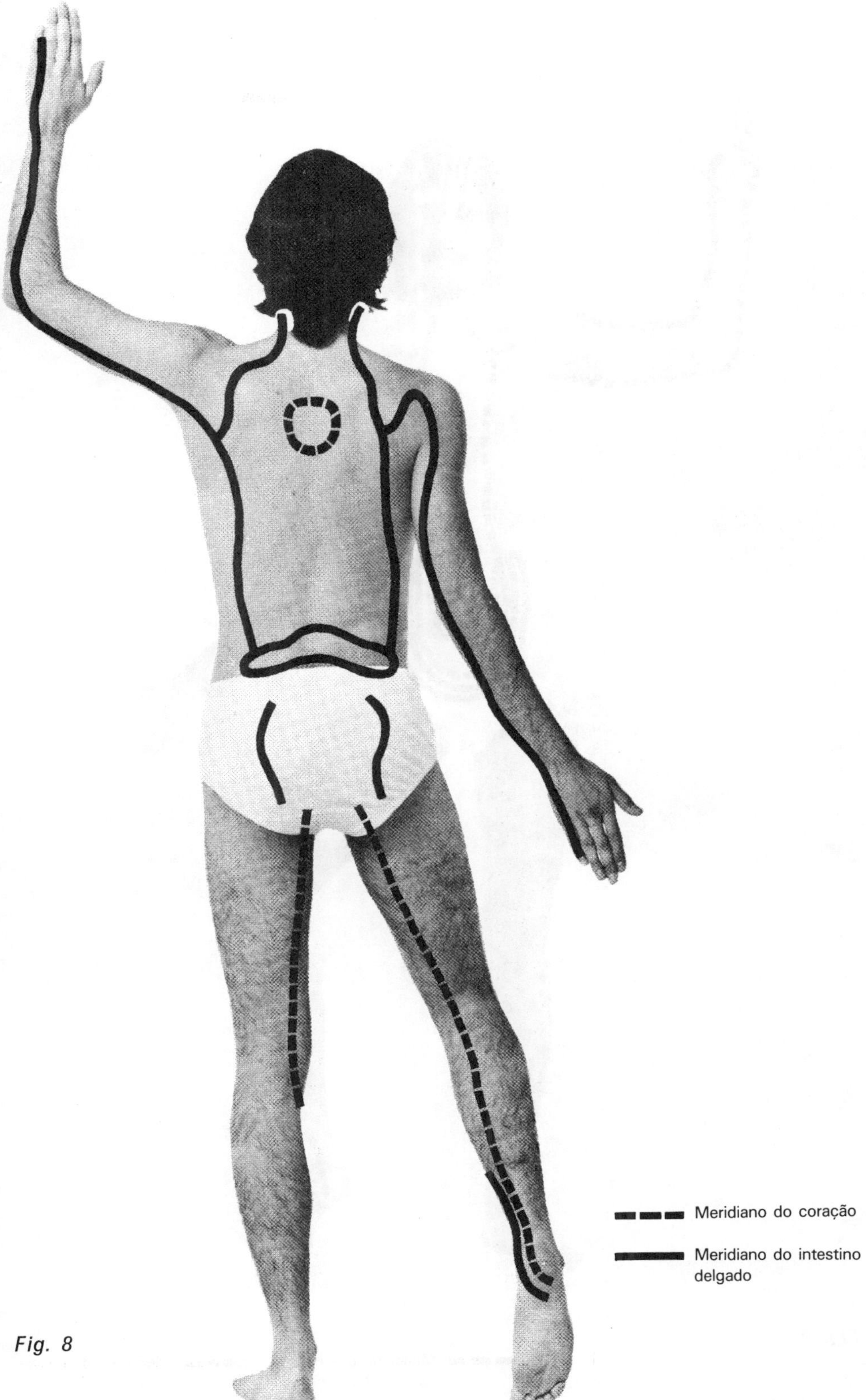

Fig. 8

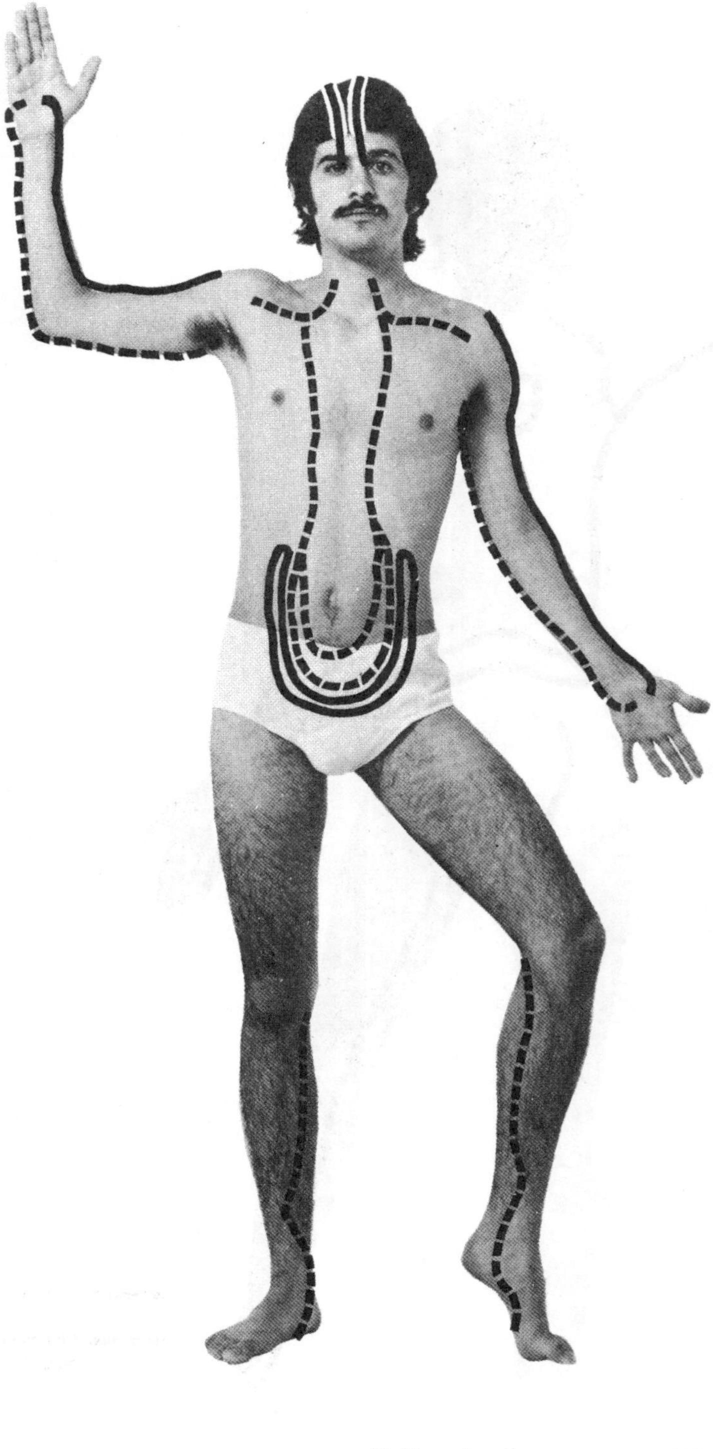

Fig. 9

▬ ▬ ▬ Meridiano dos rins ▬▬▬ Meridiano da bexiga

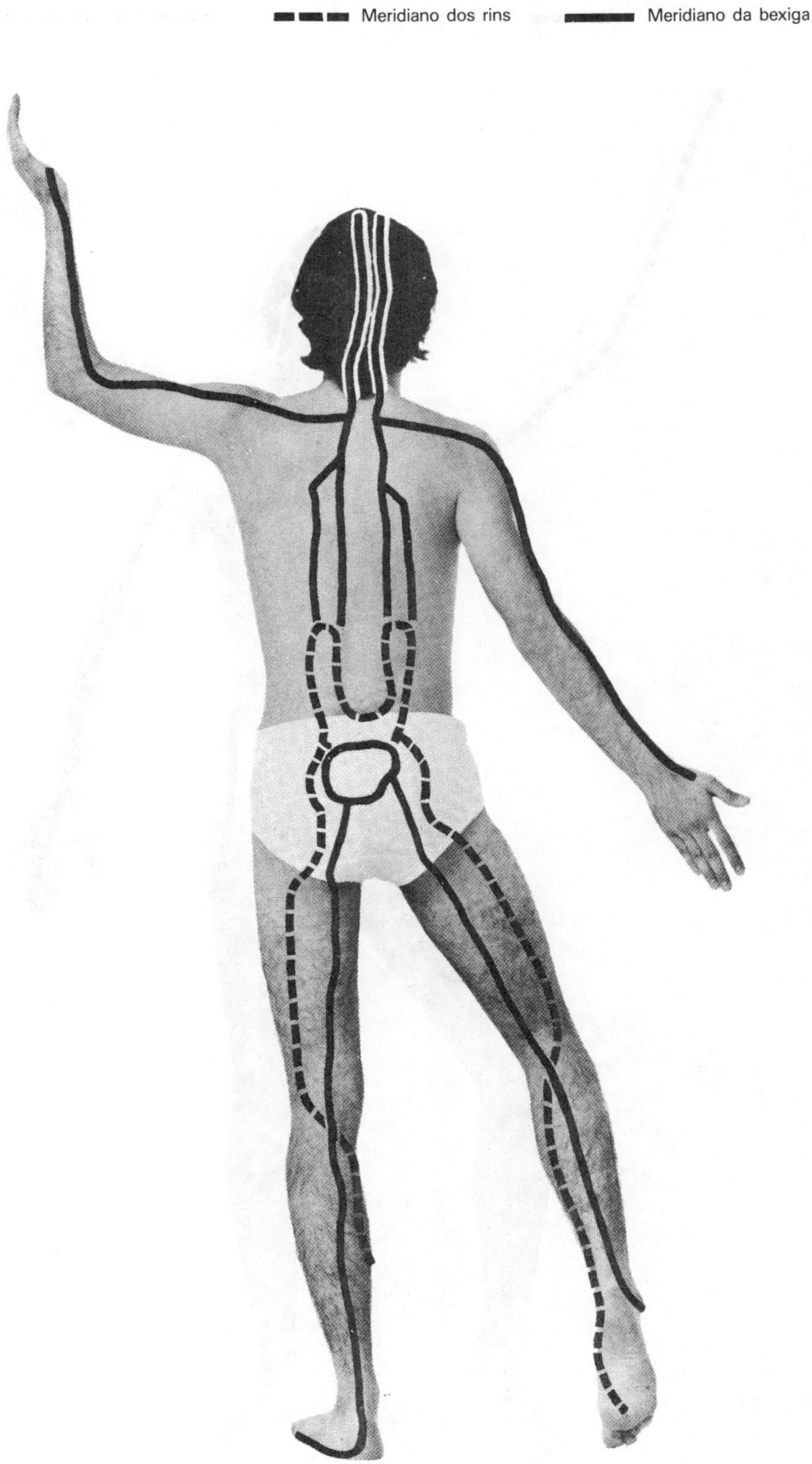

Fig. 10

Meridiano da sístole cardíaca
Meridiano do triplo aquecedor

Fig. 11

Fig. 12

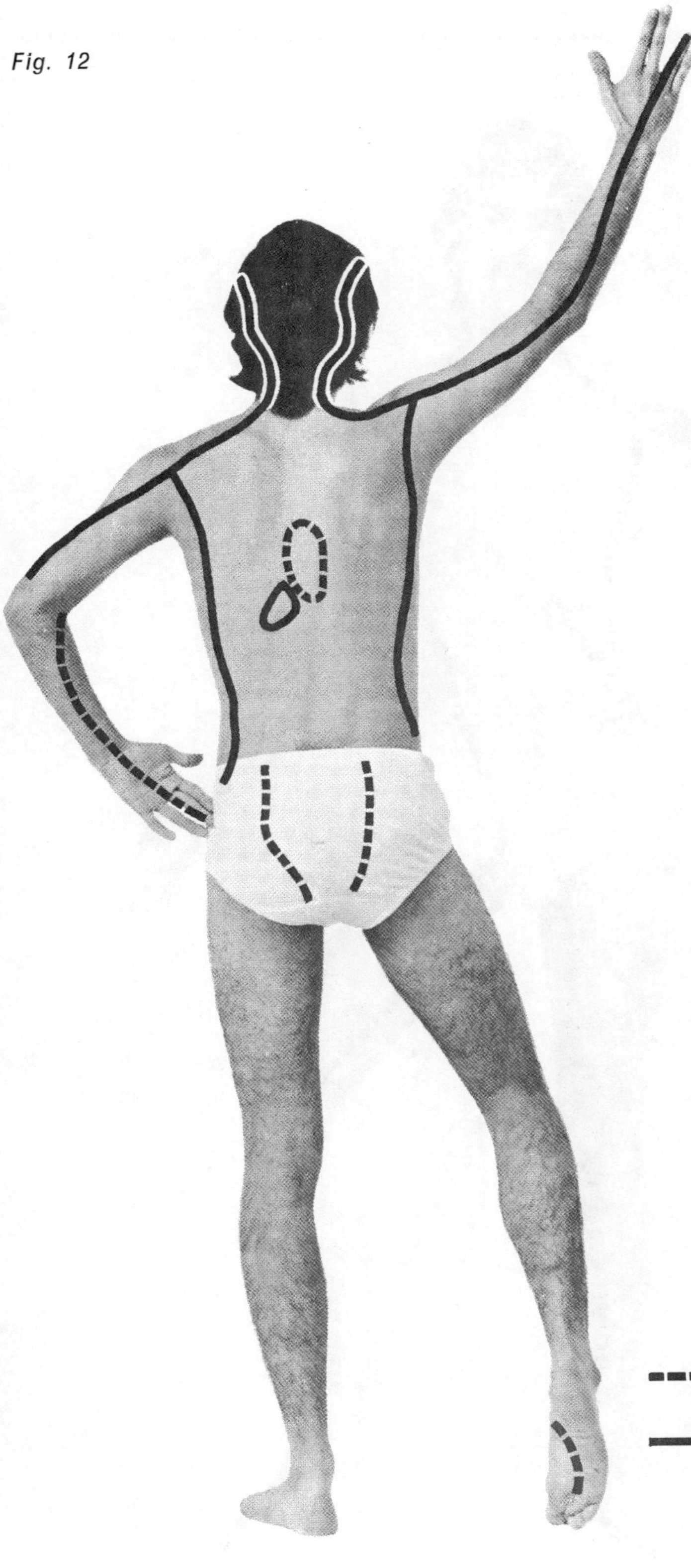

Meridiano da sístole cardíaca

Meridiano do triplo aquecedor

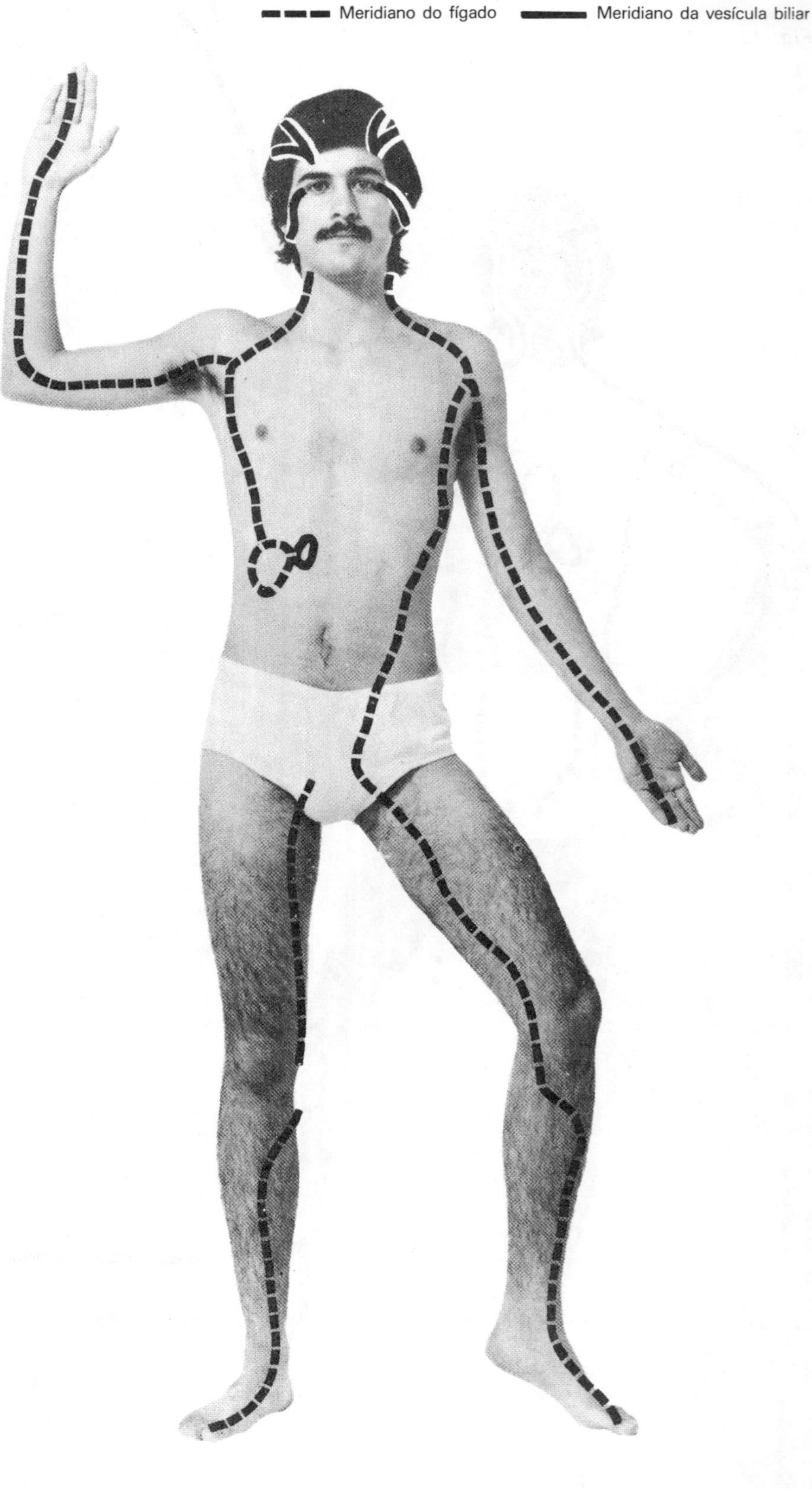

Fig. 13

Fig. 14

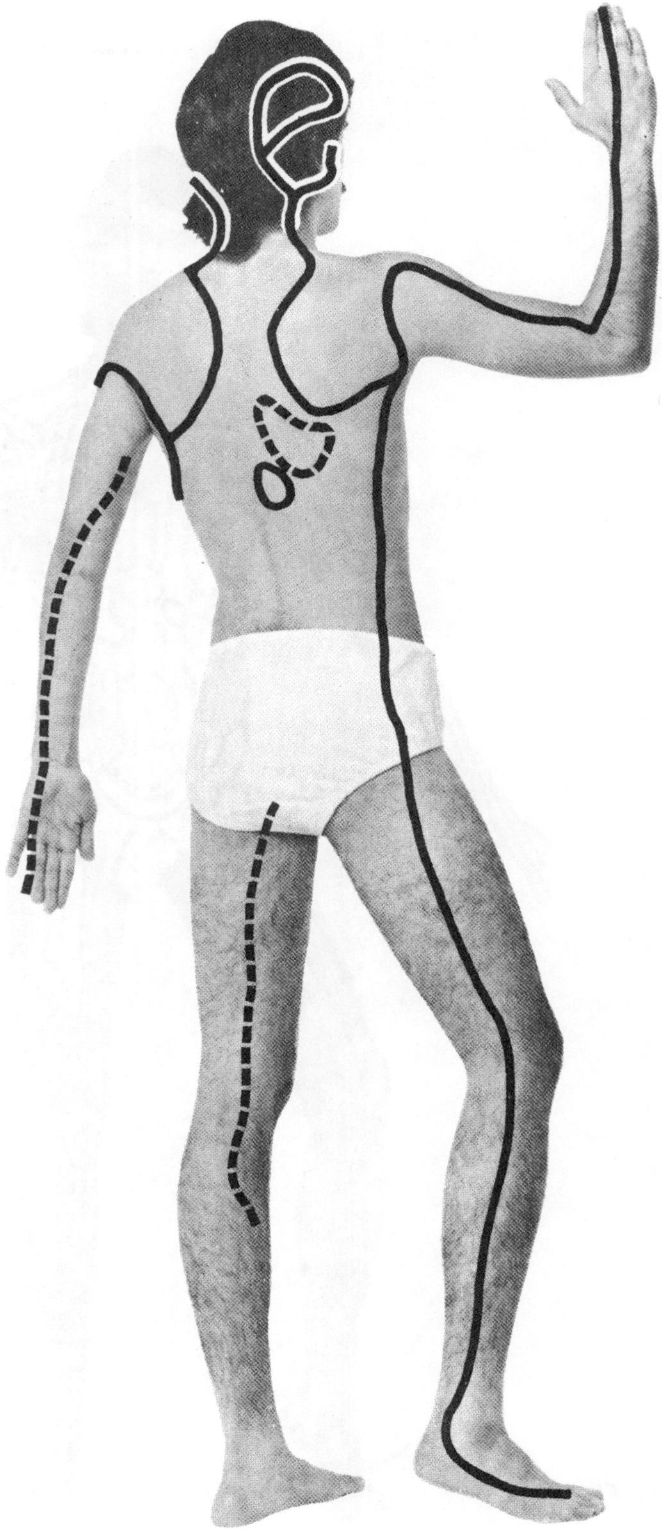

Meridiano do fígado

Meridiano da vesícula biliar

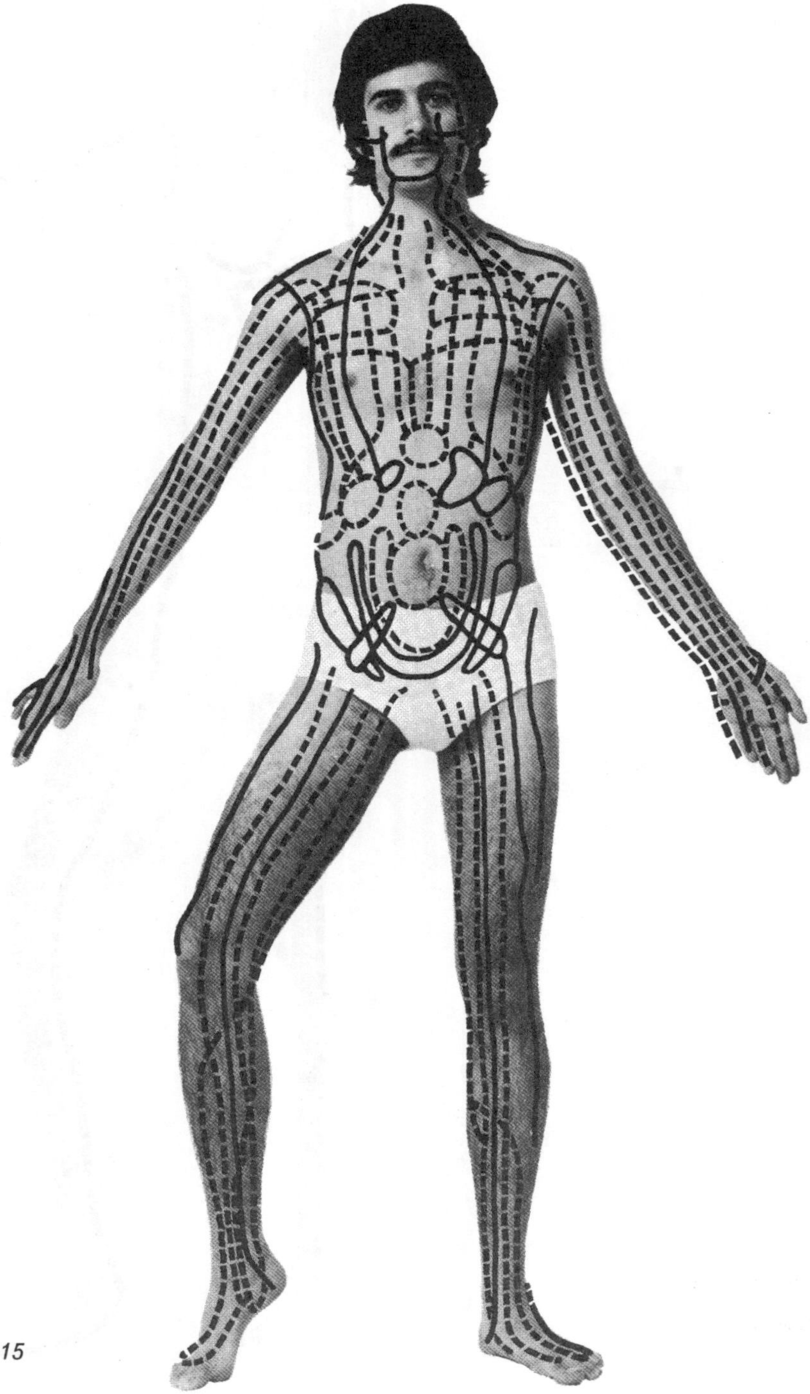

Fig. 15

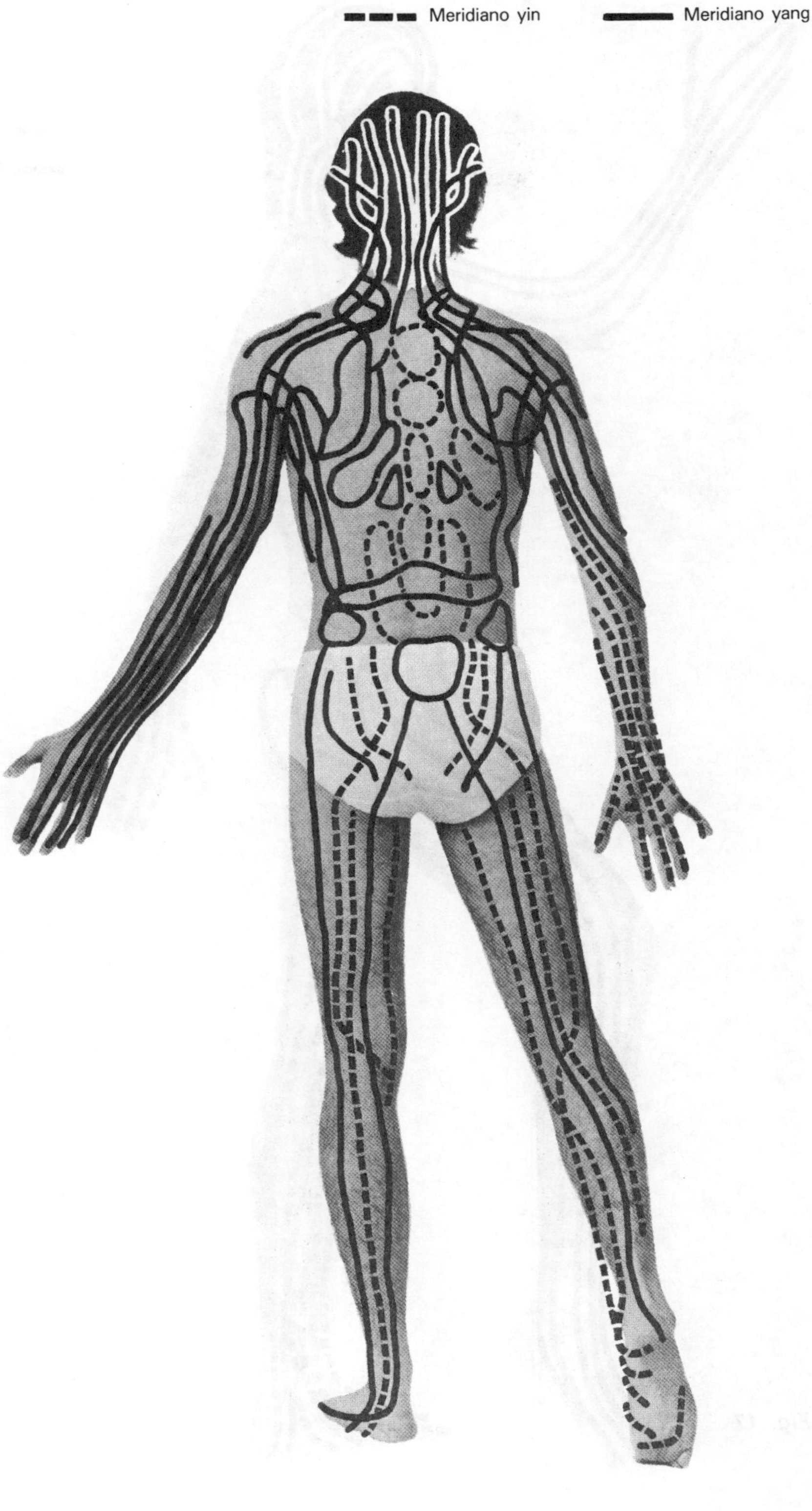

Fig. 16

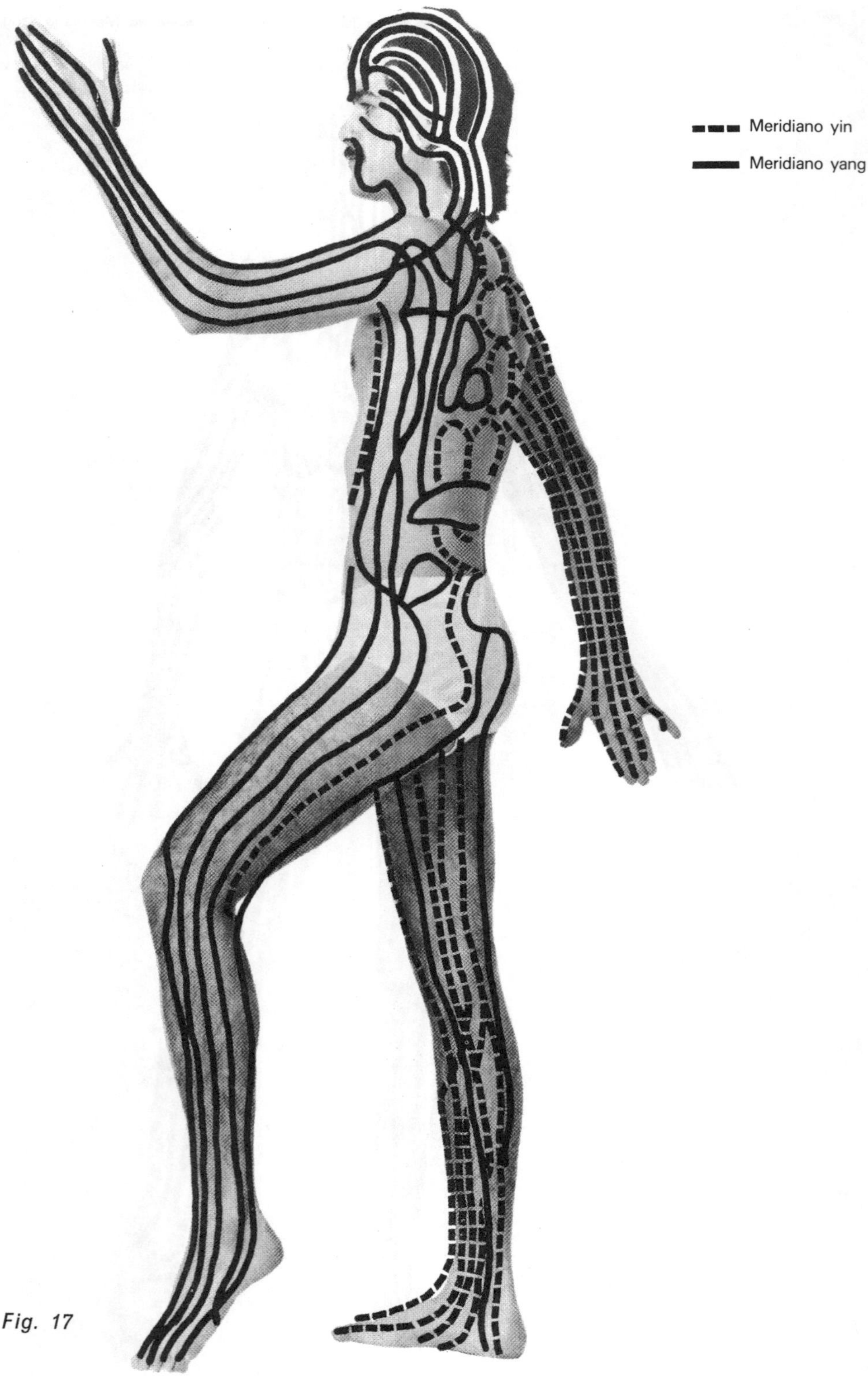

Fig. 17

Usando esse sistema de meridianos, desenvolvi uma técnica de manipulação que pode substituir a tomada do pulso para uma correta diagnose nos braços e pernas.

Para aplicar esta técnica de alongamento do meridiano, segure o ponto pivô firmemente com uma das mãos e estique o membro na direção da seta, como se vê na figura 18. Ao fazer isso, os meridianos emergirão na superfície da pele e o habilitarão a diagnosticar claramente se o meridiano é *kyo* ou *jitsu*.

Usando essa técnica, você descobrirá a condição do *jitsu*, que se mostra duro, opondo resistência, porém elástico, e, na verdade, algumas vezes destacado do meridiano.

A área *kyo* será sentida como frouxa até o máximo da posição de alongamento. Depois de uma penetração profunda, a área parecerá um pouco mais rija. Essa técnica é mais eficaz que o *setsu-shin* comum.

Fig. 18

Alongamento dos meridianos

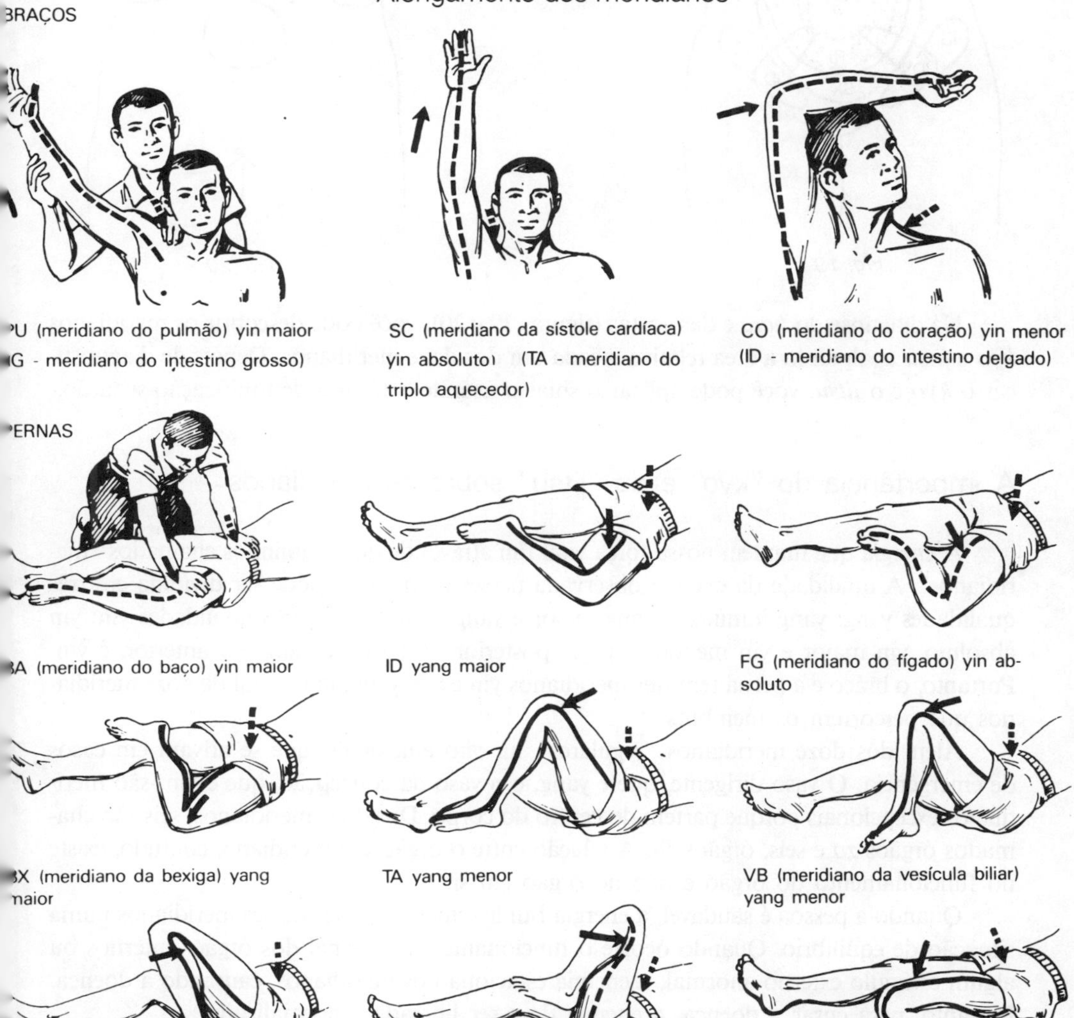

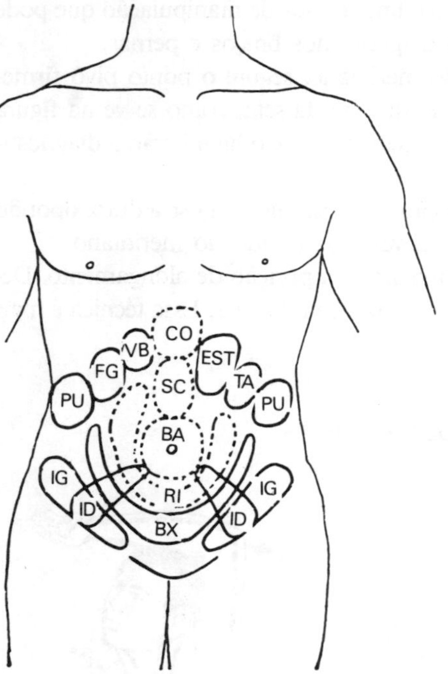

Fig. 19

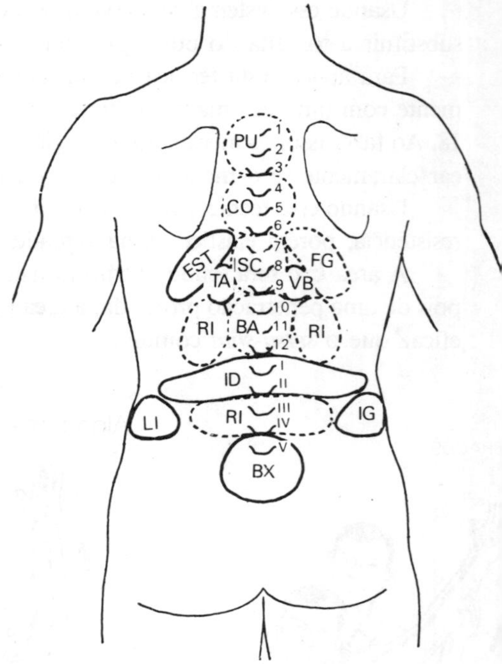

Fig. 20

Na diagnose do *hará* e das costas (figuras 19 e 20), você pode descobrir os meridianos *kyo* e *jitsu* apalpando a área relativa a cada um dos doze meridianos. Depois de diagnosticar o *kyo* e o *jitsu*, você pode aplicar o shiatsu usando a técnica de tonificação-sedação.

A importância do "kyo" e do "jitsu" sobre os meridianos

A energia que mantém nossa força vital flui através de doze caminhos chamados "meridianos". A qualidade da energia observada nesses meridianos pode ser dividida em três qualidades yang: yang luminoso, yang maior e yang menor; e em três qualidades yin: yin absoluto, yin maior e yin menor. A parte posterior do corpo é yang e a anterior, é yin. Portanto, o braço e a perna têm três meridianos yin e três yang, num total de doze meridianos que percorrem os membros.

Além dos doze meridianos "regulares", há oito adicionais, que se ativam em casos de emergência. O vaso dirigente, que é yang, e o vaso da concepção, que é yin, são meridianos excepcionais porque partem do centro do corpo. Dos doze meridianos, seis são chamados órgãos *zo* e seis, órgãos *fu*. A relação entre o órgão e o meridiano, contudo, existe no funcionamento do órgão e não no órgão em si.

Quando a pessoa é saudável, a energia flui livremente através desses meridianos numa situação de equilíbrio. Quando ocorre o funcionamento anormal dos órgãos internos ou algum estímulo externo anormal, a energia estaciona nos meridianos, causando a doença. Portanto, para curar a doença, a energia deve ser liberada e normalizada.

Para isso, primeiro diagnostique onde se encontra a estagnação e então estimule o respectivo meridiano. Você pode trabalhar uniformemente em todo o meridiano ou se concentrar em alguns pontos específicos. Em ambos os casos, o fluxo de energia será normalizado.

Quando a estagnação não é grave e pode ser facilmente liberada, isso indica que a força ainda permanece no sistema energético do paciente e ele é mais do tipo *jitsu*. Se a energia estiver exaurida até um grau em que ocorra uma estagnação crônica, esse paciente é mais do tipo *kyo*. As pessoas desse último tipo são mais difíceis de se curar porque a superestimulação pode piorar a condição. Para tratar as pessoas do tipo *kyo*, é essencial um diagnóstico perfeito.

"Kyo" e "jitsu" — tonificação e sedação

A condição de energia (camada *ki*, em japonês) nas linhas meridianas é definida pelo *kyo* e pelo *jitsu*. Esses conceitos são muito semelhantes ao yin e ao yang. O *kyo* é a condição de energia esgotada, que é mais hipo, enquanto o *jitsu* é a condição do excesso energético, que é mais hiper. Podemos ilustrar isso se pensarmos numa bola perfeitamente redonda que representa uma pessoa saudável. Agora pense numa bola deformada, com reentrâncias e protuberâncias em sua circunferência (figura 21). As reentrâncias ocas que ficam sob a superfície são as áreas do *kyo*. As protuberâncias são *jitsu*. Obviamente é mais fácil delimitar as áreas do *jitsu*, porque elas se projetam da superfície; porém, é muito mais difícil descobrir as áreas do *kyo*, que são a causa do problema. Esse conceito de *kyo* e *jitsu* é conhecido nos livros clássicos de medicina chinesa como *jya-ki* ou a condição de perturbação energética. É importante lembrar que essa condição de perturbação é relativa ao poder de cura e à constituição individual de cada um. O modo pelo qual uma pessoa manifesta sua doença em termos do *kyo* ou do *jitsu* determina a capacidade de o corpo se normalizar.

Fig. 21

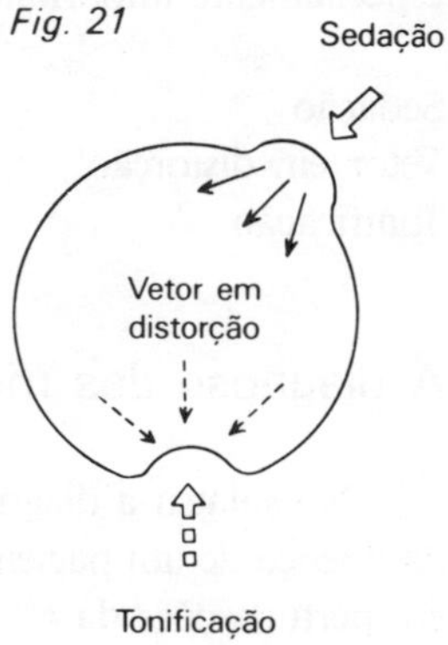

A técnica usada para se normalizar os pontos *jitsu* é chamada de sedação, e a usada para as áreas *kyo*, de tonificação. Na sedação, a área *jitsu* é estimulada simplesmente e as protuberâncias se normalizarão. Contudo, as áreas côncavas do *kyo* requerem a paciente pressão do shiatsu. Isso toma mais tempo, porque o calor deve penetrar fundo para criar força e normalizar a área. Os livros clássicos sobre medicina comparam a tonificação com um amante que espera pela volta do seu amor — afetuosa e pacientemente, e sem se importar com a demora.

É mais fácil encontrar as áreas do *jitsu* e sedá-las do que descobrir as áreas do *kyo* e revigorá-las. Se uma pessoa mantém um forte poder de cura em seu corpo, as áreas do *jitsu* podem ser normalizadas pela simples sedação, sem muita dificuldade. O paciente crônico do *kyo*, por outro lado, tem maior dificuldade em normalizar a sua energia porque o poder de cura de seu corpo se esgotou devido à fadiga extrema. Nesse caso, devem ser usadas as técnicas corretas de tonificação. Se você, negligentemente, estimular as áreas *jitsu* de um paciente crônico do *kyo*, pode levá-lo a consumir o resto de sua energia e, assim, piorar a situação. Sedação desnecessária em pacientes crônicos do *kyo* pode provocar um desequilíbrio adicional; certifique-se, pois, de que encontrou as áreas *kyo* antes de iniciar o tratamento.

Algumas vezes é tentador pôr-se à prova trabalhando com as áreas evidentes do *jitsu*, mas, como afirma um antigo provérbio oriental, "atrás de todo crime há uma mulher"; do mesmo modo, atrás de cada yang, ou condição *jitsu*, há um yin, ou condição *kyo*. Visto que o *kyo* é fundamental em qualquer doença, ele deve ser tonificado a fim de se curar o mal.

De acordo com a teoria linear da medicina ocidental, você simplesmente ataca os sintomas e os cura sem considerar o corpo como um todo. A teoria cíclica da medicina oriental aborda o problema tentando melhorar a constituição do paciente. A medicina herbácea chinesa, a acupuntura e a moxibustão são semelhantes à medicina ocidental, pois as técnicas usadas são de sedação. Tanto na medicina herbácea chinesa como na homeopatia, o veneno é dado para eliminar o veneno causador do problema. Nos casos da acupuntura e moxa, você acaba com a dor provocando dor. Por outro lado, a dieta e a manipulação são mais moderadas e autocurativas e menos prejudiciais, embora difíceis de entender. Mesmo que o seu diagnóstico esteja incorreto, não ocorrerão reações fortes devidas a tratamento impróprio. A correta diagnose *kyo* e *jitsu* e as próprias técnicas de tonificação-sedação são especialmente importantes para o profissional.

Sedação
Vetor em distorção
Tonificação

A diagnose dos meridianos

No shiatsu a diagnose dos meridianos é o melhor meio de compreender a condição da doença de um paciente. Ao contrário da quiropatia e da osteopatia, que se concentram em perturbações da estrutura óssea, lidamos com perturbações funcionais em termos de linhas meridianas.

A diagnose dos meridianos requer que você sinta o *kyo* e o *jitsu* nas duas linhas meridianas. Então, você tonifica um e seda o outro. Outras formas de terapia, como a acupuntura, são basicamente mais sedativas; a manipulação pode complementá-las com o emprego da tonificação.

Habitualmente, não generalizamos sobre o *kyo* e o *jitsu* em relação com os órgãos *zo-fu*, a partir da teoria dos cinco elementos. Por exemplo, não pensamos no meridiano da bexiga somente como *jitsu* e no meridiano dos rins como *kyo*. Em vez disso, descobrimos que, se um meridiano num elemento for *kyo*, seu meridiano correspondente no mesmo elemento também terá essa mesma condição em comparação aos outros quatro elementos e seus meridianos. Por exemplo, se descobrirmos que o meridiano do pulmão é *kyo*, provavelmente o do intestino grosso também será *kyo*, em comparação com os outros meridianos.

Os livros clássicos de medicina chinesa afirmam que cada *kyo* tem *jitsu* em si e vice-versa. Se você comparar dois meridianos num elemento (por exemplo, os meridianos do pulmão e do intestino grosso), um meridiano será mais *kyo* ou *jitsu* que o outro. Se você puder diagnosticar e sentir o *kyo* dentro do *kyo* (quer dizer, o *kyo* em comparação aos outros meridianos dos quatro elementos) e o *jitsu* dentro do *jitsu* (a condição *jitsu* comparada aos outros meridianos dos quatro elementos), então você poderá tratar as áreas predominantemente *kyo* e *jitsu*. É claro que você não deve limitar esse método somente a dois meridianos para encontrar o *kyo* e o *jitsu*. A condição do *kyo* e do *jitsu* surge mais ou menos em todas as linhas meridianas porque a doença afeta o corpo todo.

O melhor método é escolher os meridianos preponderantemente *kyo* e *jitsu* e concentrar-se em tonificá-los e sedá-los. Os menores graus de perturbação podem ser eliminados pela cura das áreas de maiores perturbações. Se não se obtêm bons resultados pela tonificação, uma diagnose descuidada falhou e deve ser verificada. Há cento e vinte combinações possíveis do *kyo* e do *jitsu* nas doze linhas meridianas, quando cada meridiano se liga com outro do mesmo elemento. Os japoneses dizem que há quatrocentos e quatro tipos de doenças a partir das quais aparecem dez mil condições de enfermidade. Todas ocorrem dentro dos cento e vinte fenômenos descritos acima. Visto que os fenômenos mudam dia a dia, a diagnose não pode indicar a gravidade da doença, nem apontar com precisão a categoria de doença ou perturbação que causou a condição observada. Essa perturbação constante e mutável é muito influenciada pelo poder de regeneração do corpo. Por isso, simplesmente tonifique ou sede os meridianos afetados de acordo com a diagnose feita durante o tratamento. Algumas vezes, você descobrirá um fenômeno constitutivamente muito profundo, e outras vezes, um fenômeno muito agudo. As pequenas deformações devem desaparecer durante o tratamento e podem ser confirmadas através da diagnose do *hará*. Toudou, mestre de medicina oriental, disse certa vez que o *hará* vem sempre primeiro. Se você aplicar essa teoria ao shiatsu, poderá diagnosticar a condição total do corpo e tratá-la eficazmente através das técnicas de tonificação e sedação. Na verdade, ao diagnosticar, você estará fazendo um diagnóstico de vida. Isso quer dizer que não estará procurando uma doença específica, mas melhorando a vida do paciente, trabalhando a partir das raízes de sua existência, mostrando-lhe um modo melhor de viver.

Fig. 22

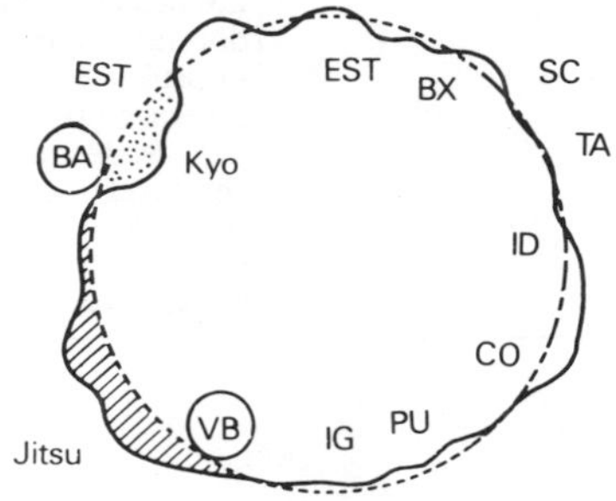

BA kyo
VB jitsu

Meridianos do pulmão e do intestino grosso — Análise da função de eliminação

<table>
<tr><td>Função do meridiano do pulmão</td><td colspan="3">Absorve do ar a energia ki, que é fundamental à vida, a ki é usada pelo corpo humano para criar resistência contra as intrusões externas. Eliminação de gases desnecessários por meio do processo de exalação.</td></tr>
<tr><td colspan="2"></td><td>Aspecto psicológico</td><td>Aspecto físico</td></tr>
<tr><td rowspan="2">Meridiano do pulmão</td><td>Kyo</td><td>Colapso mental; palpitações fortes; hipersensibilidade; superansiedade; dificuldades respiratórias; atitude anti-social; respiração acelerada.</td><td>Propensão à obesidade com dificuldades de eliminação. Peso na cabeça devido à estagnação sanguínea. A parte superior do corpo está propensa à fadiga e à tosse, há dificuldade na respiração e tendência a permanecer deitado; facilmente suscetível ao frio, à inflamação nos órgãos respiratórios. Dor nos ombros com febre leve; tendência a chorar e tossir com facilidade. Falta de energia ki e fadiga por excesso de trabalho, má circulação e cansaço no polegar.</td></tr>
<tr><td>Jitsu</td><td>Obsessão com ansiedade devido aos pequenos detalhes e incapacidade de relaxar. Tendência a suspirar e a sufocar enquanto respira.</td><td>Propensão a congestão nasal, aos resfriados. Dores no tórax causadas pela tosse, constipação, dores nos ombros, bronquite, asma e catarro. Dores súbitas nos polegares, rigidez nos músculos torácicos.</td></tr>
<tr><td>Função do meridiano do intestino grosso</td><td colspan="3">Ajuda na função do pulmão. Faz a secreção e a excreção de dentro para fora do corpo. Elimina a estagnação da energia ki</td></tr>
<tr><td colspan="2"></td><td>Aspecto psicológico</td><td>Aspecto físico</td></tr>
<tr><td rowspan="2">Meridiano do intestino grosso</td><td>Kyo</td><td>Falta de determinação; tendência a ficar desapontado; superdependência; ausência de pensamento positivo.</td><td>Vias nasais secas ou congestionadas; brônquios frágeis, constipação; propensão à diarréia ao digerir comidas pesadas; má circulação na região mais baixa do hará; tendência a calafrios; mau funcionamento do intestino grosso; falta firmeza no polegar e na parte do corpo abaixo dos quadris; falta de vitalidade na expressão facial; facilmente suscetível à inflamação e ao pus.</td></tr>
<tr><td>Jitsu</td><td>Insatisfação permanente; não há amigos em quem confiar.</td><td>Dores de cabeça causando uma tez corada; coriza; congestão nasal; hemorragia nasal; propensão à amigdalite; sensação dolorosa nos dentes inferiores; olhos esbranquiçados; dor nos ombros; rigidez no tórax e nos músculos do braço (localizados no lado do polegar); prisão de ventre e diarréia ocasionais. Tendência a comer demais; dores de cabeça; coceira na pele; propensão às inflamações; falta de exercício; tosse; inchaço no hará inferior e hemorróidas; epilepsia; tendência a resfriar-se.</td></tr>
</table>

Meridianos do baço e do estômago — Funções da digestão e da fermentação

Função do meridiano do baço		Digestão e processo de fermentação. Em termos atuais, o baço é considerado como o pâncreas e rege a digestão geral — incluindo a saliva, os sucos gástricos, as secreções do intestino delgado — e os hormônios da reprodução relativos às mamas e aos ovários. O cansaço mental afeta negativamente o baço, e a falta de exercícios causa o mau funcionamento da digestão e das secreções hormonais.	
		Aspecto psicológico	Aspecto físico
Meridiano do baço	*Kyo*	Grande interesse por detalhes; impaciência e ansiedade; insatisfação permanente; tendência a comer em excesso e depressa demais; uso excessivo do cérebro; perda de memória; sonolência.	Falta de ácido gástrico gerando anemia; falta de saliva; gosto viscoso e secura na boca; sede excessiva; incapacidade de ingerir alimentos sem tomar líquidos; incapacidade de saborear a comida; alimentação ininterrupta; cor parda na face; má circulação nas pernas e pés, causada pela falta de exercícios; digestão deficiente; profunda sensação de rigidez no umbigo; tomada freqüente de fôlego; cor pálida nas gengivas; dor na espinha.
	Jitsu	Tendência a não conversar com os outros e a ficar só; espírito hesitante e tímido, com propensão a pensar demais. Cautela e ansiedade; tendência a comer rapidamente ou sem vontade a despeito de não se exercitar; inquietação mental; vontade de comer doces.	Sede excessiva; sensação viscosa na boca; inapetência, mesmo para alimentos saborosos; hiperacidez gástrica; inflamações estomacais nervosas; alimentação excessiva; obesidade; peso nas pernas; fraqueza e rigidez nos braços; sensação de tensão na região do umbigo; pele fina; relutância em movimentar-se; ombros rijos; tendência a cambaleios; friagem nas costas e na região do quadril.
Função do meridiano do estômago		Relaciona-se com o funcionamento do estômago, do esôfago, do duodeno, e, com o funcionamento do aparelho reprodutor, com a lactação, o ovário e o apetite. Também se relaciona com o ciclo menstrual.	
		Aspecto psicológico	Aspecto físico
Meridiano do estômago	*Kyo*	Tendência a deitar-se e descansar; vontade de comer comidas frias e leves; apetite influenciado pelo humor e pela qualidade do alimento; consumo do alimento sem mastigação completa; tendência a comer enquanto faz outras atividades; alimentação irregular; excesso de pensamentos.	Estômago embrulhado; problema gástrico crônico; estômago dilatado; inapetência; sensação de frio no estômago e nos intestinos; dor nos ombros, devido a problemas ovarianos; bocejos; pernas pesadas; cansaço fácil; tendência a desenvolver empiemas; friagem na parte frontal do corpo; falta de flexibilidade muscular.
	Jitsu	Tendência a pensar e comer demais; nervosismo com detalhes; frustração; carência afetiva; pressa constante; trabalho excessivo; neurose.	Superalimentação; peso no estômago; vômitos; hiperacidez gástrica; úlceras pépticas; inapetência; sede excessiva; rigidez nos ombros; dor e rigidez no plexo solar e no coração. Sintomas de resfriado ou gripe, má circulação nas pernas; pele áspera e seca; eructação e bocejo; congestão nasal; vermelhidão na ponta do nariz; tendência à anemia; mau funcionamento dos órgãos femininos.

Meridianos do coração e do intestino delgado — Adaptação e função dirigente

<table>
<tr><td>Função do meridiano do coração</td><td colspan="3">Representa a compaixão e, por isso, rege as emoções e os ânimos, bem como a circulação sanguínea e o corpo todo através do cérebro e dos cinco sentidos. Também funciona como mecanismo que adapta estímulos externos ao ambiente interno do corpo.</td></tr>
<tr><td colspan="2"></td><td>Aspecto psicológico</td><td>Aspecto físico</td></tr>
<tr><td rowspan="2">Meridiano do coração</td><td>Kyo</td><td>Fadiga mental; traumatismo; tensão nervosa; estresse; neurose; supersensibilidade; inapetência e impaciência; falta de memória; ansiedade; timidez; tendência ao desapontamento; ausência de força de vontade.</td><td>Falta de força na parte superior do hará; tensão na região do plexo solar; palpitações fortes; problemas cardíacos; tensão no hará. Sensação súbita de tração na língua; palmas suadas; cansaço constante; condição de angina peitoral; língua áspera; infarto do miocárdio.</td></tr>
<tr><td>Jitsu</td><td>Tensão crônica e rigidez no tórax; contenção da ansiedade e da impaciência; fadiga contínua; tendência à gagueira; tensão na região do plexo solar; muita sede; obsessão por câncer nas amígdalas; hilaridade.</td><td>Sensação de tração na língua; pigarro constante; protuberância no plexo solar e tensão na região do coração; tensão corporal; histeria; palmas suadas; sudorese; pele sensível; dor nos ombros; febre estomacal; vontade de tomar bebidas geladas; nervosismo cardíaco e estomacal; palpitação.</td></tr>
<tr><td>Função do meridiano do intestino delgado</td><td colspan="3">Através do transporte e da digestão de alimentos, o intestino delgado governa todo o corpo. Ansiedade mental, excitação emocional, colapso nervoso e ódio podem afetar a circulação sanguínea, e o intestino delgado causa estagnação do sangue, o que afeta o corpo inteiro.</td></tr>
<tr><td colspan="2"></td><td>Aspecto psicológico</td><td>Aspecto físico</td></tr>
<tr><td rowspan="2">Meridiano do intestino delgado</td><td>Kyo</td><td>Tendência a pensar demais; emoção controlada pela paciência; concentração em uma só coisa; superansiedade; forte determinação; pouca habilidade social para controlar a profunda tristeza emocional; abalo emocional; supersensibilidade a pequenos detalhes.</td><td>Anemia devida à má digestão e nutrição; estagnação sanguínea e má circulação nos quadris e pernas; sensação de desfalecimento; peso nas pernas; mau funcionamento dos intestinos; cansaço fácil na região dos quadris; lumbago e ciática devidos à curvatura nas vértebras lombares; falta de força no hará; má circulação; estagnação sanguínea; apendicite; prisão de ventre e dor no lado das vértebras cervicais depois de apendicectomia; dificuldade auditiva; olhos cansados; ciclo menstrual anormal; dor nos ovários; rigidez no interior da perna; dor nos ombros; enxaquecas; dor na parte posterior das orelhas.</td></tr>
<tr><td>Jitsu</td><td>Paciência; forte determinação até o fim; capacidade de reter tudo dentro de si mesmo; realização do que decide fazer; agitação; trabalho excessivo; tendência a comer depressa demais; movimentos rápidos e impacientes dos olhos; dores de cabeça.</td><td>Rigidez nas vértebras cervicais, semelhante ao entorpecimento matinal; dificuldade na rotação do corpo; inchaço nos olhos e ouvidos; sensação de frio e de calor na cabeça; vermelhidão na face; tensão no nível do plexo solar; tensão e esfriamento no hará inferior; idas freqüentes ao banheiro; má circulação nas extremidades; enregelamento; má digestão; prisão de ventre; mau funcionamento ovariano; circulação deficiente nas pernas devido ao mau funcionamento da artéria intestinal próxima do umbigo; dor na parte inferior das costas devido à curvatura na área das vértebras lombares; dor nos ombros; dor nos dentes superiores; falta de salivação.</td></tr>
</table>

Meridianos dos rins e da bexiga — Função das glândulas endócrinas e purificação

<table>
<tr><td colspan="2">Função do meridiano dos rins</td><td colspan="2">Controla o ânimo e a energia do corpo, e rege a resistência contra o estresse mental mediante o controle das secreções hormonais internas. Desintoxica e purifica o sangue, prevenindo a acidez. O lado direito, entre a segunda e a terceira vértebras lombares, produz a cortisona. O lado esquerdo, entre a segunda e a terceira vértebras lombares, produz a urina pela purificação do sangue.</td></tr>
<tr><td colspan="2"></td><td>Aspecto psicológico</td><td>Aspecto físico</td></tr>
<tr><td rowspan="2">Meridiano dos rins</td><td>Kyo</td><td>Ansiedade; medo; agitação; nervosismo; pessimismo; apatia; estresse familiar; falta de paciência e de determinação; relutância em agir; fadiga psicossomática.</td><td>Pele escura, seca, inchada, à qual falta elasticidade; má circulação nos quadris e no hará; idas freqüentes ao banheiro; dor na parte inferior das costas devido ao frio ou subluxação na terceira e quarta vértebras lombares; mau funcionamento das secreções hormonais; insônia; vida sexual irregular; problemas nos órgãos reprodutores; unhas quebradiças; propensão a fraturas; tendência a tropeços; rigidez no hará ou nos músculos do torso.</td></tr>
<tr><td>Jitsu</td><td>Inquietação; apego excessivo ao trabalho, sensibilidade nervosa; impaciência; lamentação constante; excessiva atenção a detalhes; falta de determinação.</td><td>Pele escura na face; vômito; sangue na saliva; propensão a hemorragia nasal e a desmaios; peso na cabeça; inflamação na garganta; sede anormal; audição deficiente ao ingerir drogas; zumbido nos ouvidos; rigidez nas costas; tensão nos músculos do torso; secreção hormonal anormal; urina fortemente colorida; amargor na boca; respiração deficiente; propensão à inflamação; cansaço por excesso de trabalho.</td></tr>
<tr><td colspan="2">Função do meridiano da bexiga</td><td colspan="2">Relacionado à parte central do cérebro, que coopera com o sistema hormonal renal e a glândula pituitária. Também se liga ao sistema nervoso autônomo, que se relaciona com os órgãos reprodutores e urinários. Ao mesmo tempo, elimina o produto final da purificação líquida do corpo pela urina.</td></tr>
<tr><td colspan="2"></td><td>Aspecto psicológico</td><td>Aspecto físico</td></tr>
<tr><td rowspan="2">Meridiano da bexiga</td><td>Kyo</td><td>Nervos cansados; rigidez e sensibilidade no corpo; lamentação contínua; medo freqüente; sudorese noturna; ansiedade.</td><td>Congestão nasal; peso e dor nos olhos; enxaqueca na parte posterior da cabeça; mau funcionamento do sistema nervoso autônomo; hipersensibilidade; circulação deficiente especialmente no hará e nas pernas; diurese freqüente; sensação de frio nas costas; tendência ao arqueamento das costas; desvio na área da quinta vértebra lombar; tensão nas pernas; tensão no hará e mau funcionamento do útero; inflamação na bexiga; dor e sensação de que há retenção de urina.</td></tr>
<tr><td>Jitsu</td><td>Preocupação com detalhes triviais; estresse; impaciência; hipersensibilidade.</td><td>Dor e rigidez no pescoço na área cervical inferior e nas vértebras torácicas. Peso na parte posterior da cabeça em direção aos olhos. Tensão nos músculos dos ombros; rigidez na parte posterior das pernas; congestão nasal; micção freqüente; inflamação ou dor na bexiga ou na área da próstata; tensão no sistema nervoso autônomo.</td></tr>
</table>

Meridianos da sístole cardíaca e do triplo aquecedor — Funcionamento circulatório e protetor

<table>
<tr><td colspan="2">Função do meridiano da sístole cardíaca</td><td colspan="2">Função suplementar do coração relacionada com o sistema circulatório, inclusive com a cavidade e a artéria cardíacas; sistema de veias e artérias. Controla também toda a nutrição, bem como a circulação.</td></tr>
<tr><td colspan="2"></td><td>Aspecto psicológico</td><td>Aspecto físico</td></tr>
<tr><td rowspan="2">Meridiano da sístole cardíaca</td><td>Kyo</td><td>Inquietação, apesar de imobilidade; distração; insônia e sonhos freqüentes; palpitações e respiração curta; sensação de opressão em volta do tórax.</td><td>Dificuldade em engolir; propensão à amigdalite; mau funcionamento do coração; palpitações fortes; fadiga freqüente; pressão sanguínea baixa; hidropisia; má circulação sanguínea; dor no estômago e duodeno; pressão sanguínea anormal; dor no tórax e na caixa torácica.</td></tr>
<tr><td>Jitsu</td><td>Impaciência tanto dormindo como acordado; nervosismo em situações relativas à vida social; concentração anormal no trabalho; emoções anormais; hipersensibilidade.</td><td>Palpitações fortes; pressão sanguínea alta; tontura; cansaço fácil; má circulação; dor de cabeça; tensão no plexo solar; tensão na área do hará; dor no estômago; mau funcionamento cardíaco; formigamento nos dedos; palmas das mãos febris; colite devido à diarréia e à prisão de ventre; língua grossa.</td></tr>
<tr><td colspan="2">Função do meridiano do triplo aquecedor</td><td colspan="2">Função suplementar do intestino delgado. Também controla o ânimo e os órgãos viscerais, circulando energia no corpo todo. Protege a função do sistema linfático. Compreende o aquecedor superior relacionado ao peito, o aquecedor médio no plexo solar, o aquecedor inferior abaixo e acima do umbigo no peritônio, o intestino delgado e a circulação nas extremidades.</td></tr>
<tr><td colspan="2"></td><td>Aspecto psicológico</td><td>Aspecto físico</td></tr>
<tr><td rowspan="2">Meridiano do triplo aquecedor</td><td>Kyo</td><td>Obsessões mentais; mimado em criança; dores de cabeça; zumbido nos ouvidos; sensação de peso na cabeça e vertigens; sensível ao calor, ao frio e à umidade.</td><td>Tecidos mucosos e sistema linfático fracos; propensão à amigdalite, a problemas nasais; glândulas linfáticas das vértebras cervicais intumescidas; sensibilidade à umidade e às mudanças de temperatura; propensão a resfriados; olhos cansados; pele sensível; alergia; sensação de tontura; tensão no tórax e no hará; retenção de líquido no hará; pressão sanguínea anormal; tendência para piorar situações de conflito; dor na parte de trás da cabeça e das têmporas; vértebras cervicais anormais.</td></tr>
<tr><td>Jitsu</td><td>Cautela extrema; hipertensão; tendência a cerrar as mãos; rigidez nos braços; peso na cabeça; reação nervosa a mudanças externas de calor; frio e umidade; sensação de peso no tórax (aquecedor superior), estômago (aquecedor médio), e hará inferior (aquecedor inferior).</td><td>Cautela excessiva; sensibilidade; tensão inconsciente nos braços; estagnação no nível do cérebro causando uma sensação de peso; pressão ocular anormal; dores no pescoço, ombros e braços. Inflamações linfáticas; inflamação superficial da mucosa nasal; propensão às inflamações; coceira na pele; rigidez no tórax; má circulação nas pernas; dor na caixa torácica; descolamento das gengivas; suscetibilidade à umidade; cócegas; inflamação na boca e no útero; erupção da pele.</td></tr>
</table>

Meridianos do fígado e da vesícula biliar — Função de armazenagem e de transformação

<table>
<tr><td colspan="2">Função do meridiano do fígado</td><td colspan="2">Armazena nutrientes e energia para a atividade física. Também mantém a resistência contra a doença e abastece, analisa e desintoxica o sangue para manter a energia física.</td></tr>
<tr><td colspan="2"></td><td>Aspecto psicológico</td><td>Aspecto físico</td></tr>
<tr><td rowspan="2">Meridiano do fígado</td><td>Kyo</td><td>Falta de determinação; irritabilidade; perturbabilidade; emotibilidade; inconsistência; sensibilidade nervosa; incapacidade para engordar; atenção a problemas triviais.</td><td>Articulações fracas; cansaço fácil devido à falta de energia; tontura; tendência a tropeçar; olhos cansados; o paciente vê tudo amarelo; o sistema físico facilmente se envenena devido ao fraco mecanismo de desintoxicação; febre; inapetência; músculos rígidos; falta de energia sexual, impotência, problemas da próstata.</td></tr>
<tr><td>Jitsu</td><td>Infatigabilidade no trabalho, concentração, obstinação; tendência a nunca se entregar. Trabalho impaciente e impulsivo até a exaustão. Fácil influenciabilidade emocional; gritos ocasionais; manifestação de emoções e posterior controle. Glutomia.</td><td>Fadiga acumulada devido à atividade ininterrupta; excesso de alimentação e bebida; tórax e estômago dilatados; dores de cabeça; peso na cabeça; má digestão; falta de exercícios; tontura devido à falta de sangue; febre alta sem causa; calafrios; tosse; mau funcionamento do fígado; evacuação penosa, causando hemorróidas; problemas da próstata; sensibilidade nos testículos; inflamação dos órgãos reprodutores femininos; excesso de açúcar ou álcool no sangue; movimentos violentos; dor no osso sacro e no cóccix; rigidez total; tensão na área do hará, que dá a impressão de ser uma prancha de borracha; flatulência; putrefação; propensão a inflamações.</td></tr>
<tr><td colspan="2">Função do meridiano da vesícula biliar</td><td colspan="2">Distribui os nutrientes e equilibra a energia total através do auxílio de hormônios internos e secreções, como a bílis, a saliva, o ácido gástrico, a insulina e os hormônios intestinais.</td></tr>
<tr><td colspan="2"></td><td>Aspecto psicológico</td><td>Aspecto físico</td></tr>
<tr><td rowspan="2">Meridiano da vesícula biliar</td><td>Kyo</td><td>Excitação emocional que resulta em hipersensibilidade. Cansaço rápido depois de tensão; medo constante; timidez; carência; determinação; cansaço dos nervos; sono leve; falta de energia; fadiga geral e depressão.</td><td>Olhos cansados, carência de energia devido ao cansaço causado pela distribuição inadequada dos nutrientes. Pernas pesadas; olhos sem brilho; visão fraca; carência de bílis; má digestão de gorduras; propensão à diarréia e à prisão de ventre; nevralgia; tontura; formação de muco nos olhos; compleição pálida e anêmica; obesidade a despeito do fraco apetite; acúmulo de tecidos adiposos sem consumo de alimentos gordurosos; fatigabilidade; hiperacidez gástrica; má distribuição dos alimentos.</td></tr>
<tr><td>Jitsu</td><td>Excesso de responsabilidade; cansaço; tendência a arrastar-se para o trabalho; atenção a pequenos detalhes; facilidade de perturbar-se; impaciência; pressa gratuita; olhos cansados; concentração excessiva.</td><td>Insônia que acarreta fadiga visual; estômago inchado; perda de apetite; olhos transparentes; amarelidão na parte branca dos olhos e na pele; dor, lacrimejamento e pressão alta nos olhos; tendência a piscar muitas vezes; rigidez nas extremidades; rigidez muscular; dor na caixa torácica; gosto amargo na boca; sensação de ardência no tórax; pedras e espasmos na vesícula biliar; dor no ombro; peso na cabeça; enxaqueca; prisão de ventre; estagnação de muco; prurido na região das amígdalas; tosse; ingestão excessiva de doces; consumação insuficiente de alimentos ácidos.</td></tr>
</table>

Experimentos relacionados com o meridiano e o "tsubô"

Na psicologia, há um experimento chamado de "valor limite", em que podemos descobrir a sensação obtida quando dois pontos distantes são tocados. Abra um compasso e coloque as duas pontas em diferentes pontos da pele, aplicando a mesma pressão sobre cada um. Se os pontos estiverem razoavelmente separados, você sentirá dois pontos distintos. Contudo, quando reduzir a distância entre eles, sentirá um ponto em vez de dois. Isso é o que chamamos de valor limite. Significa que até certa distância entre dois pontos você sente um ponto em vez de dois. Isso varia, dependendo da parte da pele que se toca. Por exemplo, na ponta da língua, o valor limite é de 1 milímetro, nos lábios, de 5, na ponta dos dedos, de 7, na face, de 11, na testa, de 23, na parte posterior dos braços, de 31, na parte anterior, de 40, nas costas, de 68 milímetros. Quando se tocam dois pontos numa área do corpo no seu valor limite específico, sente-se somente um ponto. Pela percepção do valor limite de uma área específica do corpo, você descobrirá que as áreas com maior valor limite são as menos sensíveis.

Visualmente, quanto menor for o valor limite — que, neste caso, significa que a distância entre dois objetos está claramente delimitada —, tanto melhor será a visão. O quadro de caracteres para testar a visão foi desenvolvido a partir desse princípio. As letras e os círculos são dispostos do maior para o menor, seqüencialmente. Em outras palavras, perceber táctil e visualmente envolve a capacidade de sentir nitidamente dois pontos. A compreensão inicial desta idéia deixou-me atordoado. Essa teoria sensória dos dois pontos era intrigante e fascinante, ao mesmo tempo. Muitos psicólogos tentaram, em vão, explicar cientificamente esse fenômeno. Isso, porém, não me impediu de encontrar minha própria resposta.

O uso condicionado de nossos sentidos está intimamente associado com as atividades fundamentais da vida que usam nossos sentidos primitivos. Para falar sobre a forma de um objeto, sua característica e qualidade, usamos nossos sentidos automatizados. Isso também ocorre com a teoria sensória dos dois pontos. Nossos sentidos primitivos, por outro lado, ativam-se quando percebemos as sensações dos órgãos internos, como o odor e a dor. A teoria do dr. A. Head, chamada *zone theory*, designa áreas específicas na pele que indicam o mau funcionamento dos órgãos internos. De acordo com essa teoria, nossos nervos cutâneos estão agrupados da mesma maneira que os de um feto. Na produção de fibras nervosas, os nervos originais, que são reformados, tornam-se os sentidos primitivos, enquanto as novas fibras nervosas constituem os sentidos condicionais.

A sensação de algo sobre a pele é biológica, mas até sentidos primitivos, como o da audição, também podem tornar-se sentidos condicionados. Por exemplo, quando você ouve pela primeira vez uma língua estrangeira, percebe-a como um simples som, sem significado. Mas, depois de estudá-la e aprender o significado de seus sons, ela se torna um instrumento de comunicação. Isso significa que o seu sentido auditivo desenvolveu-se por estágios. Vou dar outro exemplo. Você crê que alguém está falando uma língua estrangeira e está tentando entender o que ela diz quando, de repente, percebe que está ouvindo a sua língua materna pronunciada com um estranho sotaque. Com tal reconhecimento, essa língua pode ser claramente entendida. Os sentidos educados pertencem biologicamente às novas fibras nervosas. Contudo, para fazer claras distinções de análise e sentido, necessitamos da ajuda da consciência que se originou do novo sistema do córtex cerebral. Assim, através da educação dos nossos sentidos, podemos descobrir os nossos sentidos originais.

Experimento de pressão em dois pontos

Vamos experimentar. Segure delicadamente o braço de alguém com ambas as mãos. Não importa se a pessoa está ou não vestida, mas, se ela estiver sem roupa, você obterá uma resposta mais clara. A pessoa não deve prestar atenção ao próprio braço, porque este é um experimento relacionado com a sensibilidade da pele. Não é permitido qualquer tipo de estímulo visual. Coloque um polegar no braço e o outro no mesmo músculo, a uma distância de mais de 50 milímetros. Pressione ligeiramente com os dois polegares, tomando cuidado para não empregar muita força, a fim de manter a sensação no nível condicionado. (Lembre-se de que a dor é sentida no nível original.) No antebraço, o limite é de 40 milímetros; por isso você pode sentir esses dois pontos como tais, pois uma distância superior a 40 milímetros implica uma sensibilidade em dois pontos. Então, sem aliviar a pressão, conduza a sua mente para o *hará* em vez de mantê-la na ponta dos dedos. Quando fizer isso, estará num estado de tônus muscular. O tônus muscular é a condição em que o músculo está relaxado, mas pronto a entrar em atividade. Por exemplo, quando você segura uma pasta ou uma bolsa, não tem consciência de que o faz. Você a segura e às vezes se esquece disso, mas nunca a deixa cair. Quando está de pé, não percebe que está pressionando o chão para permanecer em pé. Você simplesmente se mantém de pé, sem consciência, no estado de tônus muscular.

Mas voltemos à nossa experiência. Sem desviar a sua consciência da ponta dos dedos, mantenha-se no estado de tônus muscular. A pessoa cujo braço você está tocando sentirá esses dois pontos como se fosse um. Isso não quer dizer que os sentidos se entorpeceram. Comprima novamente os polegares, desta vez de forma consciente. O paciente sentirá nitidamente dois pontos de pressão. Relaxe-se mais uma vez e coloque-se num estado de tônus muscular. Ele sentirá novamente os dois pontos como um só. Acredito que essa experiência seja fundamental para perceber os *tsubôs* e os meridianos. Você deve repeti-la até obter sucesso. Se falhar, tente com o outro braço ou com as pernas, a fim de delimitar a sua tomada de consciência em relação ao experimento. Ou peça a alguém para realizá-lo em você. A pessoa deve estar completamente relaxada e inconsciente de si mesma. A maioria das falhas provêm do praticante; quanto mais experiente for, mais perceberá a falha. Como crê no shiatsu, sua tendência é pressionar com os polegares. Na arte japonesa da espada (kendô), um amador segura a espada com a ponta dos dedos contraídos. O mestre segura a espada com seu *hará*. Mesmo quando maneja a espada, movimenta o corpo a partir do *hará*. Ele pode extrair muita energia *ki* do corpo.

Como usar o "hará"

No shiatsu com as duas mãos, quando você concentra toda a energia no seu *hará*, o paciente sente que se torna um com você até o mais profundo do seu corpo. O shiatsu aplicado com os polegares sobrepostos não produz essa sensação de unidade porque há tensão demais na ponta dos dedos para se poder utilizar o *tsubô*. Para diferenciar um amador de um profissional, peço-lhes que me mostrem a técnica do shiatsu de dois pontos. O prático inexperiente se concentra cegamente na ponta dos dedos. O mestre fornece a energia *ki* a partir do *hará*, num estado de completo relaxamento. Se você constatar que o seu shiatsu não produz bons resultados depois de muito trabalho nesse sentido, por favor, experimente essa teoria. Eu lhe garanto que você mudará.

Até recentemente, eu não conhecia esse método prático e eficaz. Durante anos eu vinha insistindo no método de "ambas as mãos", "yin e yang", "tonificação-sedação", mas não conseguia descobrir a diferença entre o shiatsu de dois pontos e o de um ponto. Aconteceu-me descobri-lo ao fazer conferências para meus alunos.

Meu treinamento psicológico permitiu que eu descobrisse inconscientemente essa técnica. A concentração no *hará* e o relaxamento de todo o corpo é natural. Toda a cultura japonesa baseia-se nesse princípio. Se você contrair os ombros ou as extremidades, seus movimentos se tornarão desajeitados, deselegantes. Treinar essa arte é simplesmente eliminar a tensão anormal. Quando seu movimento começa a fluir naturalmente, sem qualquer tensão, a verdadeira beleza aparece. Também no esporte, como no sumô (luta romana do Japão), você deve usar o *hará* e não as mãos. No beisebol, em vez de se concentrar em atirar a bola perfeitamente, use o *hará*. Você deve jogar beisebol naturalmente, sem o desejo de jogar bem. O shiatsu não depende, pois, da técnica da ponta dos dedos. Ao contrário, treine para sentir a energia que flui dentro de você.

Compaixão pela vida

Depois de atingir essa sensação de dois-em-um, coloque um dos polegares num meridiano diferente. Você não terá logo a consciência de dois-em-um, porque estará aplicando duas mãos em dois meridianos diferentes. Mas se você permanecer assim, as sensações dois-em-um gradualmente surgirão. Se treinar mais cuidadosamente, alcançará um sentimento primitivo de unidade com o paciente. Os dois polegares podem sentir como um. "Um" não significa que é como se eles estivessem um sobre o outro. Entre os dois polegares, você perceberá uma espécie de eco ou reflexo e, então, eles sentirão como se fossem um através do paciente, como num círculo. Você poderá criar uma unidade ou estabelecer um vínculo de compaixão com o paciente pelo uso das duas mãos. Ao mesmo tempo, o paciente sentirá a sensação dois-em-um. Chamamos a isso de "compaixão pela vida". A vida só pode ser mantida através desse sentido de conexão. Nossa vida individual não existe independentemente ou dispersa, mas sobrevive como um todo. A vida não pode ser separada de seu meio ambiente; divide-se para crescer. Isso não significa que ela seja dividida. Na evolução, cada vida progride um pouco a partir de sua origem. A divisão entre masculino e feminino significa que a sua união gera uma vida nova. Desde a Antiguidade, a ciência se preocupa com o significado da vida. A ciência é um estudo da vida. Acredito que a sensação da vida seja a sensação da unidade dois-em-um. Ao sentir essa unidade, haverá vida. Quando somos perfeitamente saudáveis, sentimos a unidade em nosso corpo. Pelo contrário, quando não o somos, o estômago, a cabeça, os braços e as pernas estão separados e a sensação é de que não nos pertencem. Se você cuidar do seu estômago, ele será você; mas se você o ignorar, o estômago insistirá em se fazer notar. Devido a dores severas nas extremidades, as pessoas às vezes querem amputá-las. Então essas extremidades não são você. Se você está acostumado a usar suas roupas preferidas, elas se tornam parte de você. Acontece a mesma coisa com os casais e as famílias. Quando a unidade entre os membros da sua família se perder, você perceberá as diferenças entre você e eles mais que os problemas e conflitos deles. Quando os amantes querem se sentir unidos um ao outro, a energia vital flui. Sentir a vida é tornar-se um e, quando se sente a unidade, há vida. O termo "unidade" que uso aqui é o estado de não-intencionalidade. Não se trata de uma simples palavra. É a compaixão pela vida.

A sensação de um aperto de mãos

Quando as pessoas apaixonadas se dão as mãos, não só as seguram fisicamente como também sentem o eu espiritual do outro. Podemos sentir a alma do outro por meio do aperto de mãos. Na sociedade moderna, estamos propensos a lidar com a matéria em vez de com o espírito. Quanto mais você ressaltar o materialismo, mais o espírito se deteriorará. A atitude materialista põe a natureza em risco. A poluição é um dos exemplos. O mesmo ocorre com o corpo humano. Um nível de consciência distinto se instala no novo córtex cerebral. Quanto mais o novo córtex cerebral for exigido, tanto mais o sistema linfático se deteriorará juntamente com os sentidos originais. Quanto mais civilizadas forem as pessoas, mais entorpecidas se tornarão as suas sensações vitais. Não só essas sensações, mas também o sistema do controle vital pode sofrer; quanto mais a nutrição aumenta no nível do novo córtex cerebral, mais ela diminui no nível do sistema linfático. Quanto mais o novo córtex cerebral funciona, menos funciona o sistema de manutenção vital. Assim, quanto mais civilizados formos, mais regrediremos no plano de uma vida saudável. Na nossa rotina diária, devemos restabelecer essa consciência primitiva, a fim de rejuvenescer nossas vidas.

A excitação que a compaixão pela vida provoca é uma sensação "instintiva" e um desejo que acrescenta entusiasmo aos casos de amor e à vida social das pessoas civilizadas. Sem essa compreensão, as pessoas que perseguem desejos superficiais podem não alcançar a realização fundamental da vida. Na vida moderna, nossa preferência recai sobre as coisas materiais; portanto, temos menos compaixão vital. Assim que você perceber que essa compaixão pela vida é essencial, não precisará recorrer a estimulantes cada vez mais fortes. Acredito que a popularidade da ioga e do zen no Ocidente surgiu a partir desse fenômeno. No Oriente é essencial enfatizarmos o cultivo da vida e da compaixão vital. Não gostamos de dar ênfase à vida materialista. Essa foi a principal razão do subdesenvolvimento material dos países orientais e da lentidão em se tornar nações modernas. Atualmente o Ocidente descobriu que temos a consciência vital no Oriente, e está à sua procura. (Alguns estudantes vêm explorando cientificamente os benefícios fisiológicos do zen.) Nós, orientais, devemos encorajar o cultivo da compaixão pela vida em nossas sociedades.

O que são os meridianos e os "tsubôs"?

A principal razão pela qual descobri que alguns meridianos diferem dos apresentados nos livros clássicos é o fato de eu seguir honestamente o meu processo de intuição através do toque. Dependendo do modo como você estimula um *tsubô,* poderá obter resultados diferentes. Isso me forneceu uma constelação diferente de meridianos. Outra razão, se deve ao meu estudo de psicologia e à pesquisa sobre a pele e os mecanismos do tato. Além disso, estudei a filosofia de vida oriental. Os meridianos e os *tsubôs* pertencem à mais primitiva das funções vitais; por isso, o estudo dos meridianos é o estudo da base da vida. Mesmo se compreendemos a vida física de um ponto de vista anatômico ou bioquímico, a constituição da própria vida está além da ciência. Você pode pesquisar os meridianos e os *tsubôs,* e seus mecanismos fenomênicos, usando métodos convencionais, mas essa abordagem estará longe da verdade essencial. A religião não é uma compreensão intelectual, mas prática, porque lida com a vida. Da mesma forma como você pode examinar o zen de um ponto de vista biológico, poderá pesquisar a religião do ponto de vista das conveniências. Contudo, para compreender a religião, primeiro você deve crer. Por milênios os praticantes da medicina oriental provaram a eficiência dos meridianos e dos *tsubôs;* por isso, para utilizá-los, não necessitamos de pesquisa concreta e objetiva. Os assim chamados mestres compreendem sem racionalizar; mas as explicações forçadas dão-nos respostas mais caóticas, como os *koans* zen. Além disso, os artesãos, ao contrário dos sábios, podem melhorar sua habilidade, o que torna a explanação científica mais difícil. A razão pela qual os meridianos e os *tsubôs* são importantes para manter a vida e tratar a doença é que eles constituem a própria vida. Sem a vida, os meridianos e *tsubôs* não têm função alguma. Sem a atenção consciente das energias vitais e das técnicas, você não obterá bons resultados no tratamento. Nenhum livro lhe dirá como fazer isso, porque lidamos com a própria vida, além das palavras. Quando toda a vida está distorcida, os meridianos e *tsubôs* não podem ser apontados, pois eles revelam fenômenos anormais. Uma pessoa sensível perceberá esses fenômenos sob a forma de alterações na pele, mas, para corrigir essa anormalidade, precisamos da função vital. Quero deixar claro que, para entender os meridianos e os *tsubôs*, devemos primeiro sentir a vida interior. A própria vida é o tratamento da doença. Além disso, a crença de que podemos curar a doença pela vida é o mais essencial.

3. Técnicas básicas da terapia zen-shiatsu

Como tonificar e acalmar

O movimento dos polegares e dedos permite-nos reconhecer o mundo à nossa volta. Nós o reconhecemos ao apertar, segurar, beliscar e sustentar. Devemos ser capazes, no shiatsu, de utilizar instintivamente a mobilidade total das mãos de acordo com as leis da natureza.

O uso adequado dos polegares e dedos é de extrema importância na aplicação de um bom shiatsu. Assim como a harmonia de um governo democrático pode ser perturbada se este cair numa ditadura, assim também o uso isolado do polegar pode perturbar o equilíbrio natural do corpo. Polegares intumescidos, dor nos ombros e conseqüente cansaço não devem fazer parte do processo de aprendizado do shiatsu. Normalmente, no shiatsu, usamos três dedos. Mas devemos ter em mente a força total dos dedos.

Na terapia *ampuku* (shiatsu no abdômen), a pressão aplicada nessa região do corpo está concentrada na ponta de três dedos, mas a fonte principal da força vem do pulso, com o polegar relaxado.

Rikyu, o fundador e mestre da cerimônia do chá, disse certa vez:

> "Não mexa com a ponta dos dedos,
> mas com o cotovelo".

Advirto os meus alunos para não usarem somente a força da ponta dos dedos, mas a do cotovelo. Esta é uma das chaves do sucesso do shiatsu.

A técnica da palma da mão

Esta é uma técnica amplamente usada no shiatsu, famosa por seu efeito calmante. Numa posição devidamente equilibrada, o praticante pode aplicar a pressão usando o peso do corpo, sem causar qualquer prejuízo ao tronco ou aos órgãos internos do paciente.

A palma das mãos e os dedos devem estar relaxados todo o tempo e adaptar-se à parte do corpo que está sendo tratada (figura 23). Por exemplo, se você vai massagear as costas, a mão deve estar apoiada relaxadamente sobre o corpo; se está lidando com as nádegas, a mão deve seguir o contorno dessa região (figuras 24 a 27).

Você pode ajustar a força da pressão exercida de acordo com a distribuição do peso do corpo na postura de quem vai fazer flexão de braço. Para exercer uma pressão eficaz mas confortável, a palma das mãos permanece relaxada sobre a região a ser tratada, enquanto os braços sustentam o peso do corpo. O ângulo do seu corpo em relação aos braços determinará a força da pressão a ser aplicada no paciente. É importante que o pra-

Fig. 23

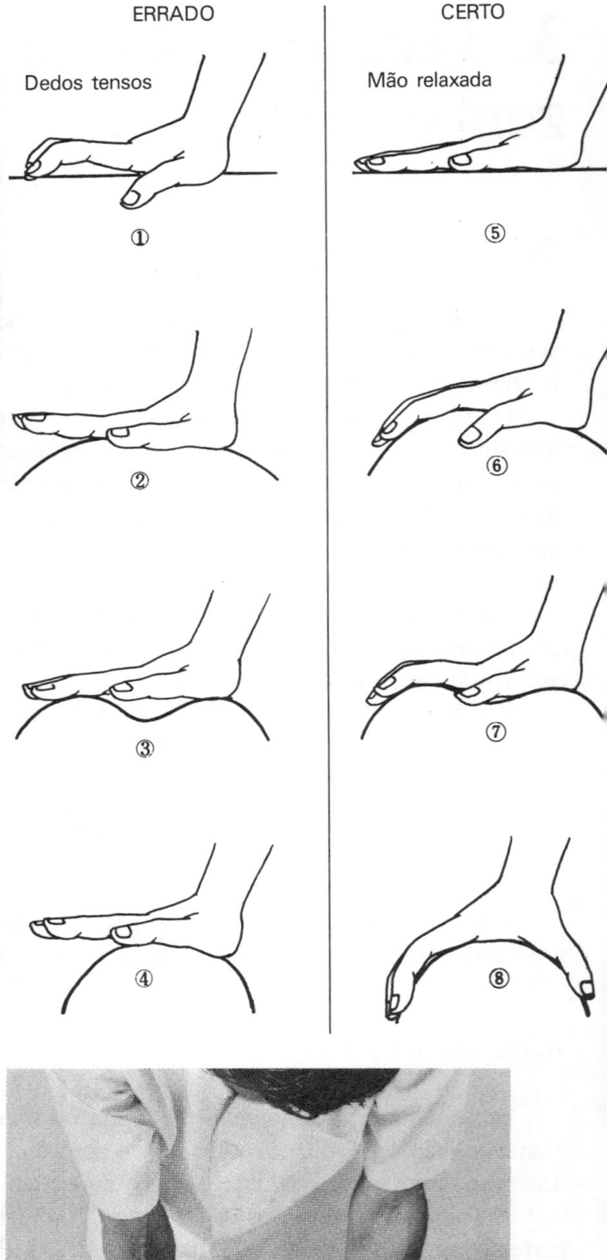

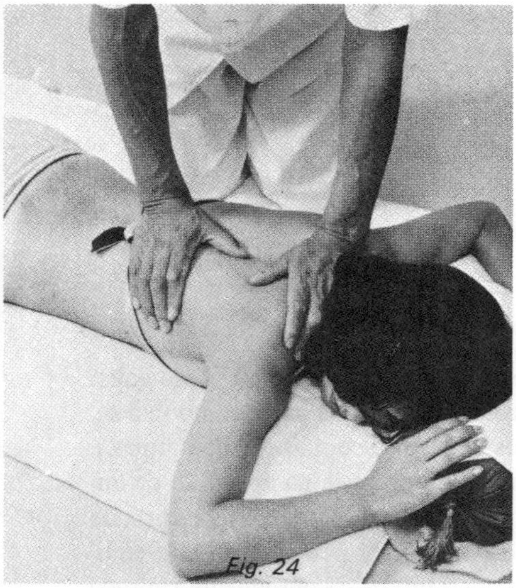
Fig. 24

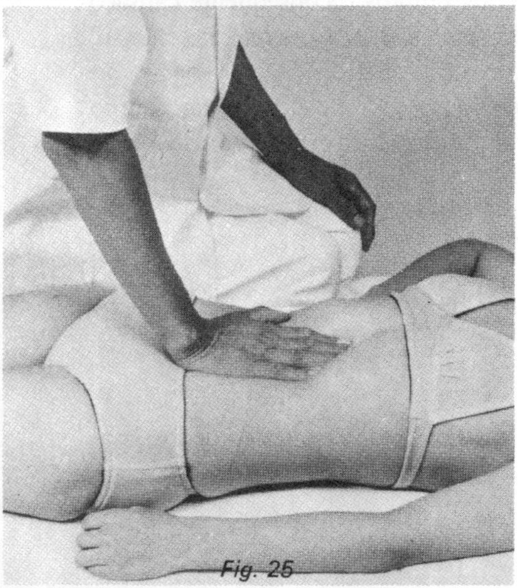
Fig. 25

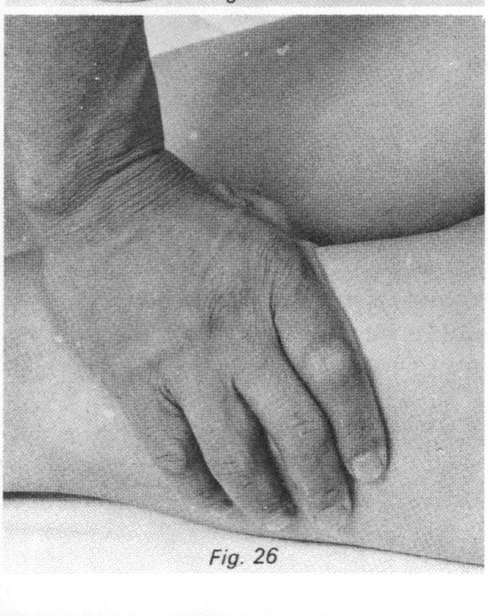
Fig. 26

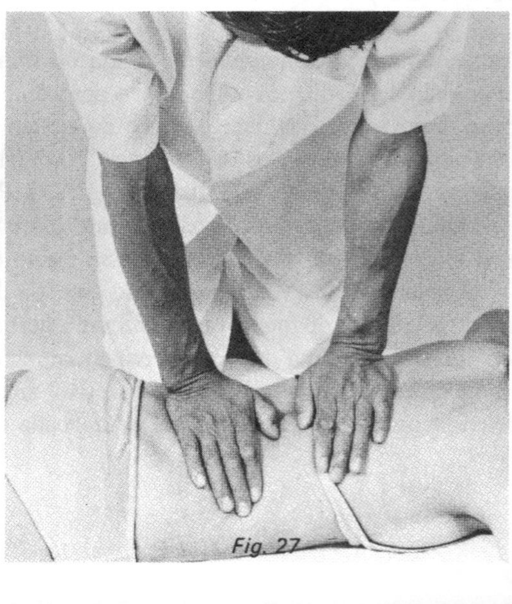
Fig. 27

ticante fique relaxado. A sensação de pressão no corpo deve assemelhar-se à força de gravidade — deve ser natural, eficiente, mas moderada. A postura de joelhos é usada quando se necessita de uma pressão leve. Quanto mais perto do paciente você se ajoelhar, tanto mais fácil será exercer levemente essa pressão. Os braços devem manter-se distendidos, perpendiculares ao corpo do paciente, e os ombros, ligeiramente para a frente (figura 28).

Quando uma criança sobe nas costas de alguém, está aplicando, casualmente, uma boa pressão de shiatsu. A energia de seu ser está plenamente concentrada em cada movimento e o sentimento de sinceridade da criança em seu gesto penetra como poder de cura no corpo de quem a carrega. Esse tipo de espontaneidade e presença deve ser transferido a cada toque ao seu paciente. Só quando o ego não está presente é que a simples pressão no corpo se torna uma força vital de cura.

Fig. 28

Postura de flexão de braço

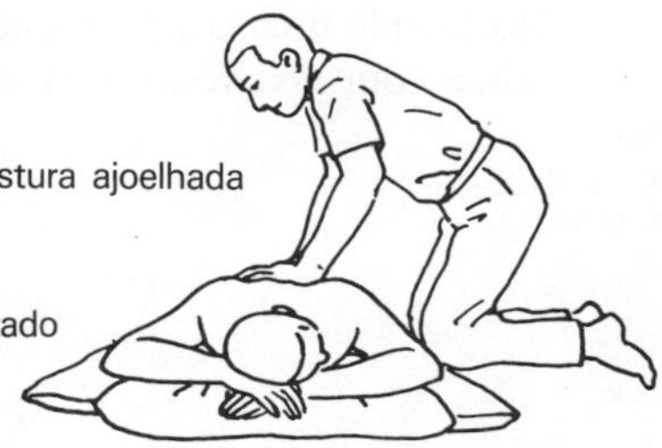

Postura ajoelhada

Certifique-se de que o paciente esteja deitado de bruços, bem relaxado.

Técnica das palmas usando ambas as mãos: Ponha a palma das mãos sobre o paciente e pressione. Vá descendo as mãos ao longo do corpo, alternando a pressão; volte à posição inicial e deslize uma mão para baixo (figuras 29 e 30). Redistribua igualmente o peso entre as mãos. Repita a operação até que toda a área seja massageada. Na execução do movimento, nenhuma das mãos perde contato com o corpo do paciente. A mão que fica parada tonifica, enquanto a outra acalma.

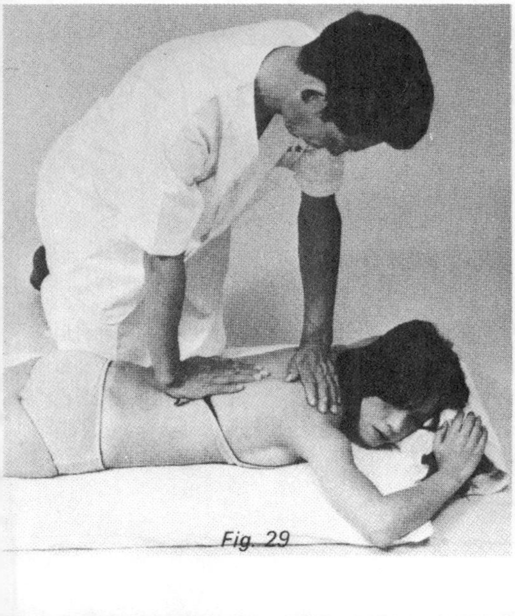

Fig. 29

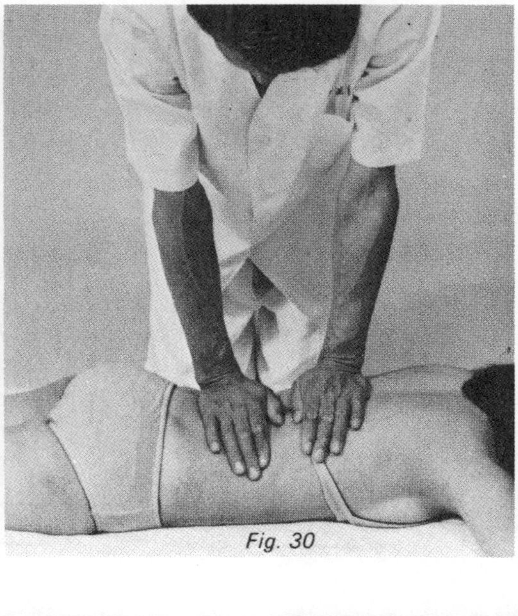

Fig. 30

Fig. 31

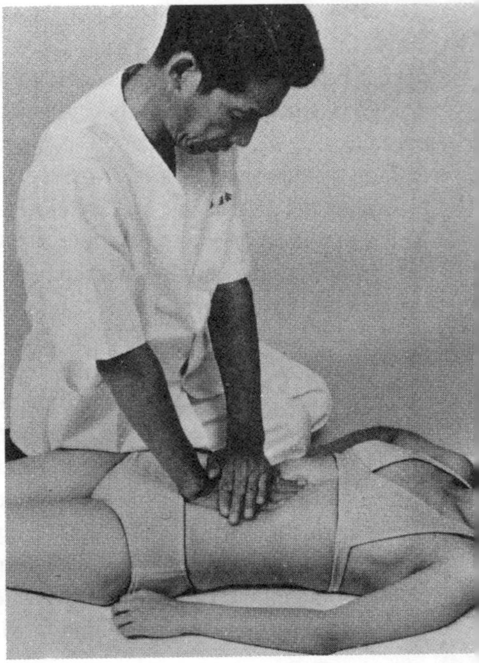

Técnica das palmas usando as mãos cruzadas: Coloque uma mão em cima da outra formando uma cruz; a pressão pode ser aplicada com essa técnica (figura 31).

Técnica da ondulação: Coloque a palma das mãos sobre o abdômen (*hará*, em japonês) e, num movimento contínuo e ondulante, alterne a pressão da ponta dos quatro dedos para a palma das mãos. Essa técnica relaxa e conforta a região do *hará* e seus órgãos mais profundos (figura 32).

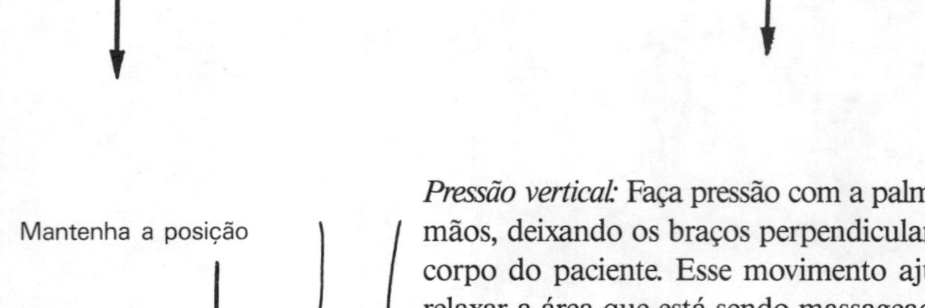

Fig. 32

Pressão vertical: Faça pressão com a palma das mãos, deixando os braços perpendiculares ao corpo do paciente. Esse movimento ajuda a relaxar a área que está sendo massageada (figura 33).

Fig. 33

Massagem circular: Aplique pressão leve usando um movimento circular. Essa técnica é especialmente indicada para relaxar os músculos situados em volta das espáduas (figura 34).

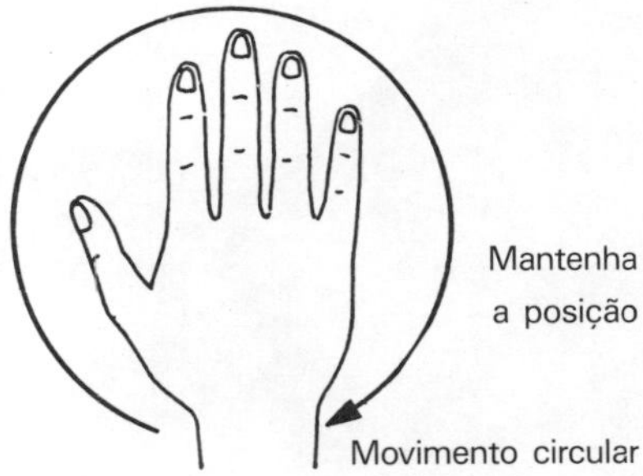

Fig. 34

Técnica da fricção: Enquanto aplica pressão numa área do corpo, você pode friccionar o músculo. Essa técnica é diferente da massagem regular, na qual a mão desliza pelo músculo com o braço perpendicular ao corpo do paciente.

Técnica do segurar: Segure a região a ser massageada como se estivesse dando as mãos num cumprimento e aplique pressão constante (figuras 35 e 36). Esse movimento pode proporcionar ao paciente sensações agradáveis, quando se pressionam os pontos-*tsubô*.

Fig. 35

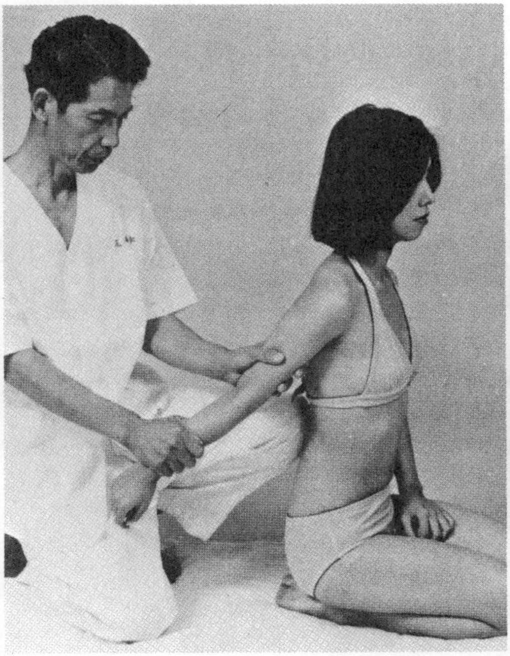

Fig. 36

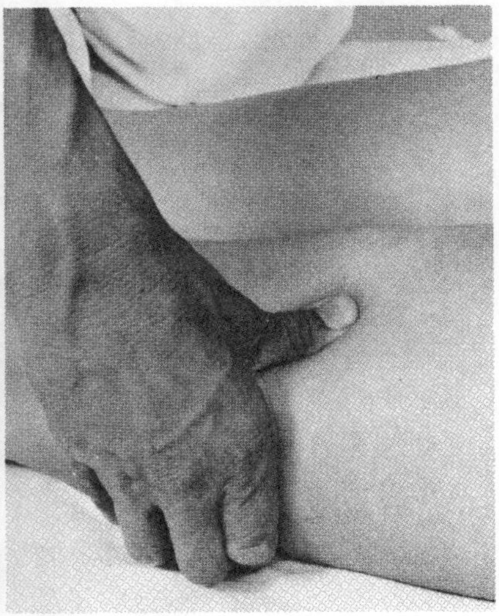

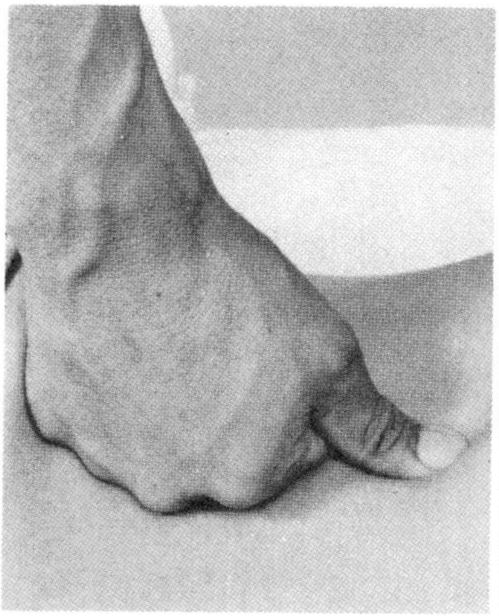

Fig. 37

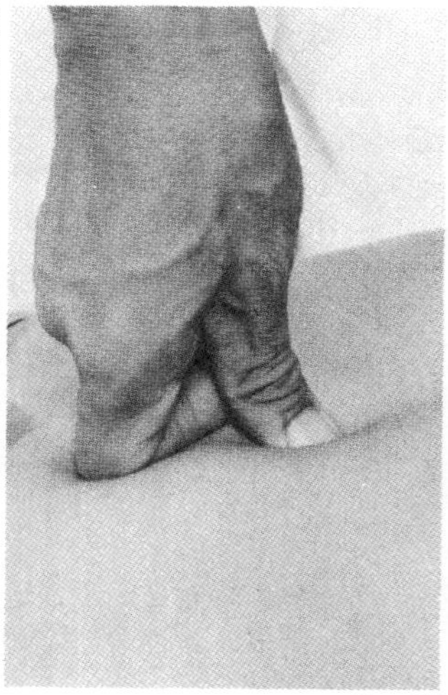

Fig. 38

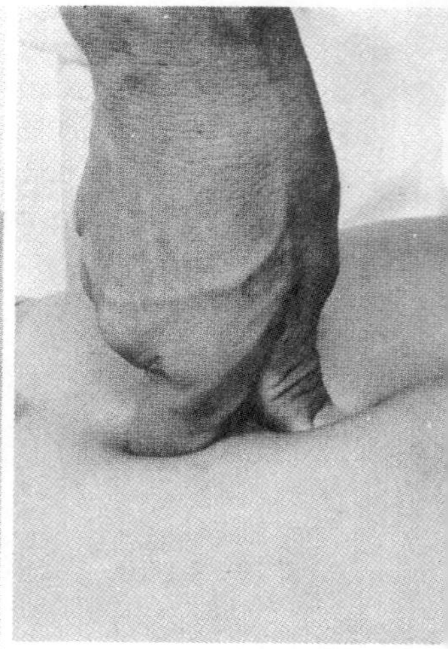

Fig. 39

Pressão com a ponta dos dedos

Quando estiver usando o polegar, dobre os outros dedos para sustentá-lo. Distribua o peso. Existem várias técnicas para o uso da ponta dos dedos, como mostram as figuras de 37 a 43. A técnica a ser utilizada depende da área que estiver sendo massageada e do conforto e conveniência de sua postura. Para regiões estreitas entre ossos ou músculos você pode pressionar com a área da unha. Visto que nervos sensórios estão concentrados nessa área, o fluxo dos meridianos pode ser detectado facilmente usando-se essa técnica.

Quando se diagnostica a região do *hará,* podem-se usar todos os dedos.

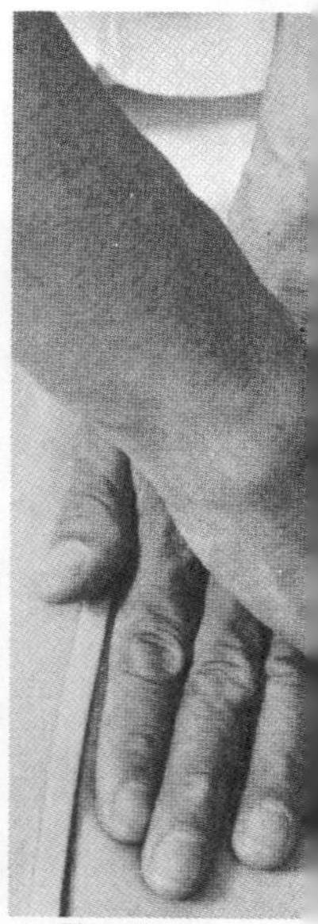

Fig. 41

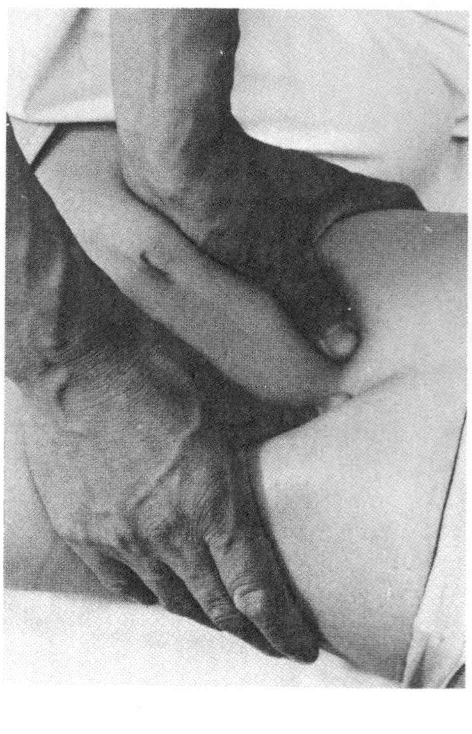

Fig. 40

Pressão com o polegar: Estenda o polegar e feche os outros dedos. Distribua o peso entre o polegar e os quatro dedos (a região entre a segunda e a terceira juntas) e pressione (figura 37). Use também o polegar, ajudado pelos quatro dedos estendidos. O polegar acalma, enquanto os outros dedos tonificam (figura 40).

Pressão com os quatro dedos: Pressione com os quatro dedos juntos. A força deve vir dos cotovelos e da palma das mãos; mantenha o polegar relaxado (figura 41).

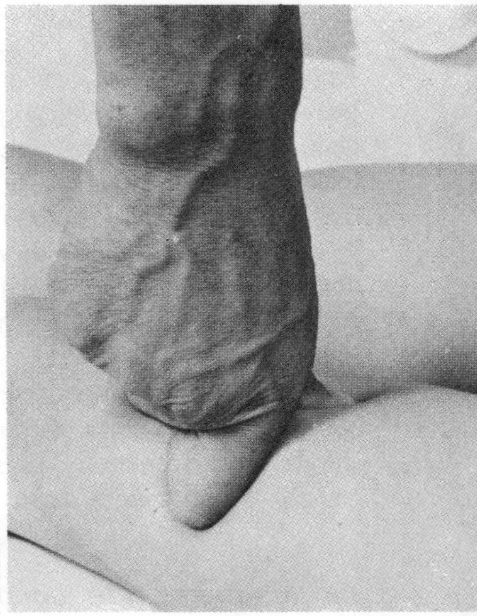

Fig. 43

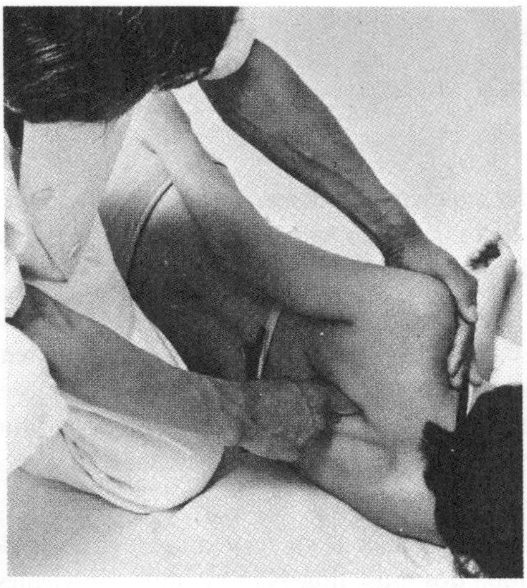

Fig. 42

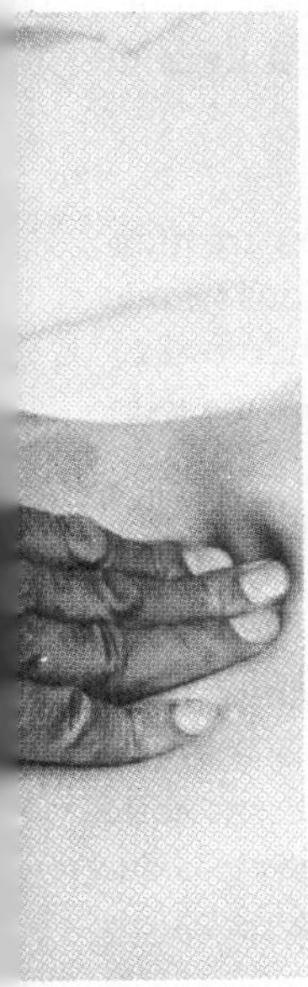

Pressão com três dedos: Você pode fazer pressão usando somente três dedos. Essa técnica é muito empregada no diagnóstico da região do *hará*.

Técnica de dois dedos: Faça pressão com o dedo indicador dobrado, auxiliado pelo polegar: este tonifica, enquanto o indicador acalma (figura 42).

Técnica de beliscar com dois dedos: Você pode beliscar levemente a área a ser massageada antes de pressionar (figura 43).

Lembre-se de que, ao aplicar qualquer das técnicas que utilizam a ponta dos dedos, você deve usar as mãos simultaneamente. Uma age como força estabilizadora, que sustenta o peso de seu corpo, enquanto a outra se desloca. Nesse caso, a mão que fica parada no corpo (palma para baixo) tonifica (yin), enquanto a outra, que usa a ponta dos dedos, acalma (yang). A pressão total aplicada tanto pela palma da mão quanto pela ponta dos dedos deve ser suave mas firme, permitindo que o paciente fique relaxado e tire vantagens do tratamento (figura 44).

Como o movimento que está envolvido nesse tipo de técnica é pequeno, o praticante pode conservar sua energia, evitar o cansaço e concentrar-se em sentir a energia que flui no interior de seu paciente.

Fig. 44

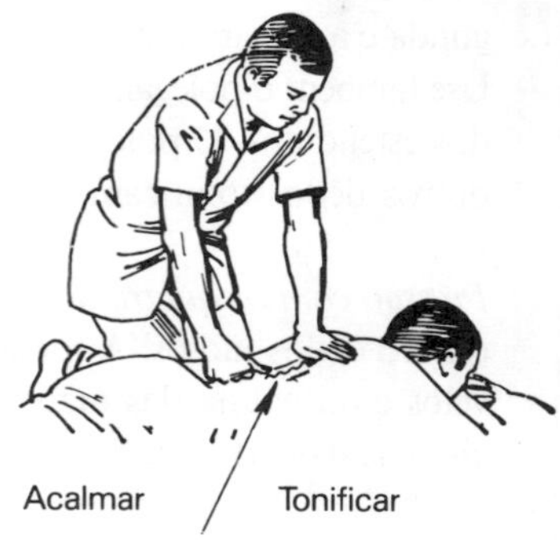

Resposta das linhas meridianas

As três regras que regem o shiatsu

1) *Pressão vertical*

A pressão firme aplicada verticalmente no corpo garante boa saúde. Embora a pressão não-vertical promova uma boa circulação sanguínea, ela pode prejudicar a força de cura natural do corpo, particularmente em caso de doença.

2) *Pressão sem movimento*

A pressão sem movimento é essencial no bom shiatsu. O espaço de tempo para manter cada ponto varia de dois a sete segundos, mas há casos em que são necessários de oito a trinta segundos. A pressão aplicada dessa forma penetra no corpo, estimulando o sistema nervoso parassimpático, que por sua vez acalma os órgãos internos e o corpo com um todo.

3) *Pressão de sustentação*

Quando nos levantamos, nos sentamos ou nos movemos a estrutura do nosso corpo permanece equilibrada com a ajuda dos músculos. Não estamos conscientes da contração e expansão desses músculos ainda que estejam lá para nos sustentar e nos manter estruturalmente. É essa sensação de apoio que transmitimos através do contato. A letra japonesa que significa "homem" é grafada . As duas linhas podem representar dois seres humanos sustentando-se um ao outro. É esse tipo de relacionamento que deve existir entre o paciente e o praticante. Eles se inter-relacionam, sustentam-se e trocam suas energias durante todo o tratamento. Se você aplicar o shiatsu em alguém cujos músculos estão tensos e não relaxados, nenhuma pressão penetrará em seu corpo. Portanto, é necessário que a pressão vinda de um lado seja sustentada por alguém do lado oposto. Quando uma pessoa está deitada no chão durante o tratamento de shiatsu, o chão age como a força de suporte à pressão que está sendo exercida pelo praticante. Na massagem com as duas mãos, obtém-se a pressão de suporte porque uma mão acalma enquanto a outra tonifica.

Manipulação com as duas mãos

Do ponto de vista oriental, os seres vivos são governados por forças opostas chamadas yin e yang. A estreita interação e a harmonia entre essas duas forças é o que determina a saúde e o equilíbrio do corpo. Em japonês, chamamos a força yin de *kyo* e a yang, de *jitsu*. Lidamos com o *kyo* através da tonificação e com o *jitsu* através da sedação. Quando nosso fluxo energético (os meridianos) se desequilibra ou estagna, aparece a doença.

Na manipulação com as duas mãos seguimos o princípio do *kyo-jitsu*: uma assume o papel de sustentação, ou yin, a outra, o papel ativo, ou yang. Pelo trabalho simultâneo com essas duas forças, podemos equilibrar o fluxo de energia no corpo. A acupuntura emprega o mesmo princípio ao selecionar o tipo de metal de suas agulhas. A composição de uma deve ser negativa (yin) e a da outra, positiva (yang).

Um aspecto essencial do domínio da manipulação com as duas mãos é entender a importância da mão de apoio (yin). Quando observamos um mágico fazendo um truque, somos atraídos pela mão em movimento. Porém, é a mão que fica parada que faz, de fato, o truque. No shiatsu, a mão de apoio (yin) provê o necessário auxílio de penetração que prepara o corpo para o tratamento. Sem essa força, a manipulação com a mão em movimento (yang) ficaria superficial e, por vezes, dolorosa. Na manipulação com as duas mãos, a interação entre as forças do *kyo* e do *jitsu* é o único caminho para um método eficaz de equilíbrio do fluxo energético do nosso corpo.

Manipulação

Um dos dois sistemas de manipulação é o shiatsu, o outro é o *seitai*, ou realinhamento estrutural. O velho estilo *anma* (massagem japonesa) consiste no *ankyo* e no método chamado *do-in*.

No shiatsu, a pressão e a manipulação se completam. Nesse caso, a pressão age como o elemento *kyo* e a manipulação, como *jitsu*.

Outras formas de manipulação incluem o *katsu* (técnicas de sobrevivência de emergência), a quiropatia, a osteopatia e a terapia física.

Os exercícios isométricos e os métodos de massagem médica ajudam e reabilitam a força muscular.

Nos meus tratamentos de shiatsu, geralmente combino a pressão com técnicas manipulativas para obter uma diagnose mais precisa das condições globais do corpo e do equilíbrio do fluxo energético. O uso exclusivo de terapias de manipulação não penetra na causa fundamental do problema que ocorre no fluxo energético. Por isso, a aplicação do shiatsu e da terapia *ampuku* é necessária para se fornecer a energia fundamental requerida pelo corpo para curar-se.

Conceitos fundamentais no uso da manipulação

1) *Aquecimento*

O aquecimento dos músculos e dos ligamentos pela aplicação do shiatsu e de uma fricção suave prepara o paciente para o tratamento seguinte. Enquanto isso, você pode sentir a condição dos músculos, dos tendões e dos ligamentos. Pode também detectar possíveis desvios nas vértebras, deslocamento das juntas e outras anomalias. O tratamento deve proceder segundo o princípio *kyo-jitsu* explicado anteriormente.

2) *Estabelecer um ponto de apoio para a manipulação*

Antes de administrar qualquer tipo de terapia de manipulaçao, estabeleça um ponto de apoio. Esse ponto age como um estabilizador em torno do qual os movimentos circulam. Geralmente uma mão é centralizada nesse ponto, permitindo que a outra execute a manipulação sem esforço.

3) *O uso do alongamento máximo*

Segure com uma mão a junta ou área muscular, gire ou alongue a região até seu ponto máximo de flexibilidade. O paciente deve ficar confortável na posição enquanto sente o alongamento. Mantenha a posição enquanto o paciente permanece relaxado. Então retorne vagarosamente à posição normal. O tônus muscular pode aumentar com o uso desta técnica e o paciente pode ganhar grande mobilidade em seus movimentos. É importante lembrar que essa técnica deve ser aplicada devagar. Movimentos bruscos podem traumatizar a área em vez de revitalizá-la.

Como aplicar o shiatsu no corpo todo

Quatro diagnoses da medicina oriental

Um tratamento de shiatsu começa, em geral, na posição sentada. Se o paciente está doente, porém, pode começar com a posição reclinada.

Quatro tipos de diagnose são usados para conhecer a condição geral do paciente:

Bo-shin — diagnose através da observação geral (aparência, etc.).

Bun-shin — diagnose através de sons, audição (tom da voz, etc.).

Mon-shin — diagnose por questionamento verbal feito ao paciente.

Setsu-shin — diagnose através do tato.

Na diagnose oriental, o praticante procura compreender o paciente como um todo, de forma semelhante à do primeiro encontro entre duas pessoas: elas se observam, trocam cumprimentos, ouvem a voz uma da outra, percebem qualquer cheiro particular, fazem-se perguntas, apertam-se as mãos ou se abraçam.

Na medicina ocidental, a diagnose é dirigida mais para o que o doente diz do que para ele próprio. Como um detetive procurando um criminoso, o médico conduz uma investigação para descobrir a doença que aflige o corpo sem se ocupar do próprio paciente. Ele é tratado como um objeto doente e não como um ser humano. Esse tipo de relação médico-paciente não é considerado natural na diagnose oriental. Respeito, confiança e afeição mútuos são importantes para o sucesso da diagnose. O praticante deve estar confiante em sua prática de cura, mas, ao mesmo tempo, deve respeitar e compreender o paciente. Quando existe esse tipo de relacionamento, consegue-se uma diagnose correta.

Na diagnose você pode conhecer a condição geral do paciente, se ele é *kyo* ou *jitsu*, yin ou yang, e se a doença é aguda ou crônica.

É preferível, na diagnose, que você fique atrás do paciente e não na frente, porque é necessário que ele se concentre e o entenda através de cada toque, mais do que por meio de uma confrontação. O paciente se sentirá relaxado e à vontade, numa atmosfera de confiança e respeito mútuo, e a diagnose será mais precisa. Assim, você poderá perceber também quaisquer deformações ou desvios na estrutura da coluna vertebral, bem como a condição e flexibilidade dos músculos dorsais. Quando o paciente está deitado de costas, você deve observar-lhe a cor e a expressão do rosto, perguntar-lhe como se sente, ouvir como ele fala e prestar atenção no tom da voz. Também deve sentir-lhe o odor do corpo e o hálito, se isso for importante. Antes de fazer qualquer pergunta a respeito de saúde ao paciente, utilize todo o conhecimento que você tem ao conduzir a diagnose do *hará*. Quando fizer as perguntas, preste muita atenção à reação e às respostas do paciente.

Ao terminar a fase do diagnóstico, é preferível que o paciente fique sentado. Se por alguma razão isso não for possível, deixe-o deitado. O tratamento pode, então, começar.

Na aplicação do shiatsu em todo o corpo, não há nenhuma ordem ou procedimento definidos. Por essa razão, o melhor método, para iniciantes que não diagnosticam claramente o *kyo* e o *jitsu* e os meridianos, seria seguir a regra básica do tonificar e acalmar, já mencionada. Depois de dominar essa técnica básica, você estará apto a modificá-la de acordo com a condição do paciente e poderá desenvolver seu próprio estilo.

A posição sentada

Para aplicar o shiatsu na área das omoplatas: Coloque a palma da mão direita sobre a área dorsal, desde a sétima vértebra cervical até a área regida pelo meridiano da sístole cardíaca (1 na figura 46). Segure o paciente colocando a sua mão esquerda no ombro dele. Aplique leve pressão deslocando o peso do seu corpo sobre a mão direita. Mantenha a posição por duas respirações e coordene sua energia *ki* com a do paciente. Então, deslize a mão direita pela coluna vertebral. Essa técnica o capacita à diagnose clara das condições do ombro, da espinha e dos quadris (figura 45).

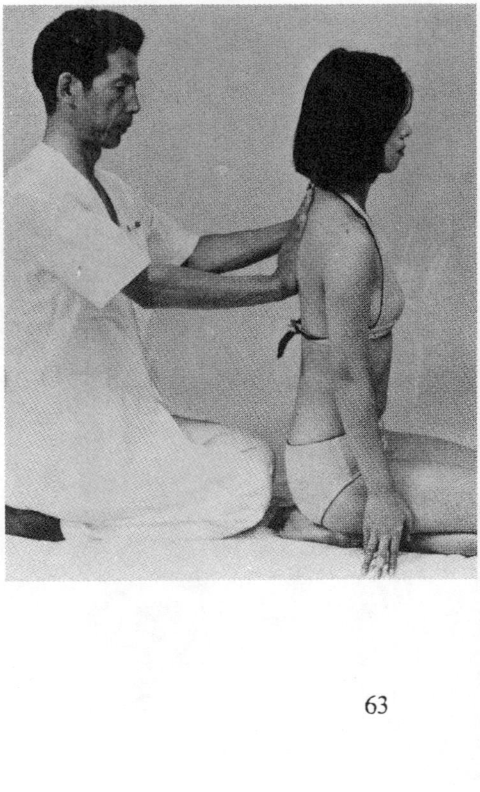

Fig. 45

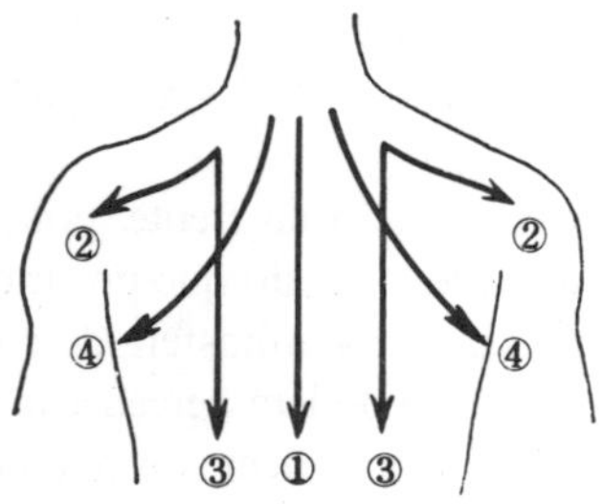

Fig. 46

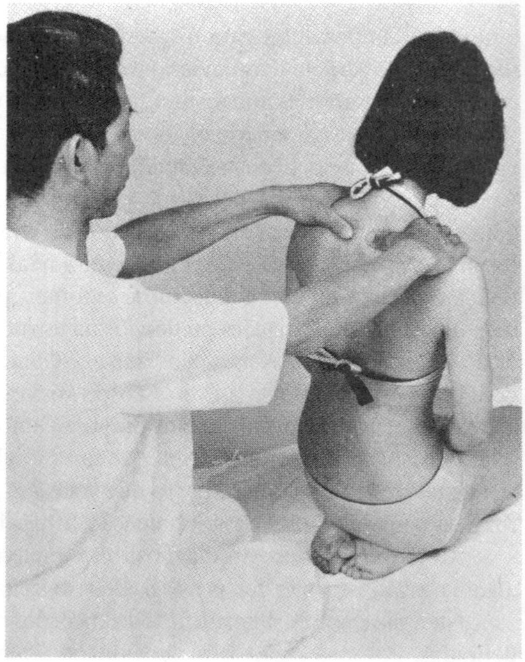

Fig. 47

Fig. 48

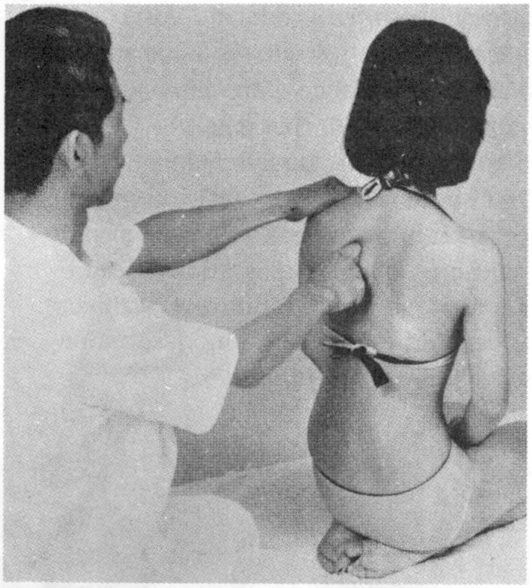

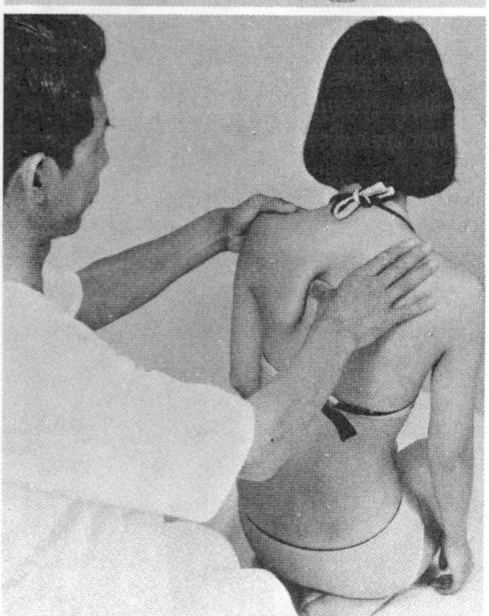

Fig. 49

Coloque as mãos no alto dos ombros do paciente. Deslize-as pelo ombro até a articulação do braço (2 na figura 46), enquanto pressiona levemente com os polegares. Deslize-as de volta à posição inicial (figura 47).

Shiatsu de dois dedos ao longo da espinha: Segure o paciente pelo ombro esquerdo com a sua mão esquerda; aplique o shiatsu descendo pela espinha (3 na figura 46) usando o indicador e o polegar dobrados. A pressão deve ser aplicada entre a segunda e a oitava vértebras dorsais, duas vezes de cada lado (figura 48).

Shiatsu de polegar entre a omoplata e a espinha: Segure o paciente com a mão esquerda e coloque a outra mão no ombro direito, de modo que o polegar fique na extremidade da omoplata esquerda (4 na figura 46). Deslize o polegar por baixo da omoplata, pressionando de cima para baixo. Repita duas vezes de cada lado (figura 49).

Shiatsu na parte superior do braço e técnica de manipulação: Apóie as costas do paciente em sua perna direita. Segure o ombro esquerdo com a mão esquerda e, com a outra, leve-o para trás; aplique o shiatsu com os quatro dedos da mão direita pressionando levemente desde o alto do ombro até o cotovelo (figuras 50 e 52). Segure o cotovelo com a mão direita e aplique o shiatsu com a mão esquerda, do cotovelo até o pulso (figura 51). Repita a operação alternando as mãos e mudando o ângulo do braço do paciente, de modo que ambos os lados do braço sejam tratados. Proceda dessa maneira duas vezes de cada lado.

Segure o pulso esquerdo do paciente com a mão direita e aplique o shiatsu em IG-4, o ponto localizado entre o polegar e o indicador. Então pressione levemente e puxe um a um os dedos da mão esquerda do paciente, usando o polegar e o indicador.

Fig. 50

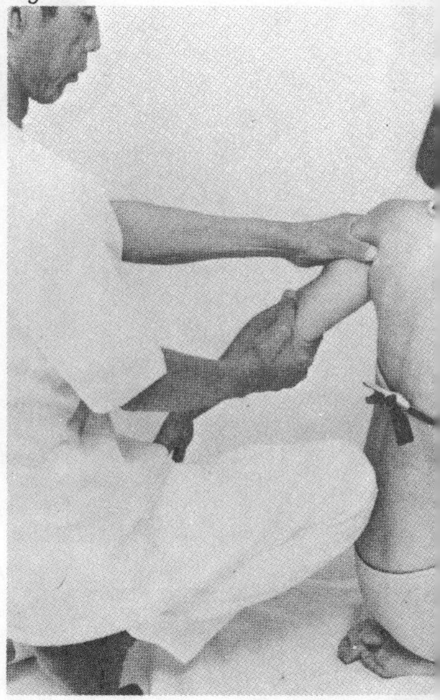

Fig. 51

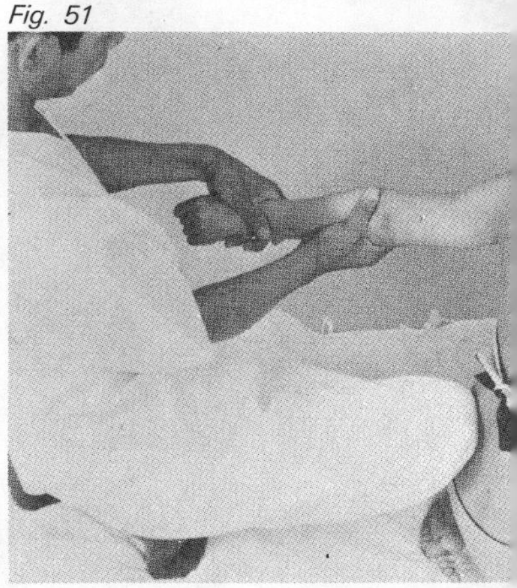

Fig. 52

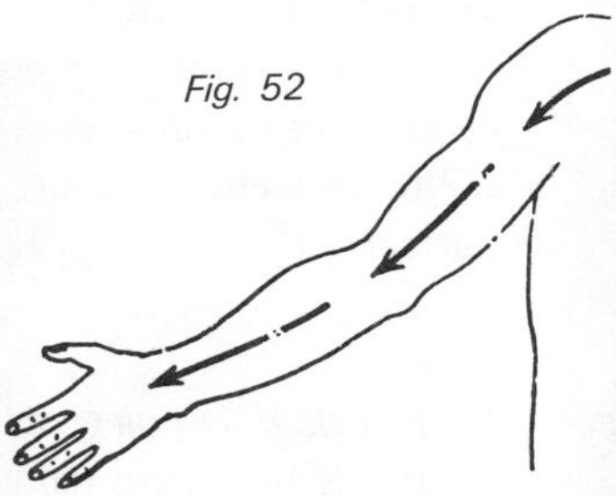

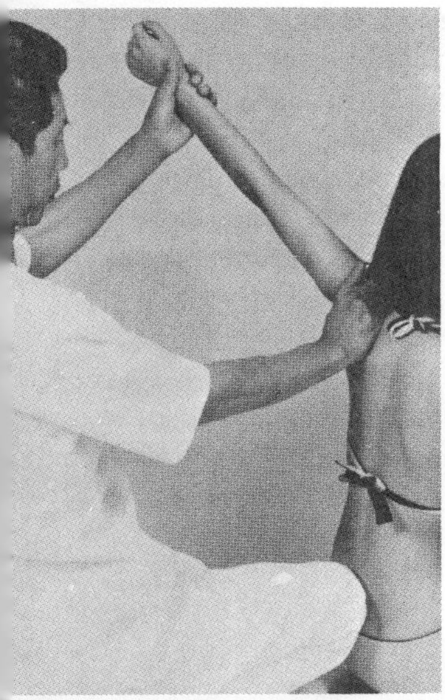

Fig. 53

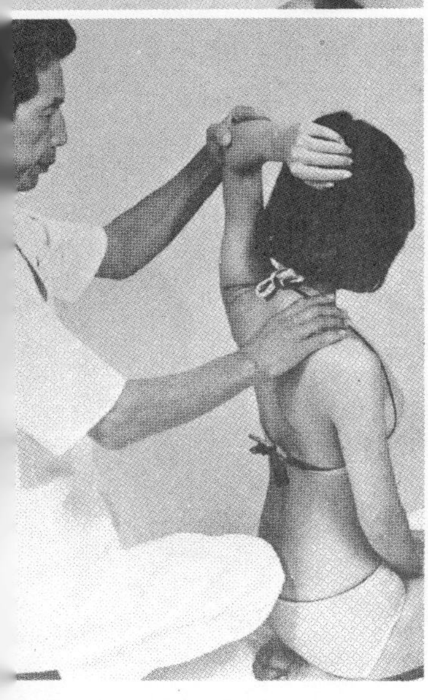

Fig. 54

Apóie firmemente a mão direita sobre o ombro esquerdo do paciente; segure o braço esquerdo com a outra mão e gire-o num movimento circular amplo e tão lento quanto possível (figura 53).

Repita duas vezes do mesmo lado, verificando o tônus muscular e a condição dos meridianos envolvidos (figura 54). Proceda da mesma maneira com o braço direito.

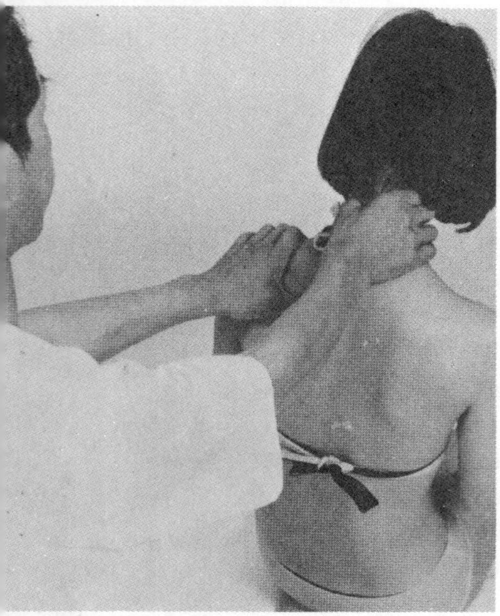

Fig. 55

Shiatsu concentrado no pescoço e manipulação: Segure o ombro esquerdo com a mão esquerda e pressione levemente o pescoço do paciente com a outra mão (figura 55). Repita duas ou três vezes de cada lado. Essa técnica é muito boa para a diagnose do pescoço. Cuidado para não exercer pressão excessiva na veia jugular, pois isso pode causar desmaio.

Com a mão direita apoiando a base do crânio e a esquerda segurando a testa, gire a cabeça do paciente num movimento circular bem amplo e tão lento quanto possível. Depois de duas rotações, gire mais duas vezes no sentido contrário. Então, incline a cabeça lentamente para a frente e para trás, alongando a espinha (figura 56).

Fig. 56

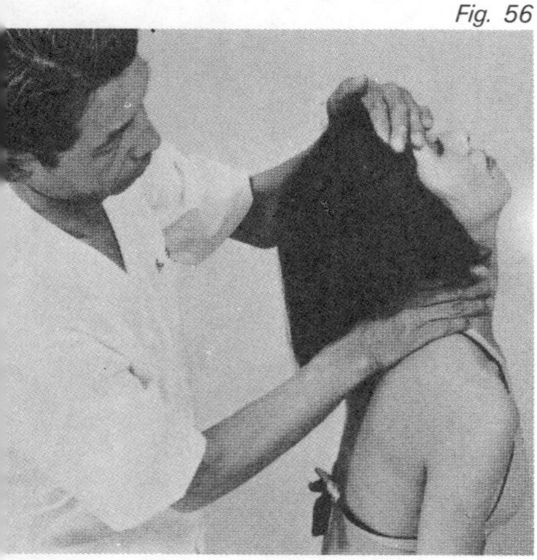

Shiatsu de polegar na omoplata: Coloque as mãos sobre os ombros do paciente, com os polegares no alto de cada omoplata (figura 57). De pé, faça pressão, transferindo seu peso para a frente.

Gradativamente pressione os polegares desde o pescoço até os ombros. Para uma posição mais confortável, dobre levemente o joelho, deixando-o contra as costas do paciente.

Shiatsu de dois polegares entre a omoplata e a espinha: De pé, dê um passo para trás e coloque os polegares de cada lado da espinha. Desça por ela (figura 58).

Fig. 57

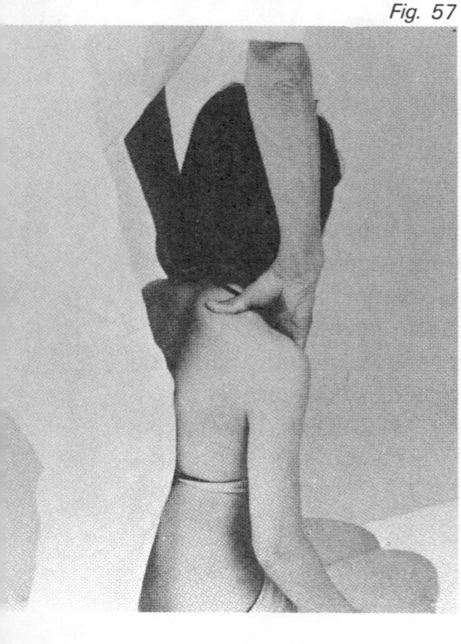

Fig. 58

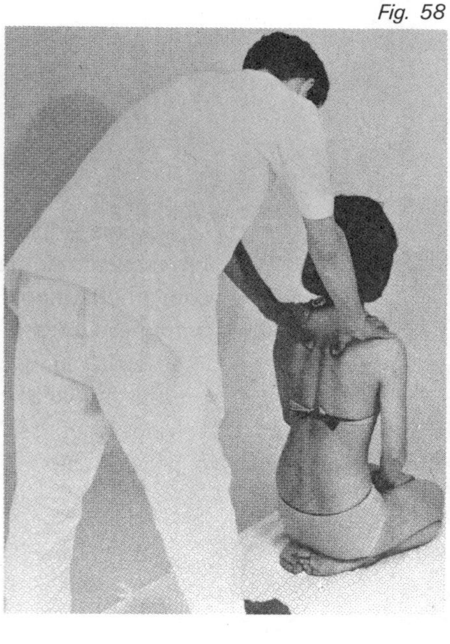

Fig. 59

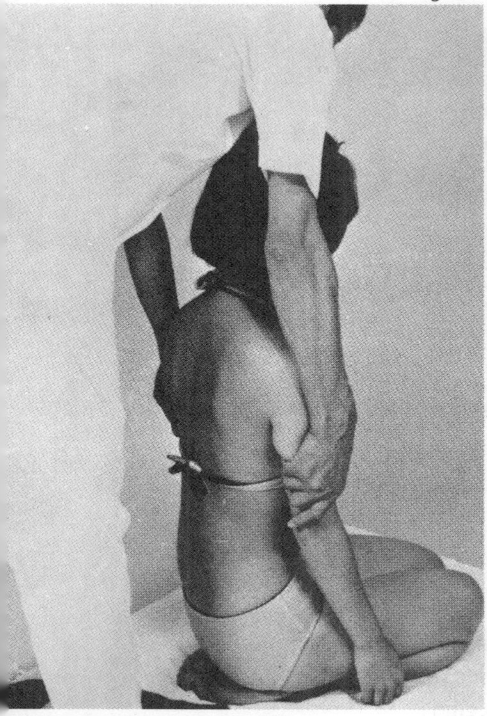

Fig. 60

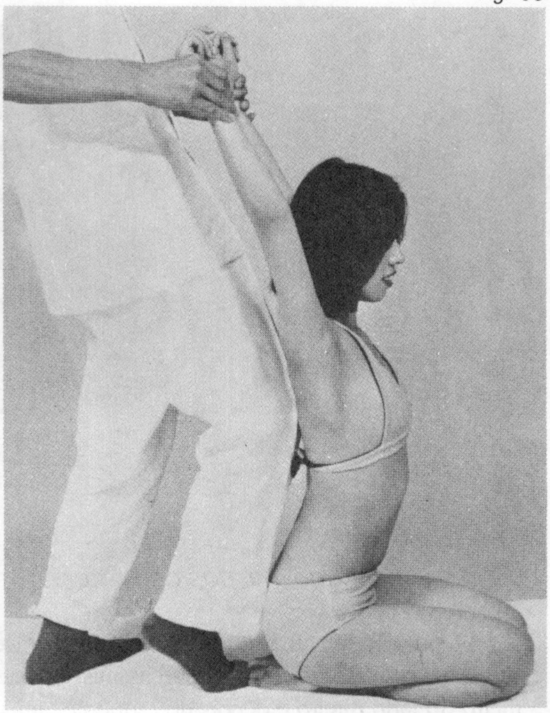

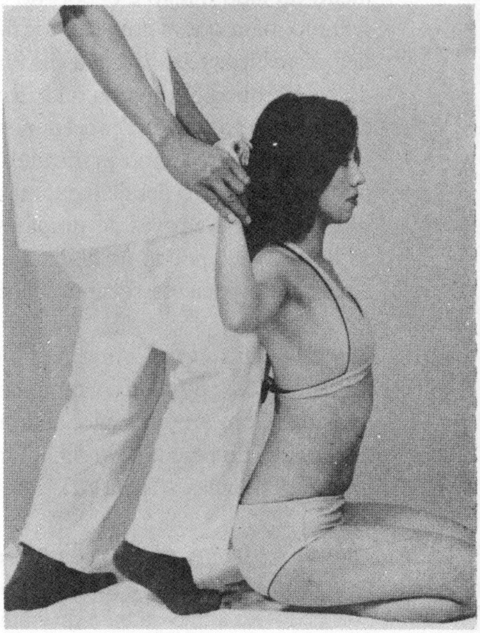

Fig. 61

ınipulação da parte superior do braço: Segurando os om-
ɔs do paciente com ambas as mãos, aplique um shiatsu
'e na parte superior dos braços com todos os dedos por
ʒumas vezes (figura 59). Então segure firmemente os bra-
s do paciente e gire-os três vezes, lentamente, com um
ɔvimento circular tão amplo quanto possível (figura 60).
ɔóie as costas do paciente em seu joelho. Levante e abai-
os braços, alongando o corpo. Ainda segurando firme-
ɜnte os braços, deixe-os cair relaxados (figura 61). Seguin-
o exercício, friccione as costas. Essa técnica é muito efi-
z para aliviar a tensão nos ombros.

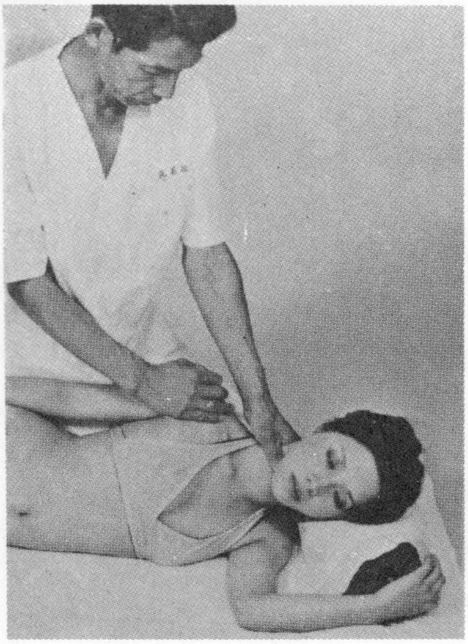

Fig. 62

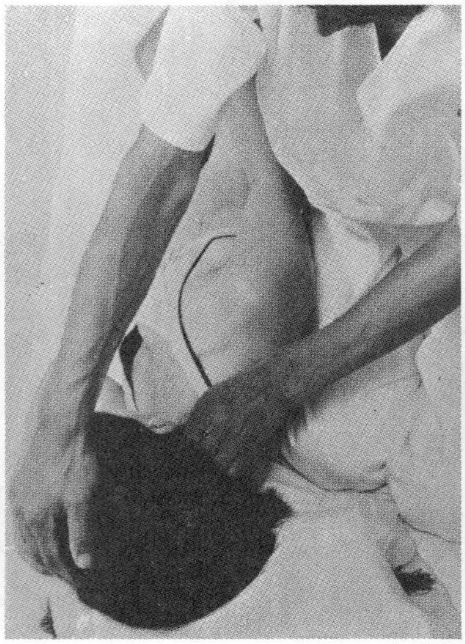

Fig. 63

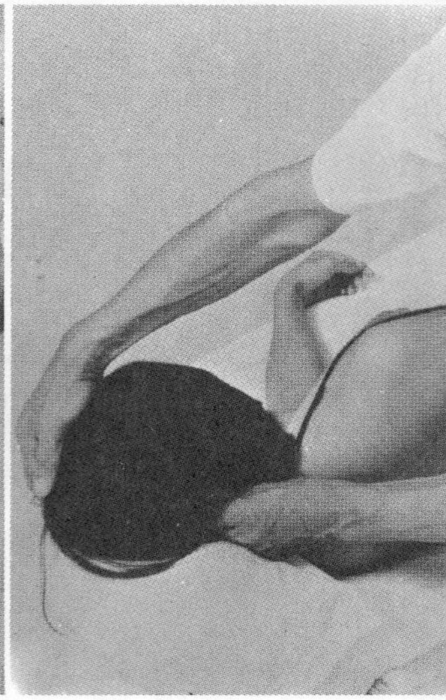

Fi[illegible]

Shiatsu aplicado na posição lateral

A posição lateral é uma das mais confortáveis para se receber o shiatsu. É aconselhável manter o paciente primeiro do lado direito e depois do esquerdo, em seguida, sentado, para que o coração, localizado do lado esquerdo, possa ficar relaxado. Nas ilustrações, o paciente está do lado esquerdo; proceda da mesma forma para o lado direito. É claro que esse procedimento depende da condição do paciente. Como praticante, talvez você ache essa posição um pouco desajeitada, mas, se apoiar o paciente com seu corpo em vez de simplesmente pressionar com os dedos, você poderá estabilizar sua posição. É importante que o paciente se sinta relaxado.

Shiatsu no pescoço: Com o paciente deitado sobre o lado esquerdo, segure-lhe o ombro com a mão direita para apoiá-lo. Com a outra mão, aplique um shiatsu leve em toda a área do pescoço, de cima para baixo, ao longo das linhas meridianas (figura 62).

Shiatsu na frente, no lado e atrás do pescoço: Segure a testa do paciente com a mão direita, aplique o shiatsu de dois dedos ao longo da base do crânio (áreas VB-20, BX-10 e FG-16) e segure (figuras 63 e 64).

Pressione o ombro do paciente com ambas as mãos empurrando-o para baixo (figura 65).

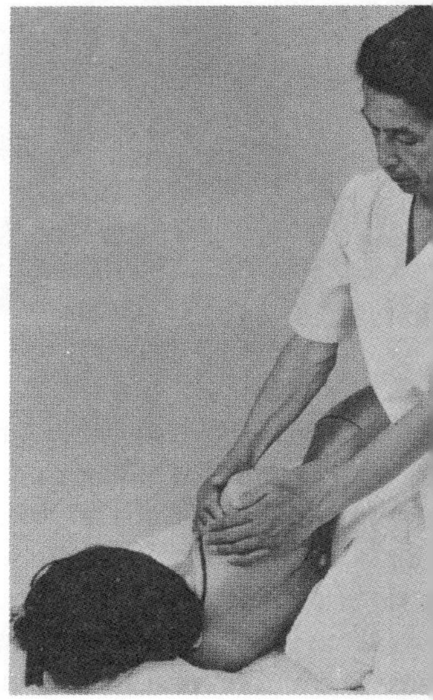

Fi[illegible]

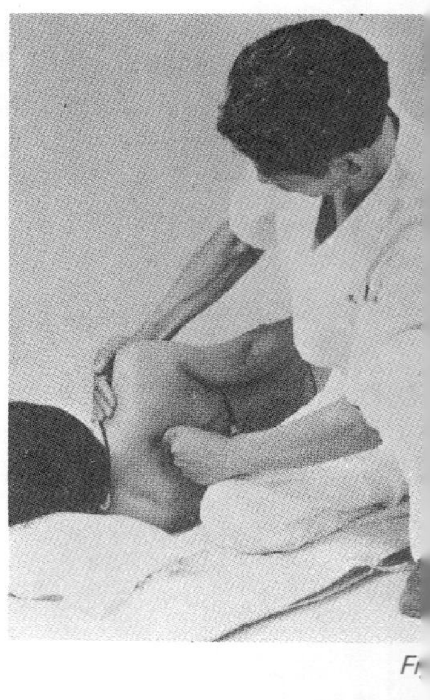

F[illegible]

Shiatsu de polegar na região entre a omoplata e a espinha: Segure o ombro do paciente com firmeza; aplique o shiatsu com o indicador dobrado e o polegar na região entre a omoplata e a espinha (área entre a primeira e a oitava vértebras torácicas). Você também pode aplicar o shiatsu duas vezes em torno do perímetro da omoplata (figura 66).

Técnica de segurar a parte superior do braço: Sente-se atrás do paciente, perpendicularmente ao corpo dele, apoiando as costas em seus joelhos; segure a parte superior dos braços com ambas as mãos e aplique levemente o shiatsu com todos os dedos (figura 67). Deixe uma mão na região do ombro e aplique o shiatsu com a outra, do alto do braço até o cotovelo e do cotovelo até o pulso. Então segure o pulso do paciente e aplique o shiatsu com a outra mão.

Manipulação da parte superior do braço: Abra a mão do paciente (figura 68) e levante o braço dele para que fique contra o seu tórax, com a palma voltada para fora (figura 69). Incline-se para trás, segurando o braço firmemente contra o tórax. Segure o pulso do paciente com uma mão e apóie a outra na região da axila. Gire o braço num movimento circular tão amplo quanto possível, tentando encostá-lo na orelha do paciente (figura 70 e 71).

Fig. 70

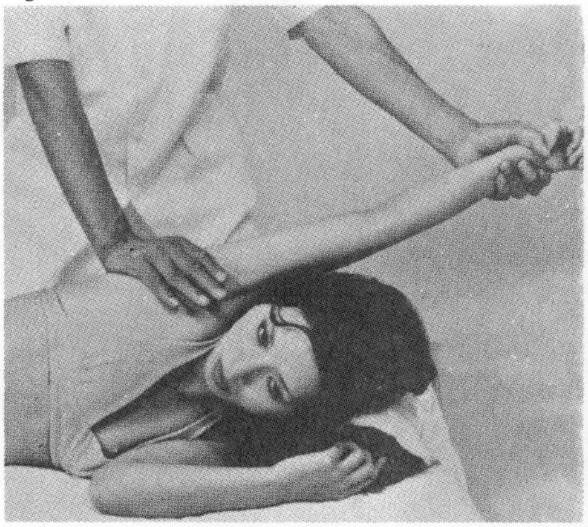

Fig. 71

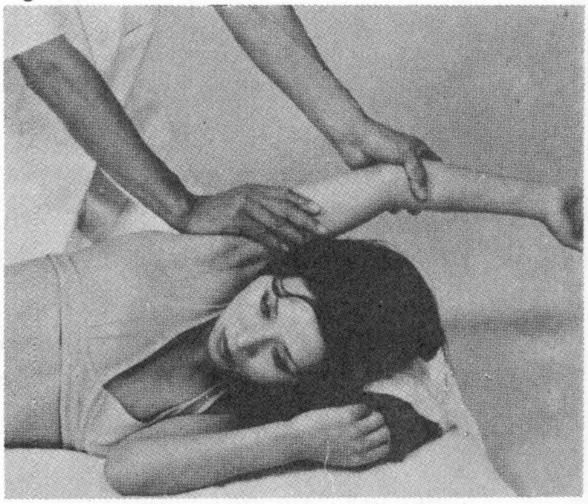

Fig. 67

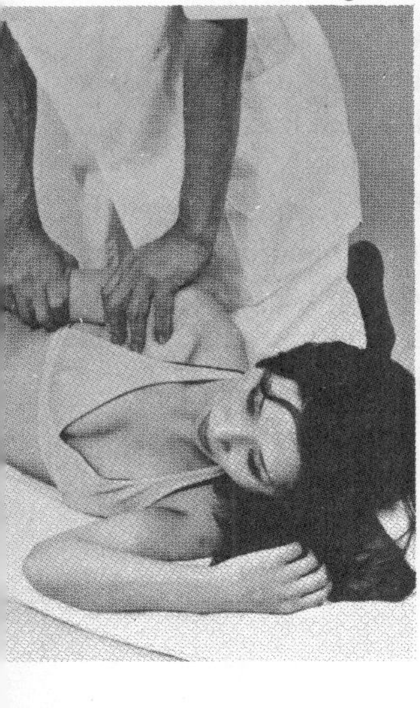

Fig. 68

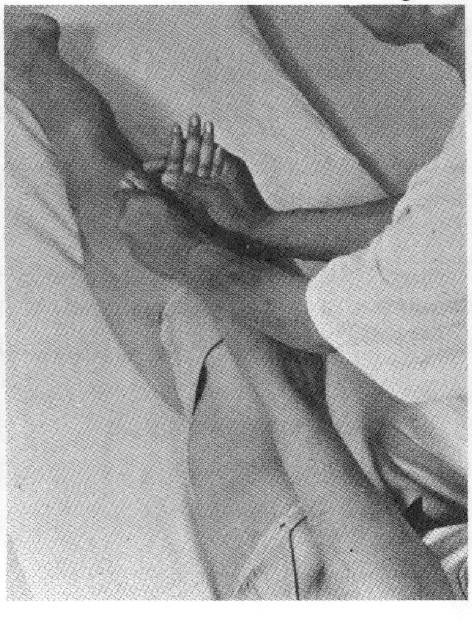

Fig. 69

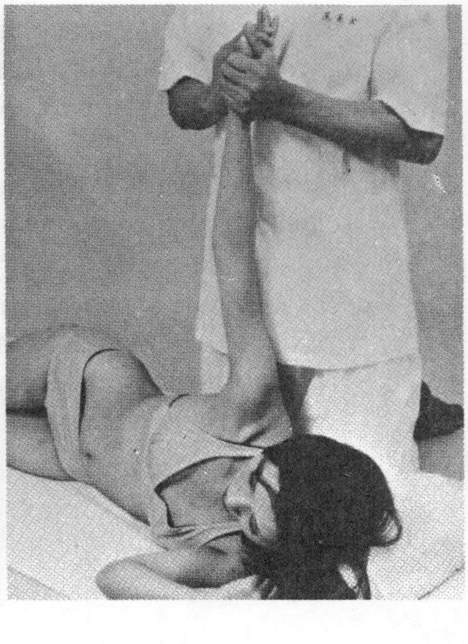

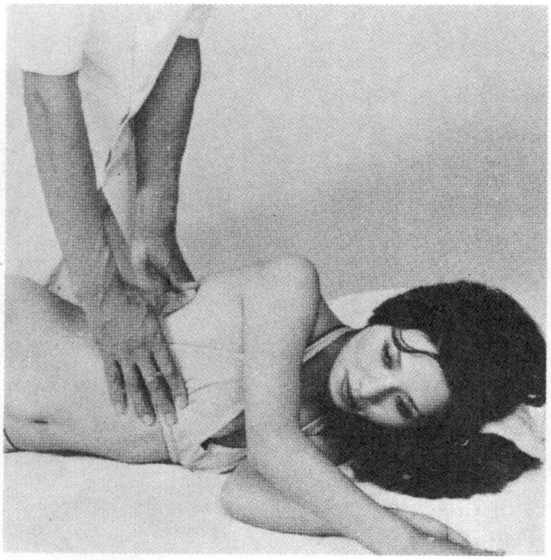

Fig. 72

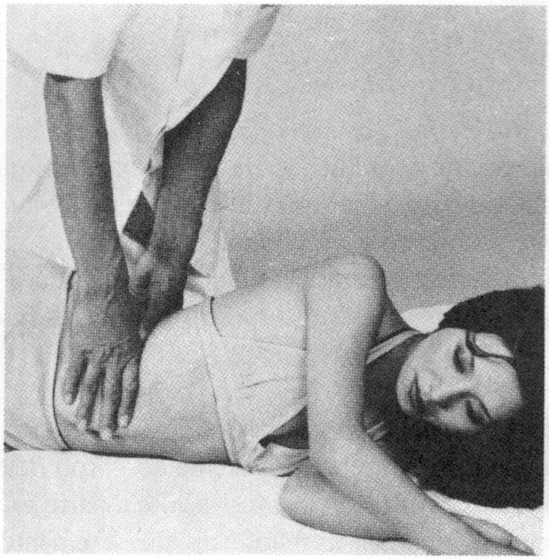

Fig. 73

Shiatsu lateral usando os polegares: Deixe o paciente deitado de lado com os braços repousando na frente do corpo. Aplique o shiatsu lateral desde a axila até o quadril usando os polegares; eles devem pressionar entre as costelas ao longo do meridiano da vesícula biliar (figuras 72 e 73). Essa técnica é muito boa para o estômago e para problemas intestinais, como a constipação. Tome cuidado para não machucar a caixa torácica do paciente.

Shiatsu de dois dedos ao longo da espinha: Apóie a caixa torácica com a mão direita e aplique o shiatsu ao longo da espinha usando o dedo indicador dobrado e o polegar (figura 74).

Shiatsu no quadril: Mova seu corpo de maneira que fique voltado para os pés do paciente. Segure o quadril do paciente com uma mão e aplique o shiatsu com dois dedos na parte inferior das costas, entre a terceira e a quinta vértebras lombares, nos quadris e no osso sacro (figura 75). Aplique o shiatsu ao longo dos meridianos do intestino delgado, do intestino grosso e da vesícula biliar. Use um polegar ao lado do outro quando massagear os quadris (figura 76).

Shiatsu para as pernas: Segure o quadril com uma mão e com a outra aplique o shiatsu na frente e no lado da coxa até o joelho (figura 77). Aplique um shiatsu leve na região inferior da perna até o tornozelo, com o polegar atrás e os quatro dedos na frente (figura 78).

Ajuste do shiatsu lateral: Segurando o ombro do paciente com a mão esquerda, erga-lhe o joelho direito com a mão direita. Apóie seu joelho direito contra o quadril do paciente e o esquerdo contra a omoplata. Incline-se para trás, puxando o ombro e a perna, de modo a alongar o corpo do paciente como um arco (figura 79). Volte à posição inicial e aplique o shiatsu ao longo da espinha com a mão esquerda, segurando o ombro com a direita. Faça isso duas vezes; repita do outro lado.

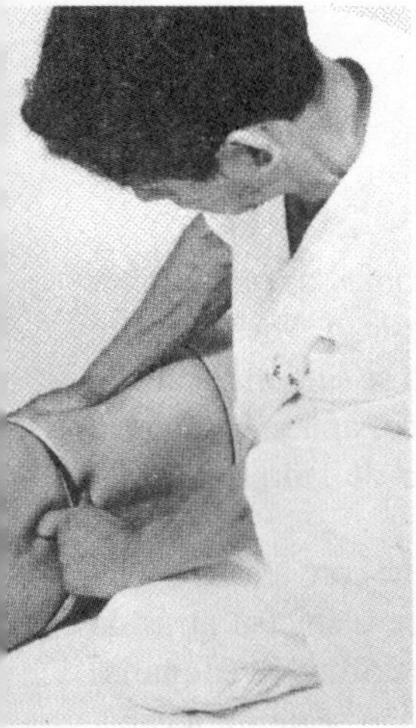

Fig. 74

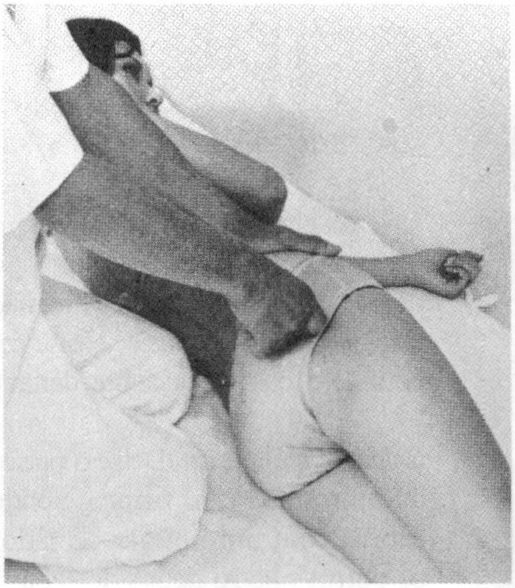

Fig. 75

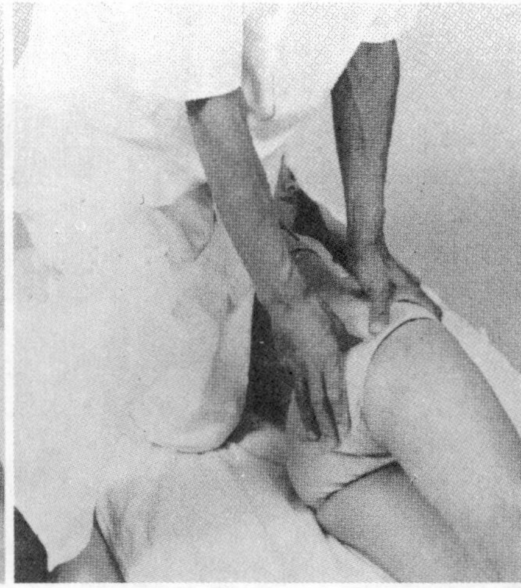

Fig. 76

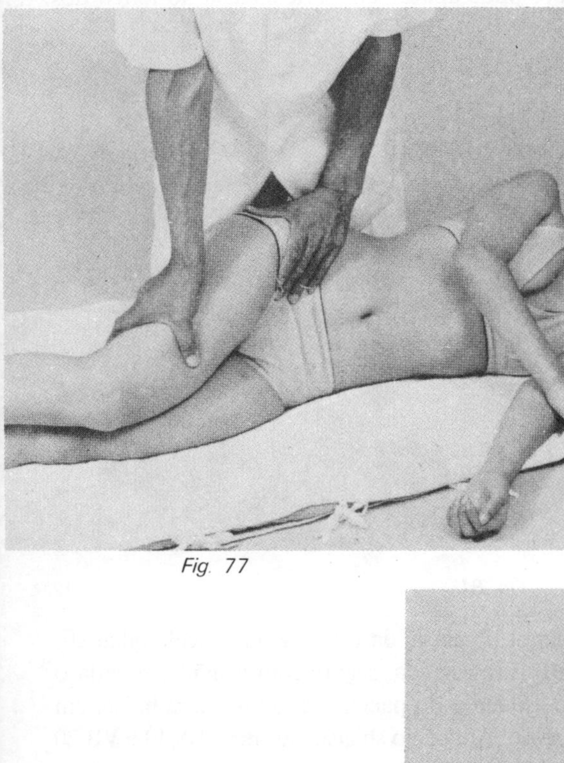

Fig. 77

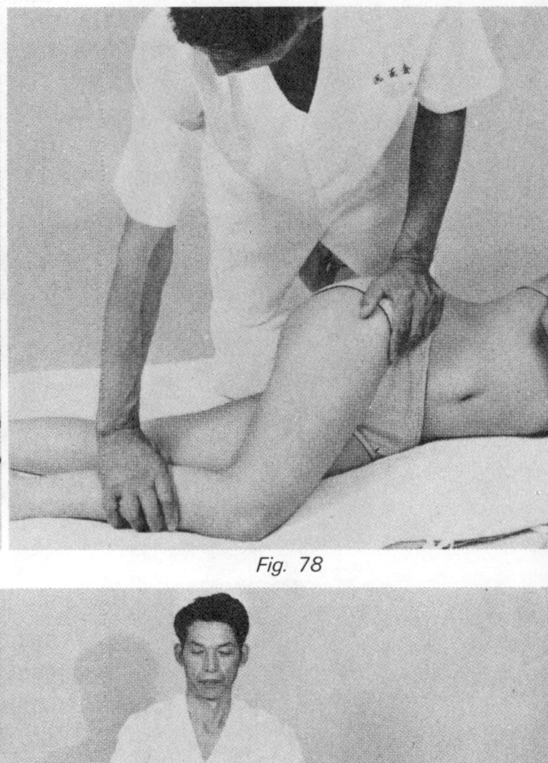

Fig. 78

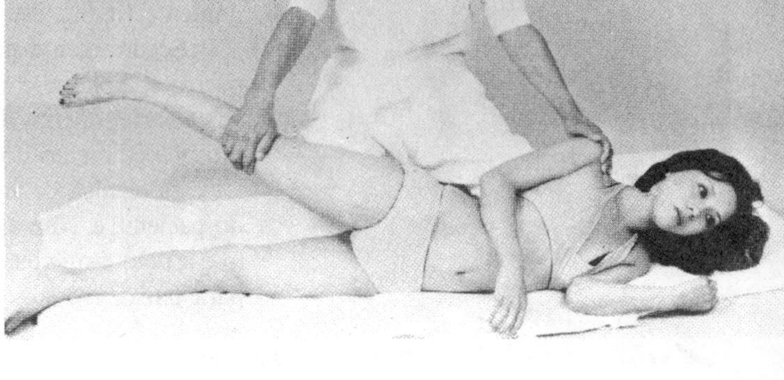

Fig 79

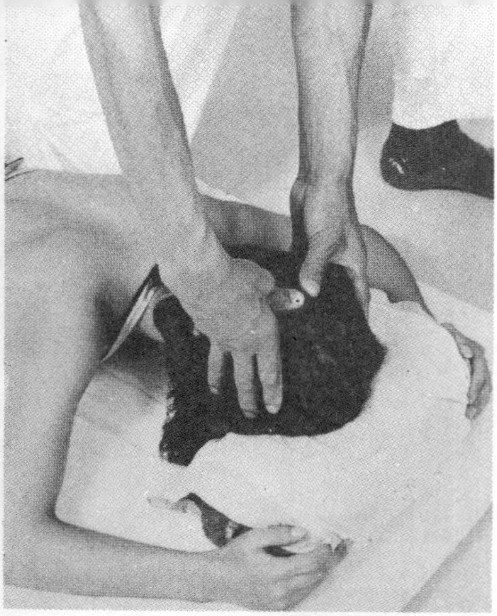

Fig. 80

Deitado de bruços

As pessoas que sofrem de problemas pulmonares ou cardíacos devem evitar essa posição. Você também deve evitá-la em pacientes que não se sintam confortáveis deitados de bruços. Nesse caso, aplique o shiatsu completo com o paciente deitado de lado.

Shiatsu para a nuca: Deixe o paciente com a testa apoiada num travesseiro firme e aplique o shiatsu atrás da cabeça com um polegar ao lado do outro, enquanto os outros quatro dedos de cada mão seguram a cabeça. Você pode aplicar um forte shiatsu ao longo dos

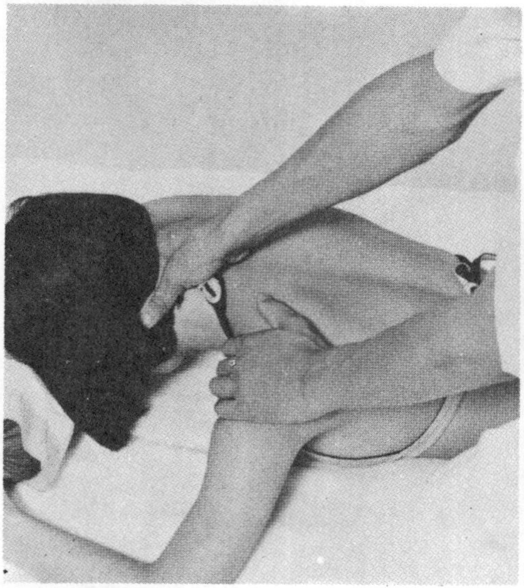

Fig. 81

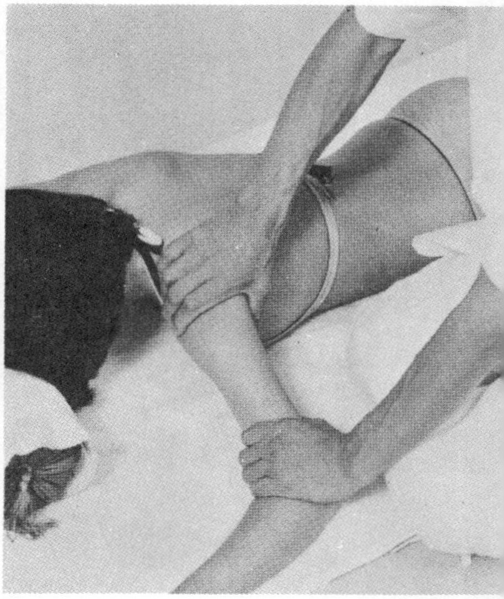

Fig. 82

meridianos da aorta, da bexiga e da vesícula biliar (figura 80). Em seguida, segure com a mão esquerda o ombro esquerdo do paciente e puxe-o para baixo, em sua direção. Aplique o shiatsu nas áreas BX-10 e VB-20 com o polegar direito, pressionando o pescoço delicadamente (figura 81).

Segure com a mão direita o ombro esquerdo do paciente. Aplique com a mão esquerda um shiatsu leve na parte superior do braço (figura 82). Repita o mesmo procedimento do lado direito. Depois de completar essa técnica de ambos os lados, segure os ombros do paciente e, com a mão direita sobre o ombro direito e a mão esquerda sobre o ombro esquerdo, puxe-os para baixo, em sua direção (figura 83).

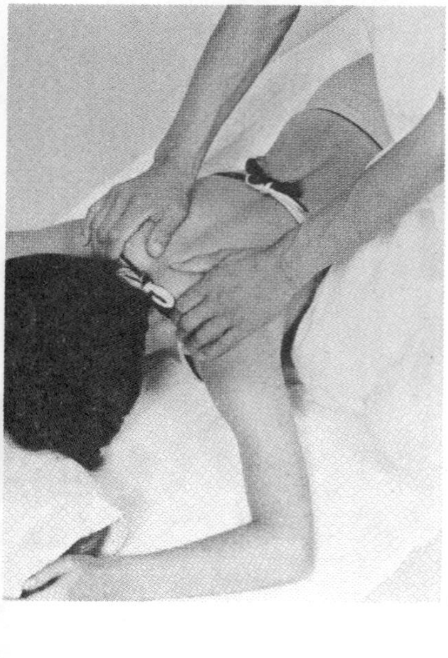

Fig. 83

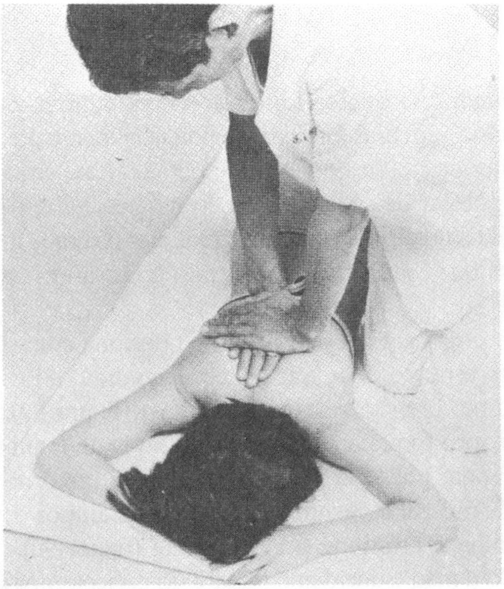

Fig. 84

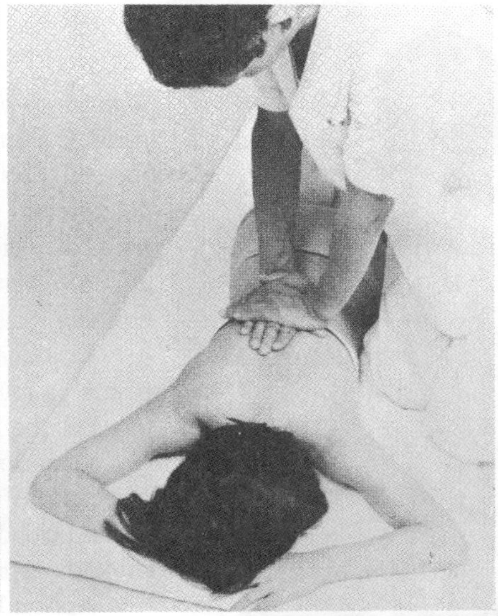

Fig. 85

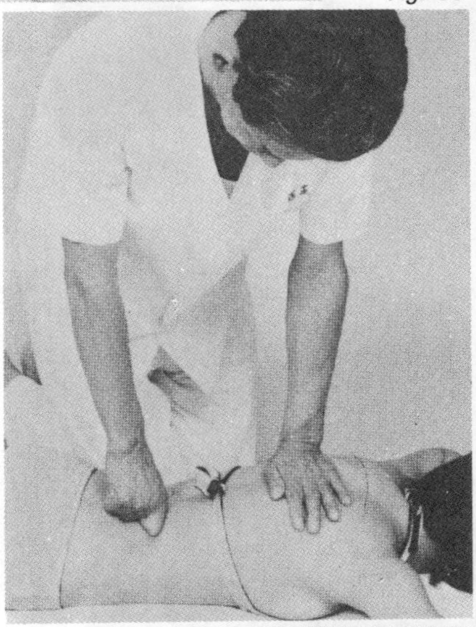

Fig. 86

Shiatsu nas costas: Remova o travesseiro e vire a cabeça do paciente para o lado mais confortável. Certifique-se de que os ombros estejam apoiados no chão. Friccione delicadamente a espinha com a mão direita. Então, coloque a mão esquerda sobre a direita de modo que formem uma cruz. Aplique um shiatsu leve desde o alto da espinha até o osso sacro, enquanto o paciente expira o ar (figuras 84 e 85).

Certifique-se novamente de que os ombros estejam apoiados no chão. Aplique o shiatsu com o polegar, durante a expiração, ao longo da espinha; primeiro do lado direito e depois do lado esquerdo (figura 86). Em seguida, desça de novo pela espinha, suave e vagarosamente, com um polegar de cada lado. Perfaça a área desde a primeira vértebra torácica até a segunda vértebra lombar. Ao terminar, apóie a mão esquerda na sétima vértebra cervical e aplique o shiatsu na espinha com os carpos. A pressão deve ser exercida num ângulo de 90 graus em relação à espinha. Na figura 87, a palma tonifica, enquanto os dedos acalmam.

Ao usar técnicas do shiatsu, evite pressão forte. Em vez disso, concentre-se em sentir qualquer desdobramento das vértebras e qualquer alteração ou rigidez dos músculos. Os pontos *jitsu* são fáceis de achar por serem áreas visivelmente distorcidas. Os pontos *kyo* são mais profundos e, por isso, mais difíceis de achar e mais importantes que os *jitsu*. Ao usar as técnicas de tonificação-sedação, segure o ponto *jitsu* com uma mão e concentre-se em tonificar o ponto *kyo* com a outra. Desde que o ponto *kyo* seja tonificado, o ponto *jitsu* se corrigirá por si mesmo.

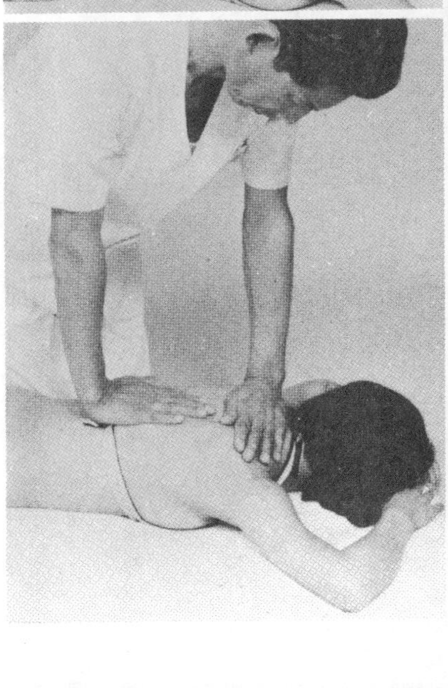

Fig. 87

Fig. 88

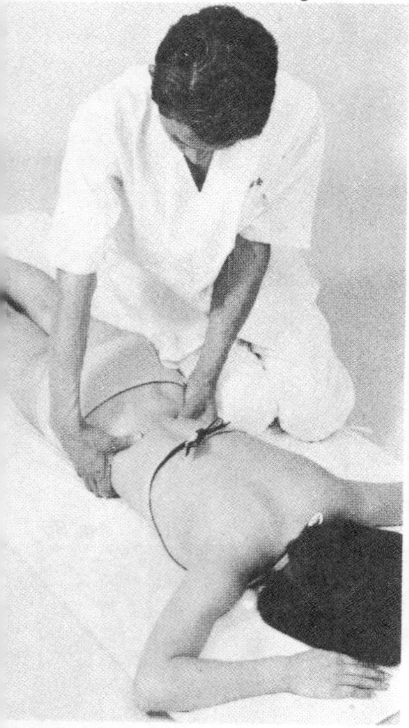

Shiatsu no quadril: O shiatsu forte nas costas, entre a segunda e a quarta vértebras lombares, é potencialmente prejudicial, pois pode causar desvios na espinha. Nesse caso, coloque um polegar de cada lado da espinha e deslize-os para baixo até os quadris, sem exercer qualquer pressão (figura 88). Verifique cada desvio, distorção ou curvatura da espinha.

Coloque o polegar no ponto *kyo* e pressione com a palma da mão o ponto *jitsu*, que é tenso e contraído. Então, aplique uma pressão suave na área *kyo* (figura 89).

Quando você tonifica o ponto *kyo* através de manipulação profunda, pode perceber gradualmente o retorno da elasticidade muscular. Segure com as palmas ambos os lados da espinha e pressione delicadamente (figura 90).

Apoiando a mão esquerda no quadril do paciente, aplique o shiatsu com dois dedos no osso sacro e no meridiano dos intestinos delgado e grosso, na região dos quadris (figura 91).

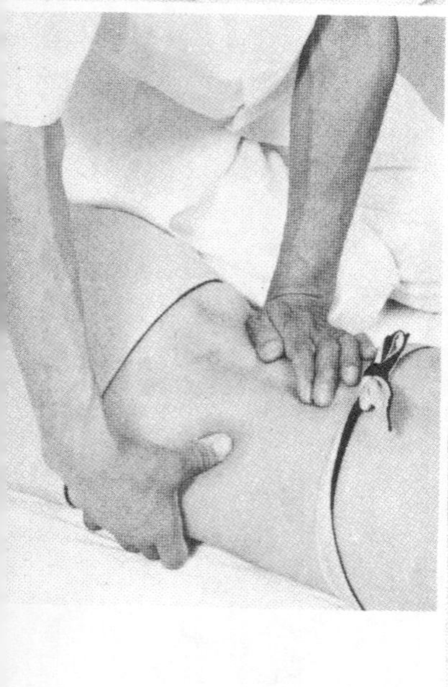

Fig. 89

Fig. 90

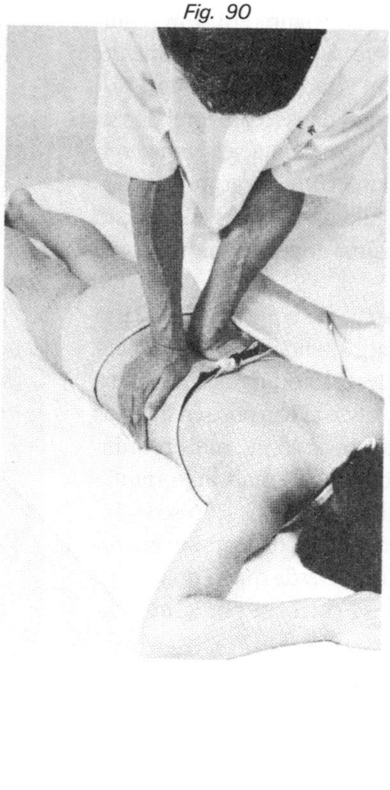

Fig. 91

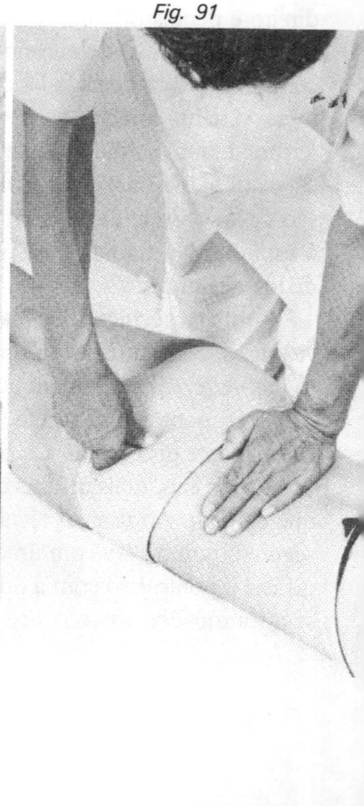

Shiatsu na parte posterior das pernas: Apóie a mão esquerda no quadril do paciente e aplique o shiatsu com a palma direita, desde a parte inferior da nádega até o jarrete (figura 92). Faça isso duas vezes de cada lado. Coloque a palma da mão esquerda na parte superior da coxa e aplique o shiatsu com o polegar direito até a parte inferior de cada lado das pernas (figura 93).

Pressione firmemente a planta dos pés do paciente com as mãos em punho (figura 94). Depois, vá massageando suavemente, com a palma das mãos, a área desde os pés até o jarrete, e então suba pelas coxas até os quadris (figura 95). Faça rotações com as mãos na área da nádega. Em seguida, suba pela espinha até o ombro. Aplique o shiatsu nas costas, e termine segurando a cintura do paciente com ambas as mãos.

Fig. 92

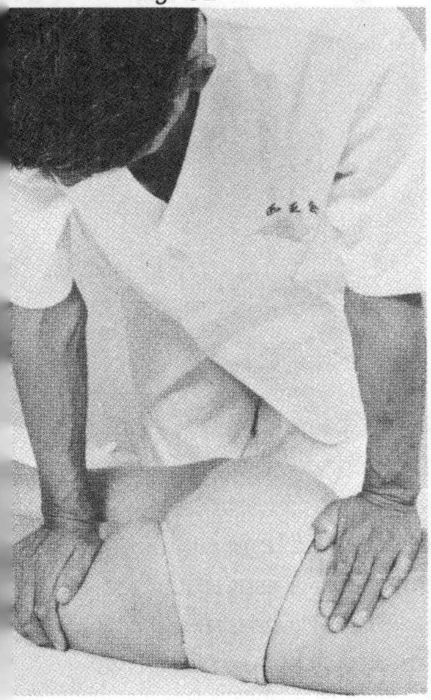

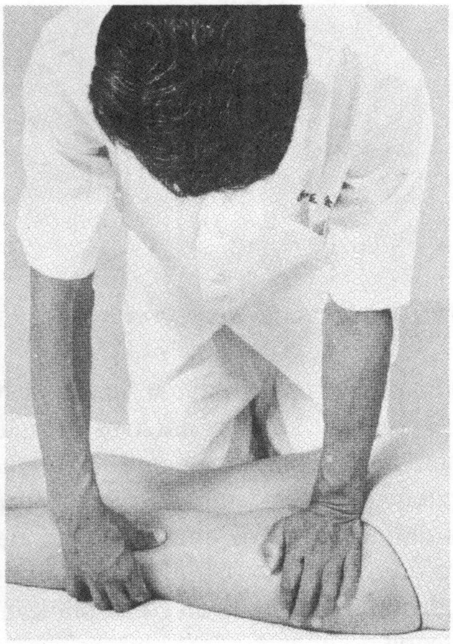

Fig. 93

Fig. 94

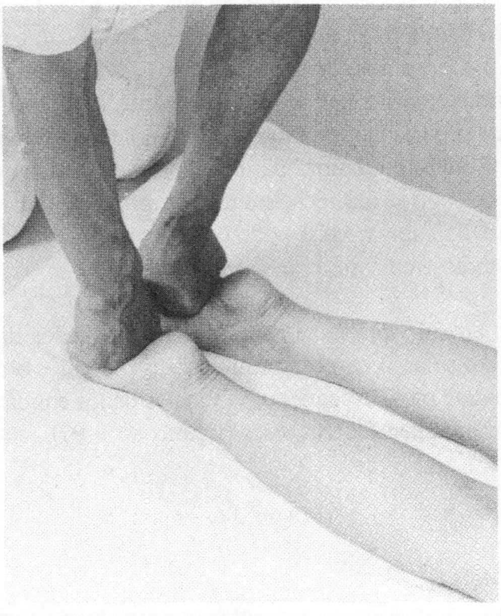

Fig. 95

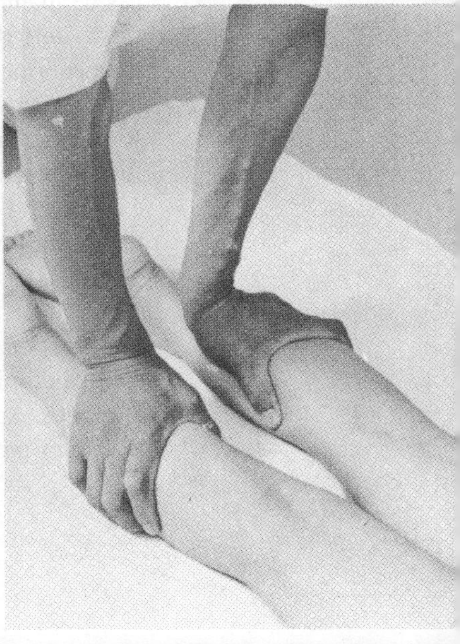

Fig. 96

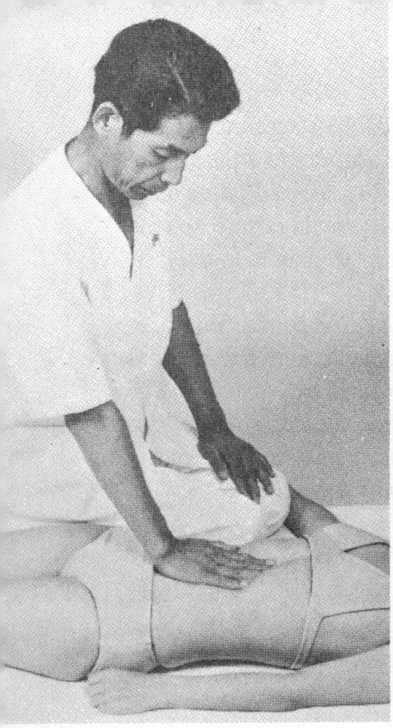

Fig. 97

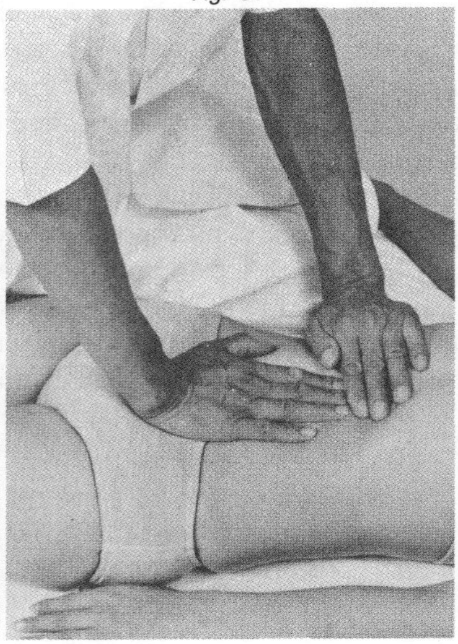

Fig. 98

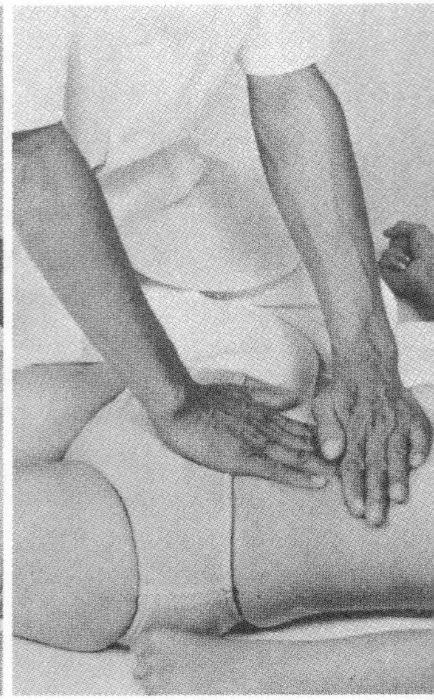

Shiatsu na posição supina

Durante o tempo em que o shiatsu esteve em voga entre seus praticantes, Shinsai Ota escreveu um livro que marcou época sobre o assunto, ressaltanto a importância da terapia do *ampuku* ou *hará* (abdômen). Essa terapia foi considerada tão difícil e sofisticada que até hoje alguns praticantes distinguem-na de outras técnicas, designando-a especificamente na placa do consultório: "*Anma* (massagem japonesa) e *ampuku*". Muitos estudantes de shiatsu, bem como praticantes e pacientes, desistem devido à teoria do *ampuku*. Isso pode se dar devido à influência das técnicas de manipulação ocidentais e à medicina moderna. De qualquer forma, o *ampuku* é uma parte muito importante do shiatsu e pode fornecer uma enorme ajuda no caso de doenças graves e de pacientes que necessitam de uma manipulação calma, mas penetrante. A terapia *ampuku* não só permite que o paciente permaneça tranqüilo, mas também reabilita o funcionamento interno e é uma parte importante da diagnose. Por isso, é importante que não se negligencie a terapia *ampuku*. Quando o paciente está na posição supina, você pode começar com o *hará*, descer para as pernas e, então, subir até o pescoço.

Usar a palma na área do "hará": Coloque os três dedos da mão direita na área do plexo solar, o carpo no umbigo e o polegar e o dedo mínimo afastados. Aplique pressão suave com todos os dedos enquanto o paciente inspira profundamente duas vezes (figuras 96 e 97).

Fig. 99

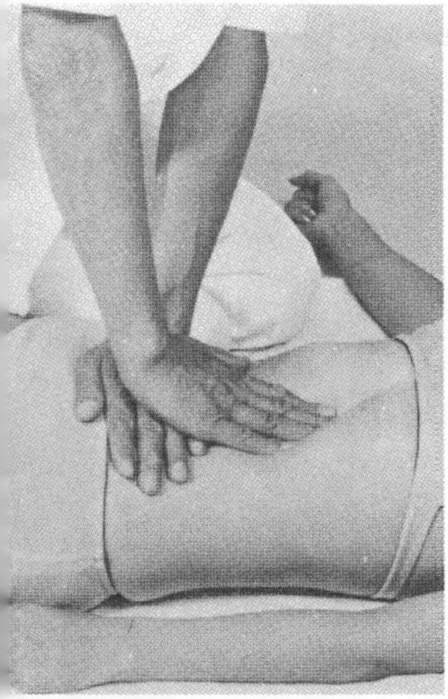

Deslize a mão direita para a parte inferior do *ha-rá*, coloque a palma da mão esquerda na parte superior, pressione simultaneamente com as duas mãos usando o peso de seu próprio corpo (figura 98).

Use a mesma técnica mostrada na figura 98, mas, desta vez, deslize a mão esquerda para a parte inferior do *hará* e coloque a direita na parte superior (figura 99).

Diagnose da parte superior do "hará" usando três dedos: Coloque a mão direita na área inferior do *hará*, pressione suavemente com os três dedos e proceda à diagnose da região do plexo solar. Plexo solar — meridiano do coração, artéria — meridiano da sístole cardíaca, área do estômago — meridiano do estômago, caixa torácica esquerda — meridiano do triplo aquecedor, vesícula biliar— meridiano da vesícula biliar, caixa torácica direita — meridiano do fígado, rim esquerdo — meridiano dos rins, lado esquerdo do *hará* — meridiano da bexiga, caixa torácica esquerda — meridiano do pulmão, rim direito — meridiano dos rins, lado direito do *hará* — meridiano da bexiga, caixa torácica direita — meridiano do pulmão (ver figuras de 100 a 109).

100 Meridiano do coração

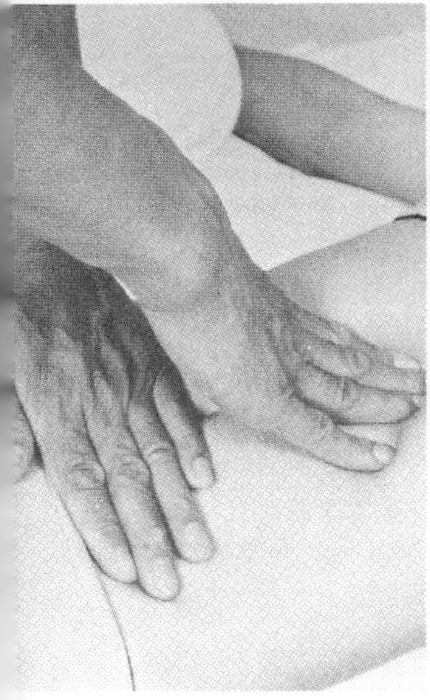

Fig. 101 Meridiano da sístole cardíaca

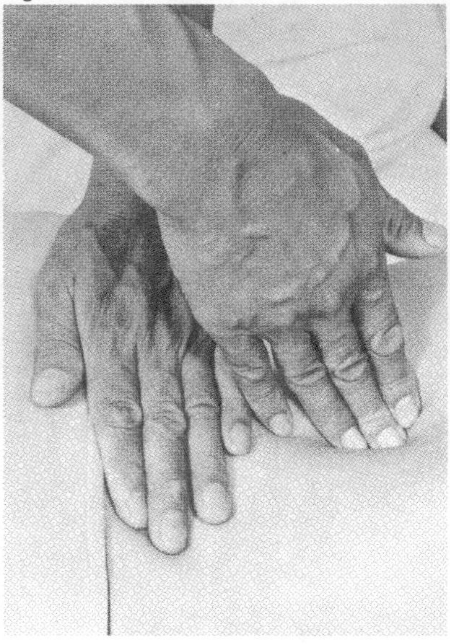

Fig. 102 Meridiano do estômago

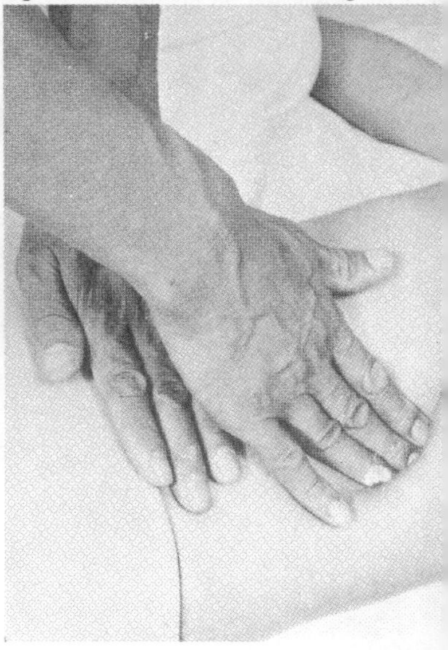

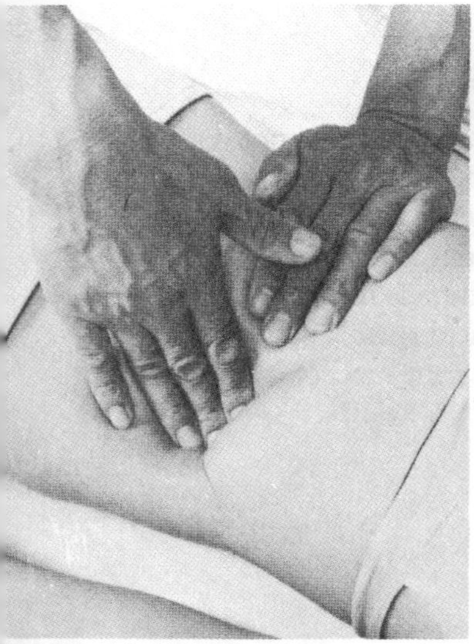

ig. 103 Meridiano do triplo aquecedor

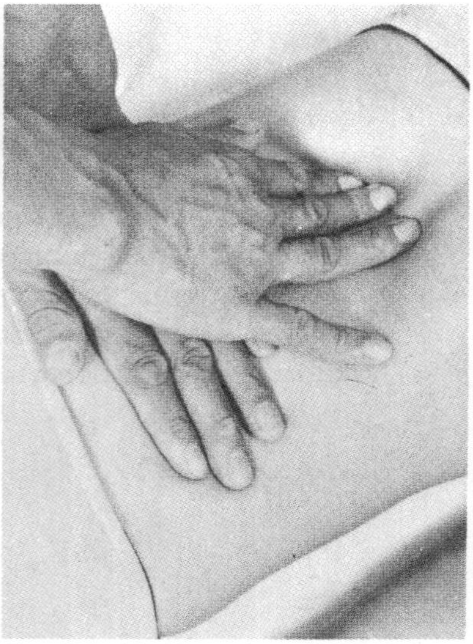

Fig. 104 Meridiano da vesícula biliar

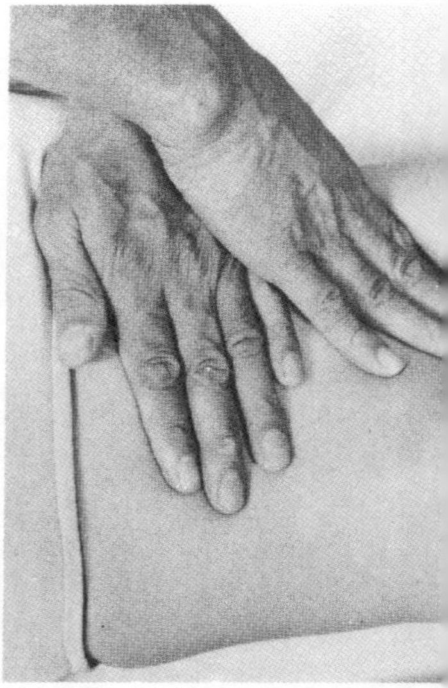

Fig. 105 Meridiano do fígado

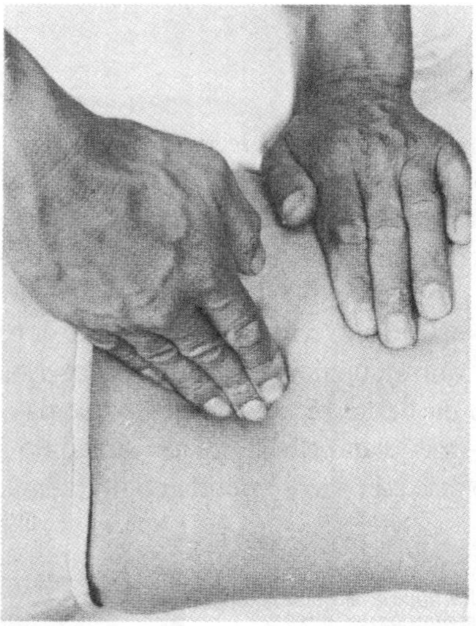

Fig. 106
Meridiano dos rins

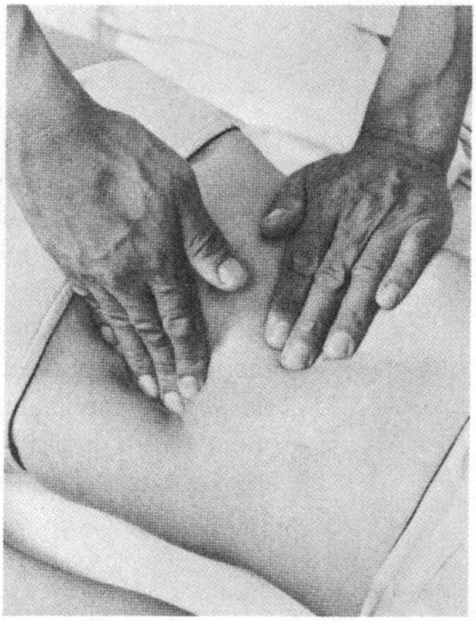

Fig. 107
Meridiano da bexiga

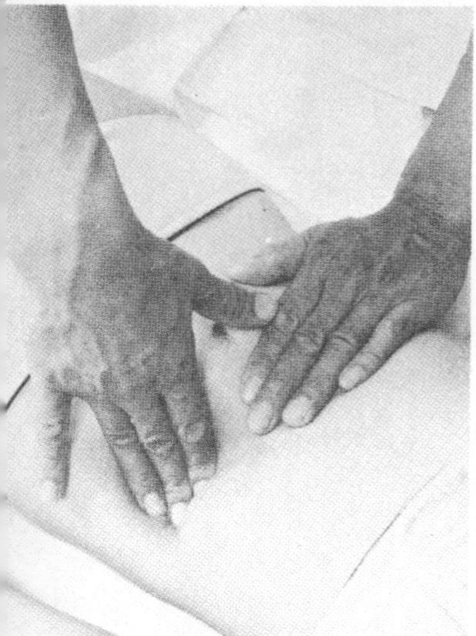

g. 108 Meridiano do pulmão

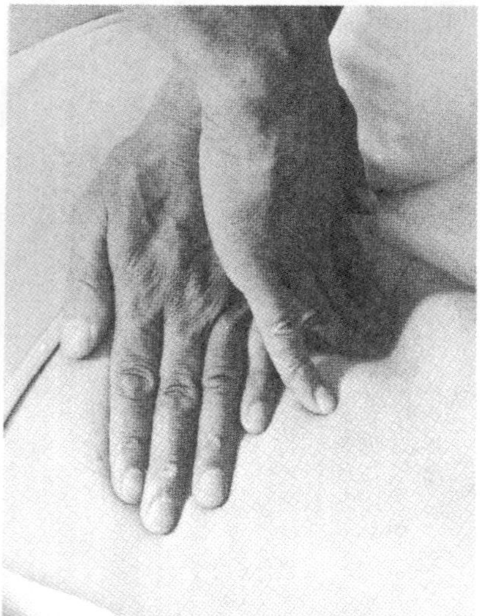

Fig. 109
Meridiano do pulmão (direito)

Shiatsu no "hará" inferior usando três dedos: Apoiando a mão esquerda na parte superior do *hará*, continue diagnosticando com os três dedos da mão direita nos seguintes pontos: umbigo — meridiano do baço, abaixo do umbigo *(tanden)* — meridiano dos rins, parte inferior do *hará* — meridiano da bexiga, lado esquerdo do intestino delgado — meridiano do intestino delgado, lado esquerdo do intestino grosso — meridiano do intestino grosso, lado direito do intestino delgado — meridiano do intestino delgado, lado direito do intestino grosso — meridiano do intestino grosso (ver figuras de 110 a 116). Você deve ser capaz de identificar os pontos *kyo* e *jitsu*.

Fig. 110
Meridiano do baço

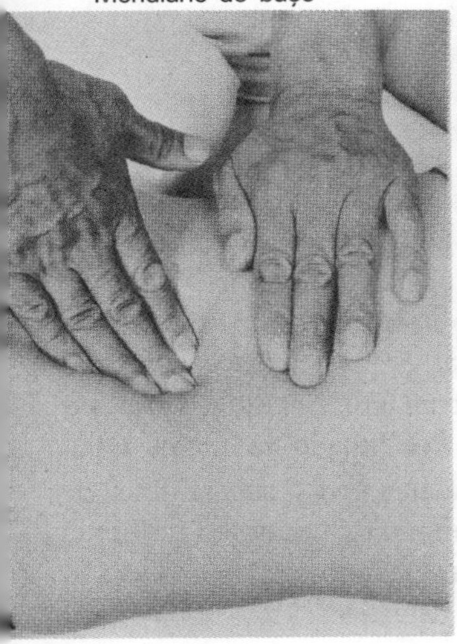

Fig. 111
Meridiano dos rins
(abaixo do umbigo)

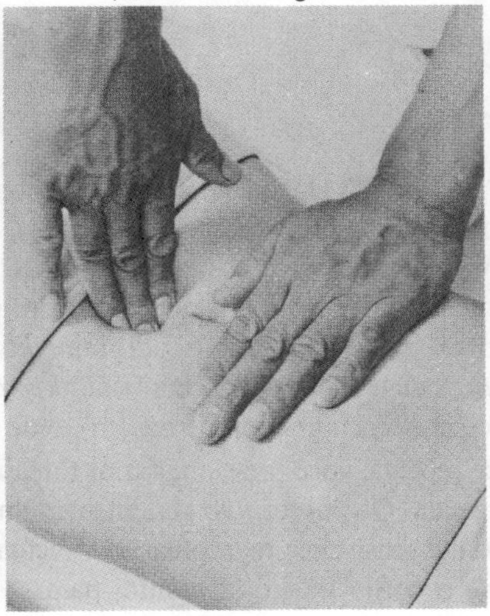

Fig. 112
Meridiano da bexiga
(parte inferior do *hará)*

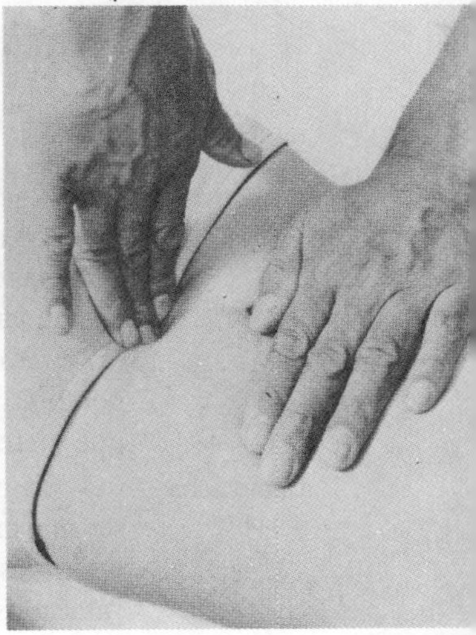

Fig. 113
Meridiano do intestino
delgado (lado esquerdo)

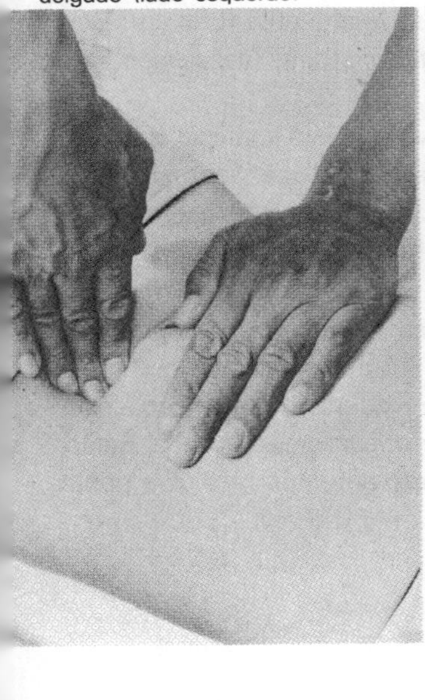

Fig. 114
Meridiano do intestino
grosso (lado esquerdo)

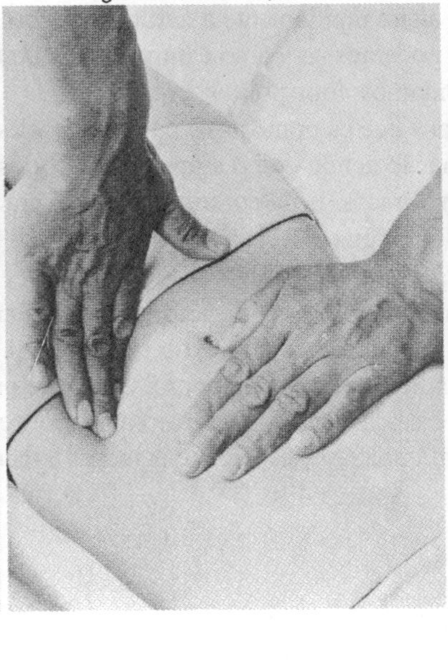

Fig. 115
Meridiano do intestino
grosso (lado direito)

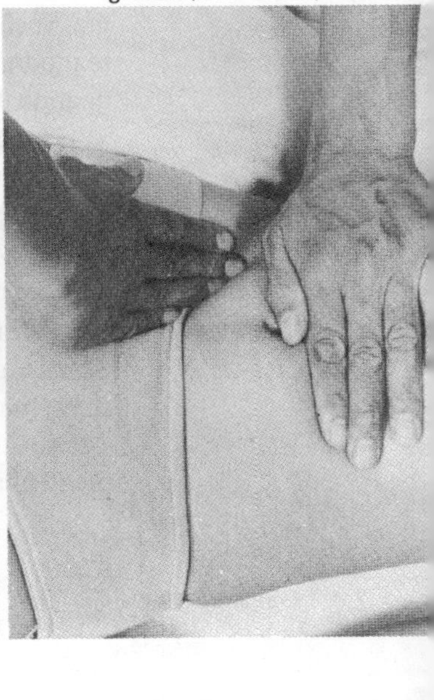

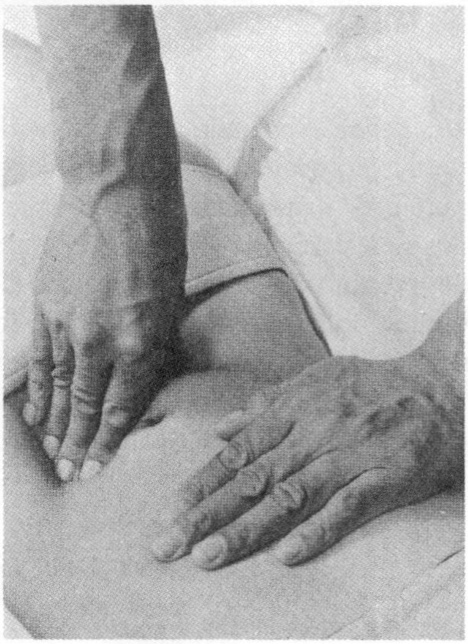

Fig. 116
Meridiano do intestino delgado
(lados direito e esquerdo)

Encontrar pontos "jitsu"

Diagnose do "hará": Depois de diagnosticar os meridianos na região do *hará*, você deve encontrar os pontos *kyo* e *jitsu*. Se não tiver certeza, coloque uma das mãos no ponto supostamente *jitsu*. Coloque a outra no ponto correspondente relativo ao mesmo funcionamento interno e compare os lados. Você deve ser capaz de captar o lado mais *jitsu*. Se não puder encontrar o ponto *jitsu*, pode ter confundido um ponto *kyo* com um *jitsu*; isto é, um ponto que oferece resistência ou compensa um ponto *kyo* situado na mesma zona.

Como achar o ponto "kyo"

Se, de repente, você pressionar com força a área *kyo*, a achará difícil de ser massageada. Os pontos *kyo* geralmente têm uma rigidez muito profunda e são bastante sensíveis à manipulação violenta. Quando os pontos *kyo* são "atacados", o corpo inteiro se contrai para se defender.

Defesa muscular

Para uma explicação adicional da sensibilidade do ponto *kyo*, deixe-nos dar um exemplo de um caso de apendicite. Se você mantém um toque firme na zona do *hará*, a dor diminui gradualmente. Contudo, se, de qualquer forma, você altera rapidamente a natureza do toque, resulta uma forte dor. Desse modo, podemos ver como é importante manter um toque firme e contínuo quando lidamos com pontos *kyo*.

É claro que os pontos *kyo* não reagem dessa maneira somente em casos de inflamação aguda como a apendicite. Todos os problemas se originam de pontos *kyo* fracos. E tal como uma pessoa fraca se torna mais nervosa e resistente a outra que está se concentrando na sua fraqueza, assim também acontece com os pontos *kyo*.

Tonificação

Através do processo de tonificação, podemos fortalecer os pontos *kyo* e dissipar qualquer estagnação ou rigidez neles. É importante que você atinja suave mas firmemente cada ponto. Qualquer pressão rápida ou abrupta causará sua obstrução. Manipule vagarosamente e penetre na área envolvida. Então, mantenha a pressão e espere até perceber a tensão diminuir. Não só o ponto *kyo*, mas também o próprio paciente, se revelarão a você, o que resultará num tratamento mais eficaz e numa atmosfera de relaxamento e confiança.

Tonificar o ponto "kyo"

É muito difícil penetrar sem alguma força no ponto *kyo*. É melhor que você espere até sentir a energia *ki* fluindo do ponto. Segurar o ponto, ser paciente e esperar por esse momento é muito importante.

Manter a pressão

Para encontrar e massagear os pontos *kyo*, é necessária uma pressão suave, que faça com que o paciente se relaxe. Esses pontos não aparecem quando o paciente está tenso; por isso, o relaxamento é a chave para massagear eficazmente os pontos *kyo*.

Rigidez nos pontos "jitsu"

Na terapia convencional do shiatsu, somos capazes de encontrar o ponto *jitsu*, que se torna evidente porque sua rigidez pode ser sentida e está concentrada nesse ponto. Terapeutas experientes não fazem isso. Quando você encontra o ponto *jitsu* e seu correspondente *kyo* no *hará*, deve segurar o ponto *jitsu* e tonificar o *kyo*. Quando você tonifica esse ponto, toda a rigidez e resistência muscular ligadas ao ponto *jitsu* decresce.

Aplicar um shiatsu eficaz

É muito fácil, até para iniciantes, localizar o ponto *jitsu*, pois ele está na superfície. Entretanto, isso não é levado em consideração pela medicina oriental. Para aplicar um shiatsu eficaz, deve-se encontrar o ponto *kyo*, imperceptível. Isso requer prática e aumenta o nosso conhecimento sobre a causa real do problema. Então, o primeiro passo é encontrar o ponto *jitsu* e confirmar a área de rigidez; daí, tonificar o ponto *kyo*, diagnosticar-lhe a condição com a mão e, então, verificar novamente a área de rigidez. Através da tonificação do ponto *kyo*, você descobrirá que a dor e a rigidez se aliviam ou desaparecem completamente.

Depois de completar a diagnose do *hará*, você pode aplicar o shiatsu de duas mãos nessa área, como se vê na figura 117.

Coloque os quatro dedos de ambas as mãos nos lados da área do *hará*. Em seguida, coloque os polegares sob a caixa torácica, mantendo as palmas

Fig. 117

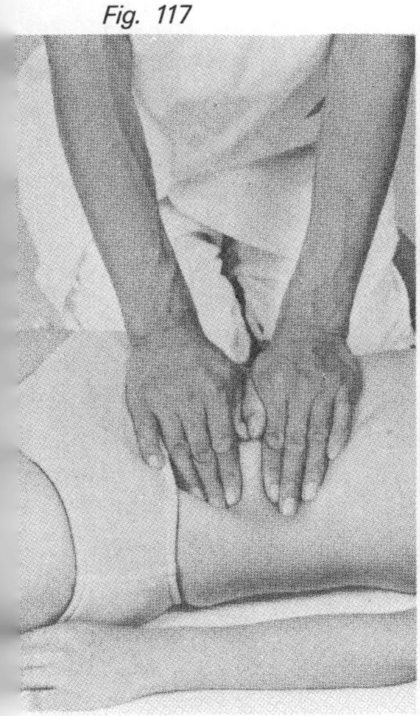

Fig. 118

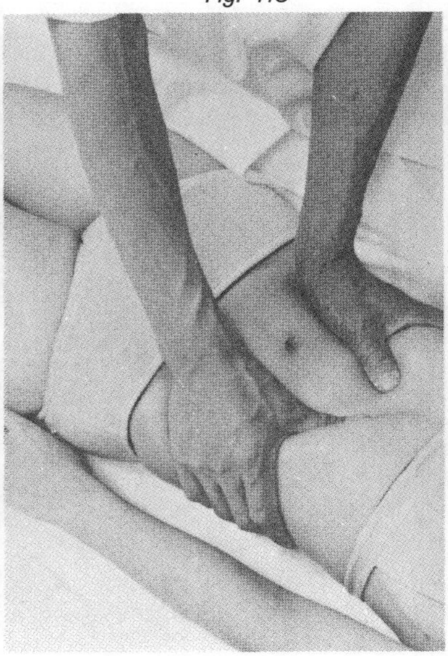

Fig. 119

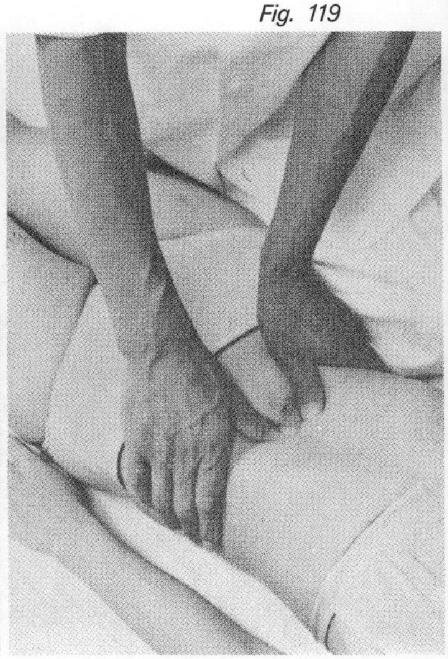

apoiadas no centro do *hará* (figura 118). Se quiser, você pode alternar, primeiro pressionando um lado e depois o outro. Você sentirá o movimento dentro da área do estômago e do duodeno. Aplique uma pressão um pouco mais forte com os polegares, deslize os carpos para a área do osso púbico e segure. Solte e, então, pressione novamente. Depois, deslize os polegares e a palma das mãos para a área da virilha, ao longo dos músculos do *hará* (figura 119).

Técnica de manipulação da perna: Diagnosticar as linhas meridianas das pernas usando ambas as mãos é útil para a confirmação do *kyo* e do *jitsu* na região do *hará*.

Coloque a mão esquerda na parte inferior do *hará* perto do osso púbico, e, com a mão direita, faça pressão na região da virilha (direita e esquerda) (figuras 120 e 121). Evite tocar a área genital com a ponta dos dedos. Sem mover a mão esquerda, aplique com a direita o shiatsu de palma, desde a virilha esquerda até a rótula (figura 122). Faça o mesmo com a outra coxa. Repita o procedimento duas vezes de cada lado.

Técnica de alongamento do meridiano

Exponha a parte interna da perna do paciente dobrando-lhe o joelho. Aplique uma pressão suave na parte interna da coxa e pressione delicadamente a parte inferior da perna (figura 123). Você perceberá o meridiano do baço. Ao dobrá-la, você sentirá o meridiano do intestino delgado. Ao dobrar ainda mais, descobrirá o meridiano do fígado. Aplique o shiatsu em cada meridiano pelo menos duas vezes. Se você descobrir qualquer desequilíbrio energético no meridianos, aplique um shiatsu adicional nessa região.

Dobre a perna na direção oposta, de modo que a parte externa da coxa fique exposta. Siga o mesmo procedimento desde a virilha até o joelho nessa parte externa da perna (figura 124). Primeiro, você perceberá o meridiano do triplo aquecedor. Dobrando mais a perna, perceberá o meridiano da vesícula biliar. Dobrando um pouco mais, sentirá o meridiano do intestino grosso. Movendo o tornozelo para cima, você poderá mudar os ângulos. Dobre o joelho

Fig. 120

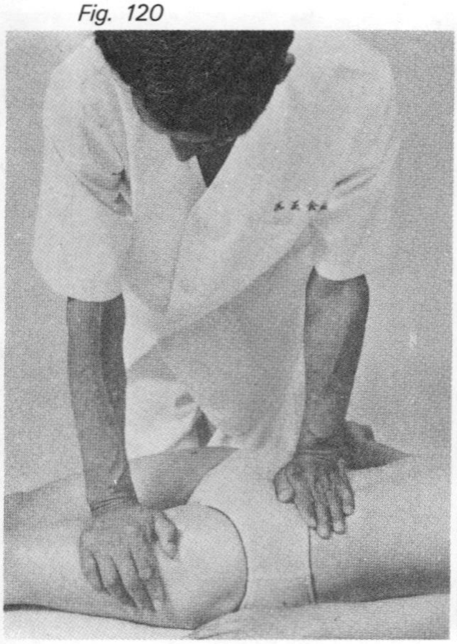

Fig. 121

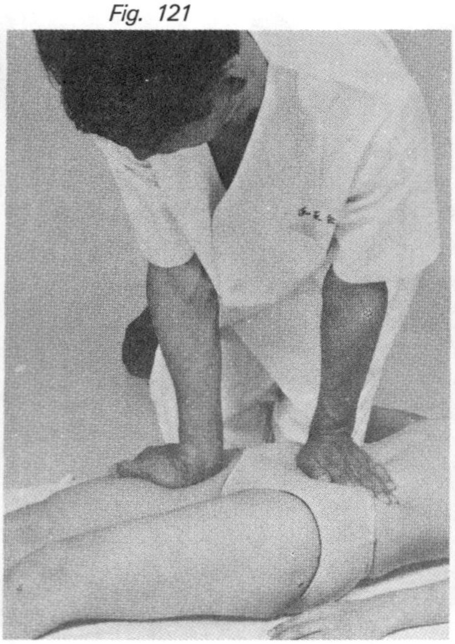

Fig. 122

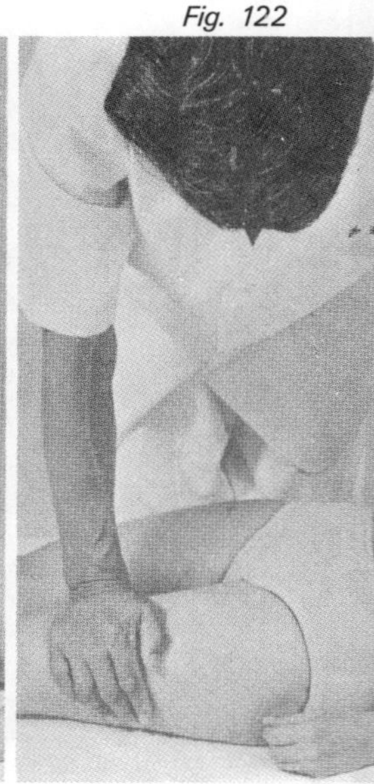

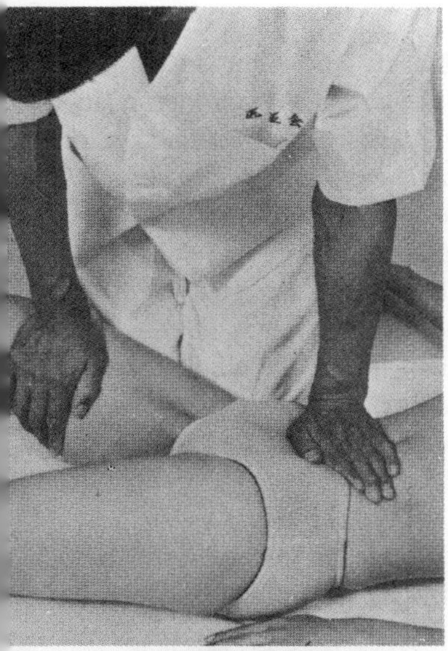

Fig. 123

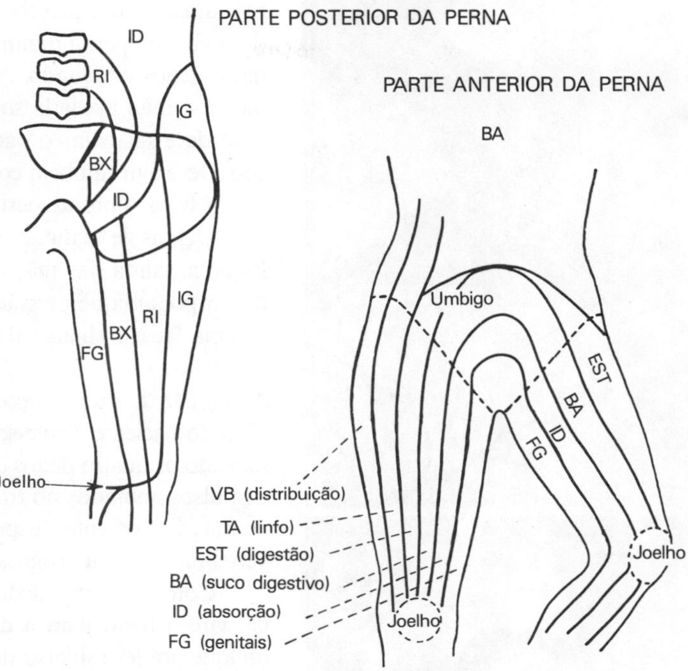

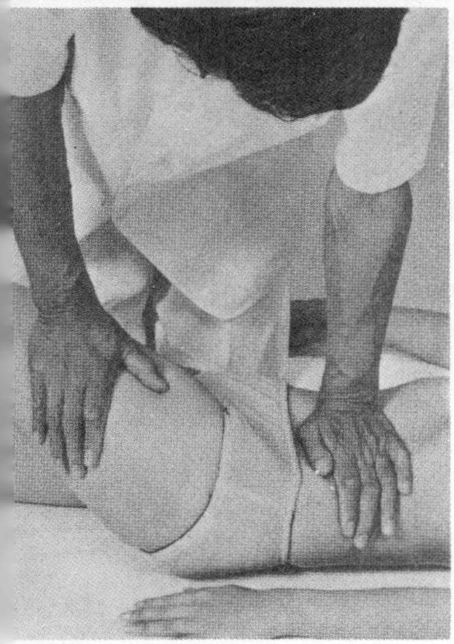

Fig. 124

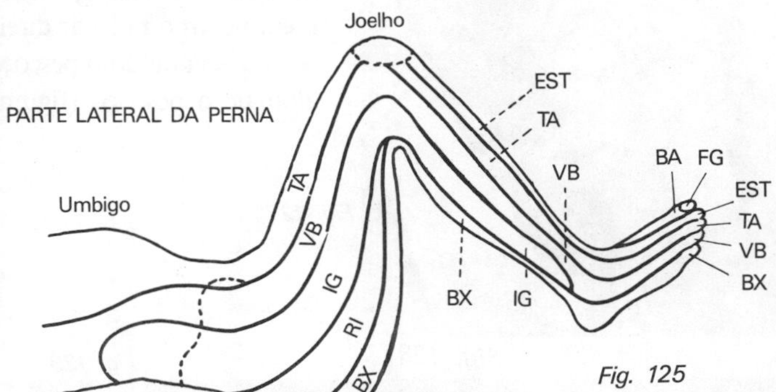

Fig. 125

do paciente até tocar o tórax e sinta os meridianos dos rins e do baço. Dobre a perna para fora e perceberá o meridiano do estômago. Aplique o shiatsu com a mão direita nesse meridiano (figura 125).

Não force a perna para fora se o meridiano do estômago estiver contraído. Segure o tornozelo esquerdo, coloque-o sobre o joelho direito e aplique o shiatsu no meridiano da bexiga com o polegar e a técnica de comprimir. Repita duas vezes e sinta os pontos *kyo* e *jitsu*.

Manipulação com uma mão

A técnica mencionada anteriormente pode ser realizada com a mão esquerda sobre a parte inferior do *hará*, enquanto a direita manipula e alonga cada meridiano. Portanto, todas essas técnicas devem ser aprendidas usando-se

Fig. 126

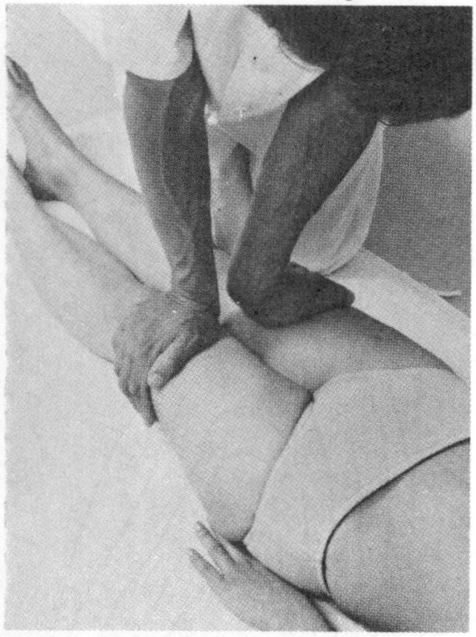

uma só mão. Quando terminar no lado esquerdo, passe para o direito. Você perceberá que a rigidez e a dor nas regiões do *hará* e da perna diminuirão, e que cada meridiano se tornará menos estagnado. A parte mais importante dessa técnica é a mão apoiada sobre a parte inferior do *hará*. Essa mão deve sustentar o paciente e fazer o papel da tonificação. Deve agir também como um ponto de apoio para o trabalho feito sobre as pernas pela outra mão.

Depois de terminar o alongamento das duas pernas, coloque a palma das mãos na área da virilha e, com o peso do corpo, aplique pressão até a rótula (figura 126). Segure. Depois faça o shiatsu da cabeça.

Manipulação do pescoço: Coloque um travesseiro sob a cabeça do paciente. Sente-se atrás de sua cabeça e segure-a colocando os quatro dedos de cada mão atrás do pescoço, com os pulsos apoiados no travesseiro. Segurando a cabeça suave mas firmemente, suspenda-a, alongando o pescoço e as vértebras cervicais (figura 127).

Com os quatro dedos de cada mão sustentando a nuca, vire o rosto para a direita e, com o polegar esquerdo, aplique um leve shiatsu no lado esquerdo do pescoço (figura 128). Vire a cabeça na direção oposta e repita o procedimento com o polegar direito (figura 129). Remova o travesseiro e, segurando o pescoço e a cabeça com ambas as mãos, alongue o pescoço (figura 130).

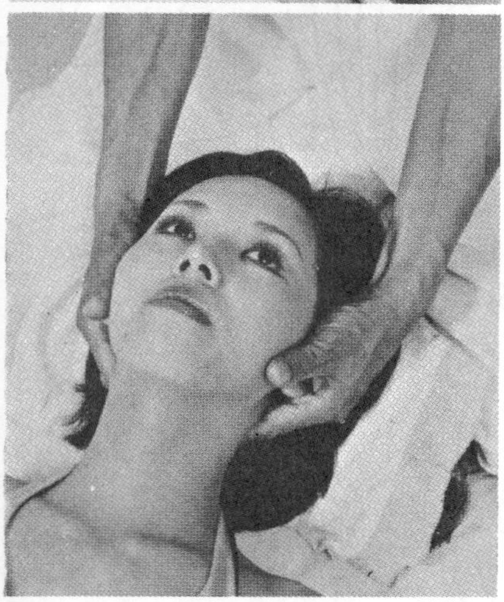

Fig. 127

Fig. 128

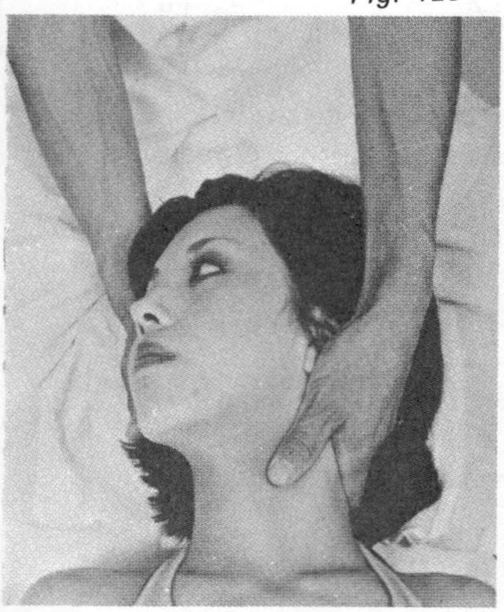

Fig. 129

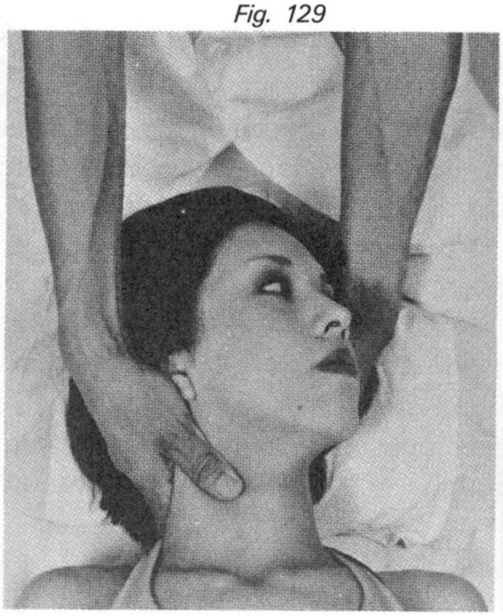

Fig. 130

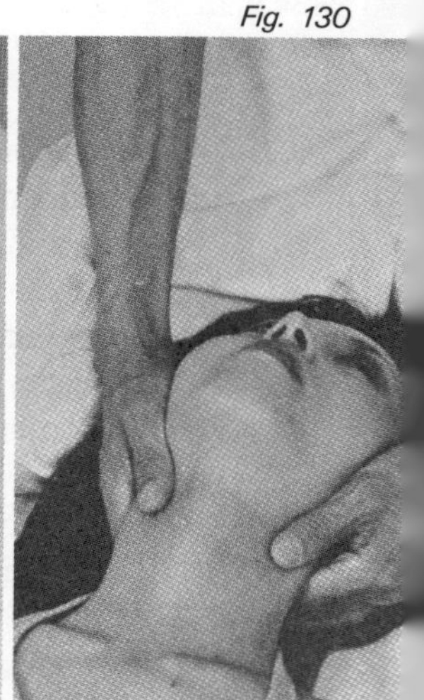

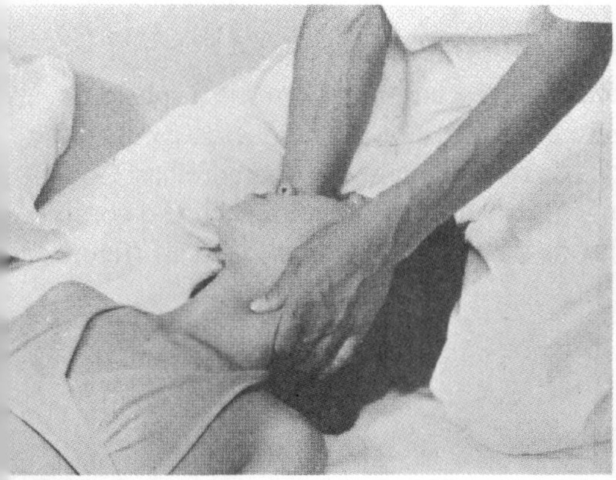

ig. 131

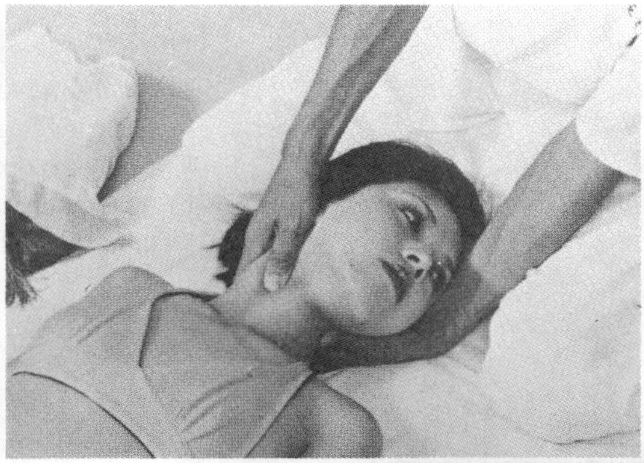

Fig. 132

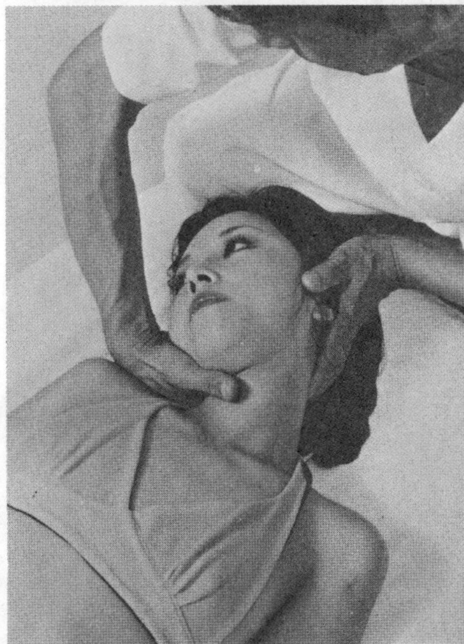

Fig. 133

Gire a cabeça para o lado direito e aplique um leve hiatsu no lado do pescoço, com os polegares (figura 131). ire a cabeça para o lado esquerdo e repita o procedi-ıento (figura 132). Sem o uso de um travesseiro, o pole-ar pode manipular profundamente, pois as vértebras cer-icais estão alongadas.

Depois de terminar o aquecimento das vértebras cer-icais e dos músculos correspondentes, segure o lado es-uerdo do pescoço com a mão esquerda como se o esti-esse apertando e coloque a mão direita no lado da ca-eça. Vire suavemente a cabeça para a direita (figura 133). roque de mão e repita do lado oposto (figura 134). Se-ure os lados da cabeça com as mãos e gire-a primeiro ara a direita e depois para a esquerda (figura 135). Volte posição inicial. Nesse tipo de massagem, a mão de apoio mais importante do que a da manipulação.

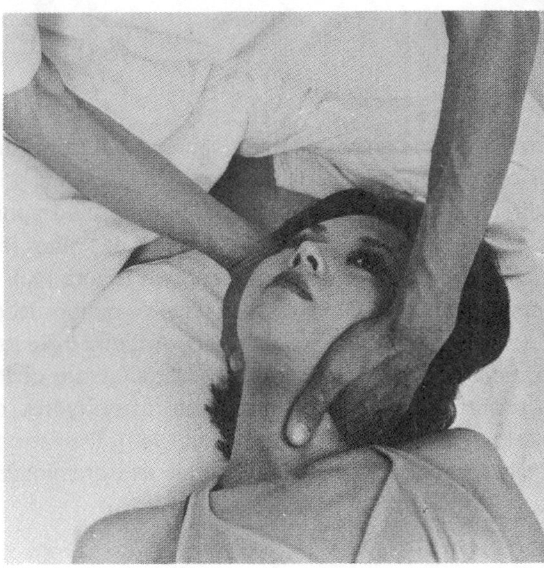

Fig. 134

Fig. 135

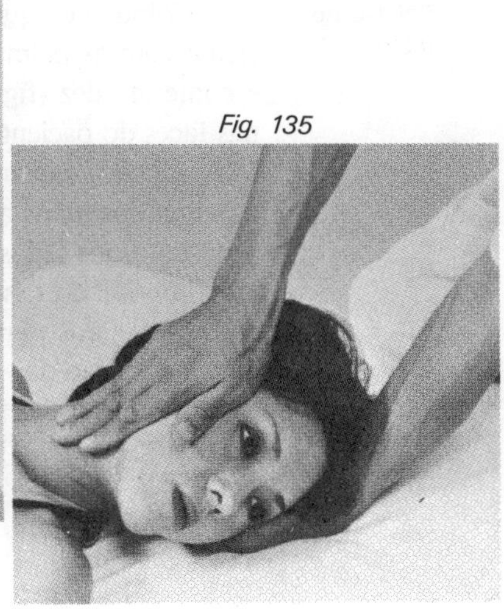

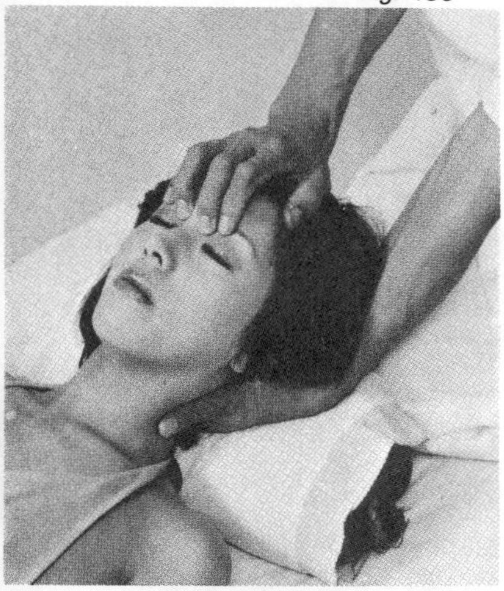

Fig. 136

Shiatsu na testa: Coloque um travesseiro sob a cabeça do paciente. Segure a nuca com a mão esquerda e coloque os quatro dedos da mão direita sob as sobrancelhas. Com a palma da mão direita apoiada na testa, incline o corpo para trás a fim de alongar as vértebras cervicais (figura 136).

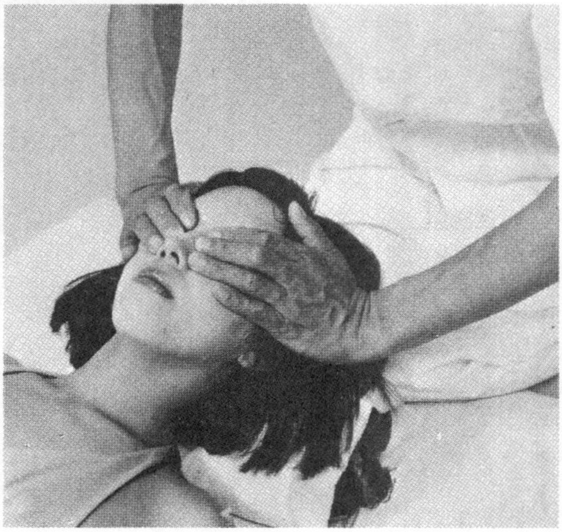

Fig. 137

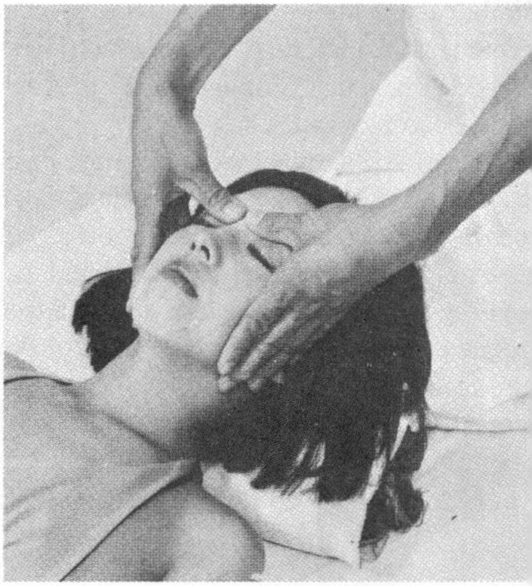

Fig. 138

Shiatsu no rosto

Coloque os quatro dedos de ambas as mãos sobre as pálpebras do paciente com as palmas descansando sobre as têmporas. Mantenha a posição e conte até dez (figura 137). Com os quatro dedos de cada mão apoiados nas faces do paciente, pressione suavemente a área superior dos olhos (figura 138), depois a área inferior (figura 139) e depois as têmporas (figura 140). Com a palma das mãos apoiadas no lado da cabeça, coloque os quatro dedos de cada mão nos lados do nariz do paciente (figura 141). Aplique o shiatsu na área inferior do osso molar (figura 142). Então, deslize os quatro dedos de ambas as mãos para o queixo e aplique o shiatsu com os polegares, desde a região abaixo das narinas até os lados da boca (figura 143). Deslize o polegar na direção das orelhas, desde os lados da boca até as extremidades do maxilar (figura 144).

Fig. 139

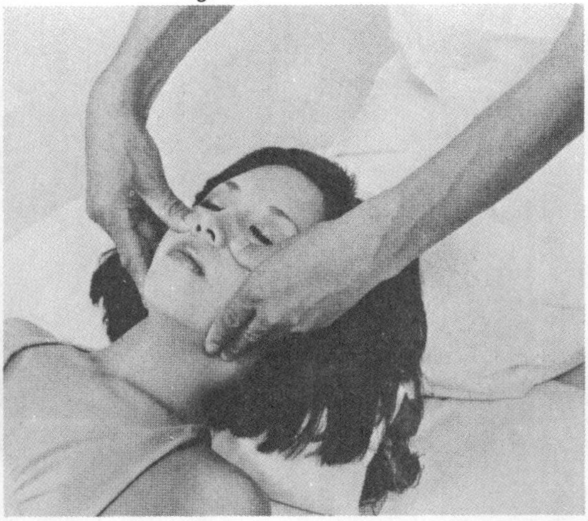

Fig. 140

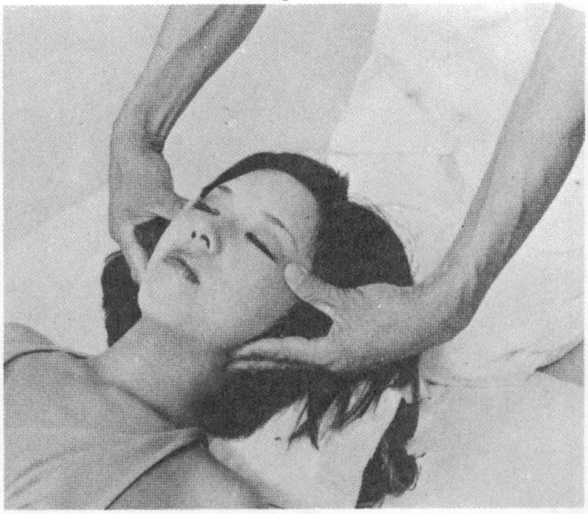

Fig. 141

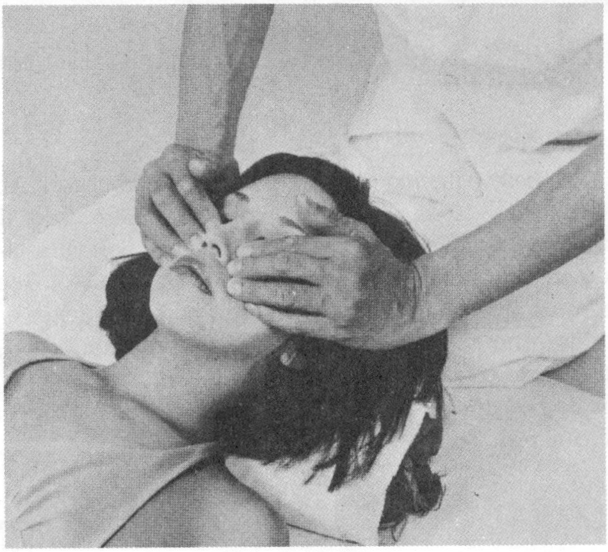

Fig. 142

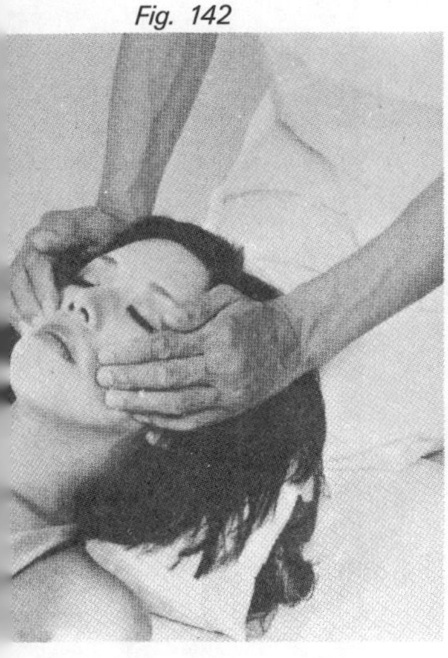

Fig. 143

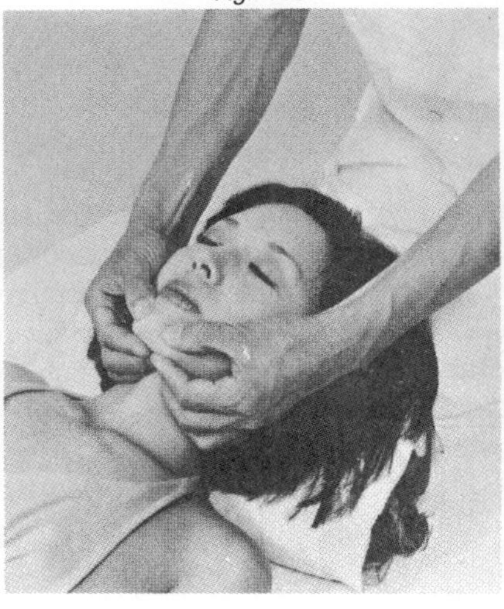

Fig. 144

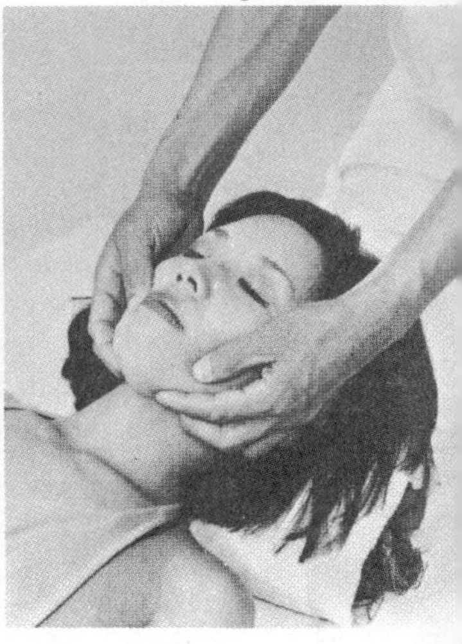

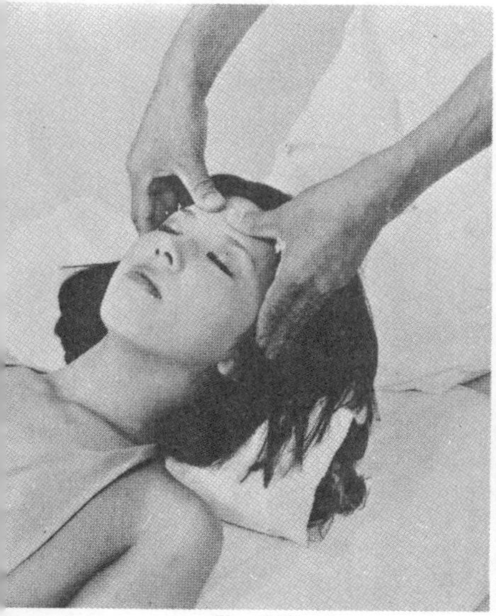

Fig. 145

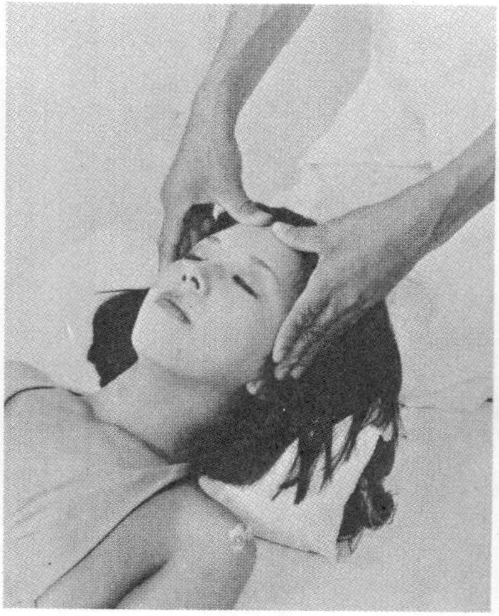

Fig. 146

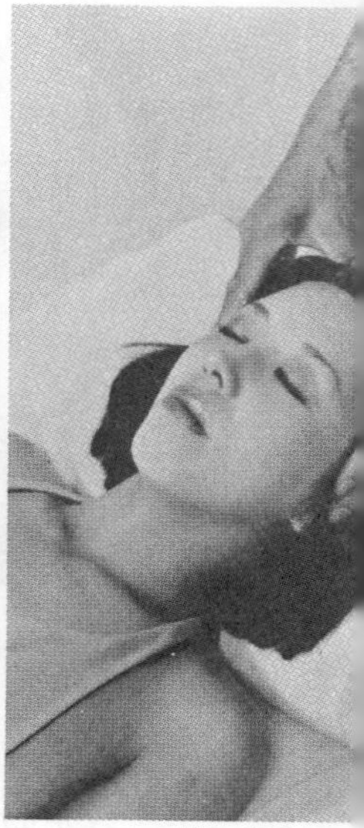

Fig. 147

Aplique o mesmo procedimento na direção oposta. Apoiando a palma das mãos nos lados da cabeça, coloque os quatro dedos de cada mão nas têmporas e mantenha a pressão. Coloque os polegares no centro da testa e deslize-os em direção às têmporas (figuras 145 e 146). Você pode usar três dedos na área da sobrancelha. Com os polegares juntos e os dedos apoiados nas têmporas (área do meridiano do triplo aquecedor), aplique o shiatsu no vaso condutor (figura 147). Então, pressione ao longo dos meridianos da bexiga e da vesícula biliar usando a mesma técnica, desde a nuca até o alto da testa.

Manipulação dos braços e das pernas: Com os quatro dedos de cada mão apoiados nos músculos torácicos externos, coloque os polegares nos ombros (VB - área 21) e pressione (figura 148). Deslize os quatro dedos para baixo, entre as costelas, para abrir a caixa torácica (figura 149).

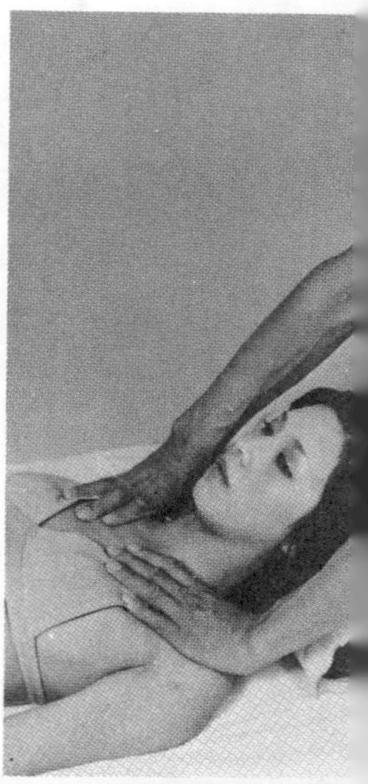

Fig. 148

Fig. 150

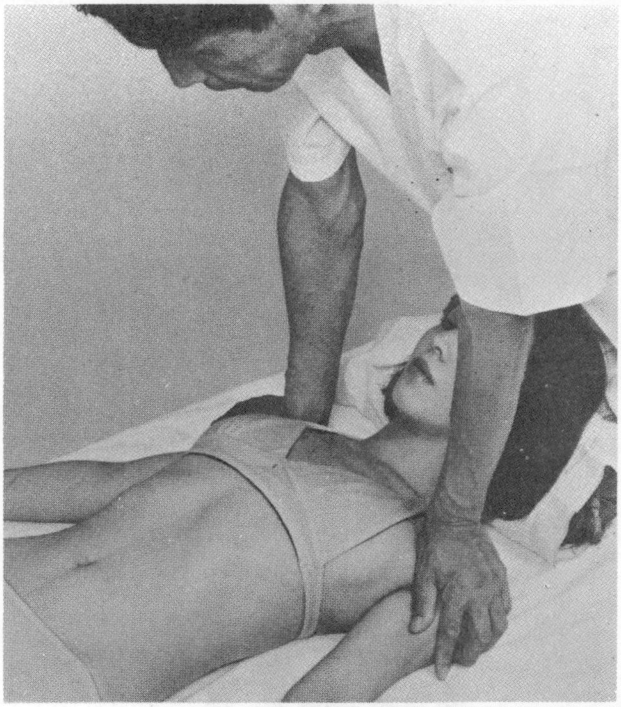

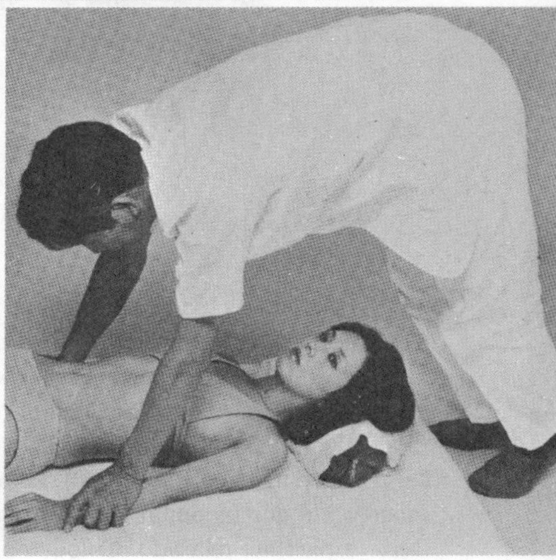

Fig. 151

Fig. 149

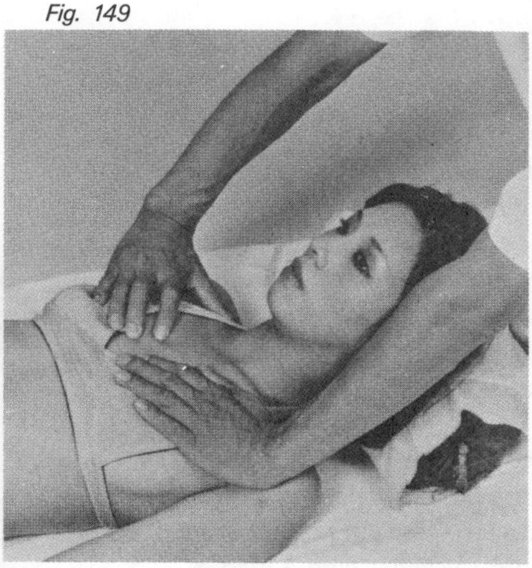

Com a palma das mãos sobre os ombros, pressione usando o peso de seu próprio corpo (figura 150). Isso alonga os músculos torácicos. Gradativamente, deslize as palmas ao longo dos braços, pressionando com o seu peso (figura 151).

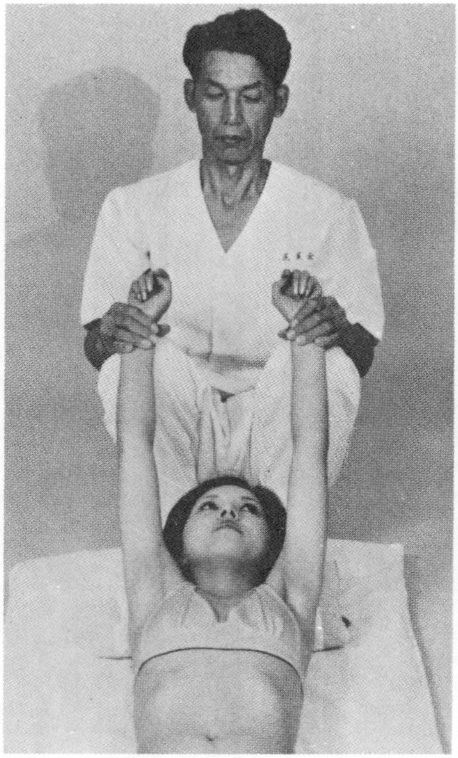

Fig. 152

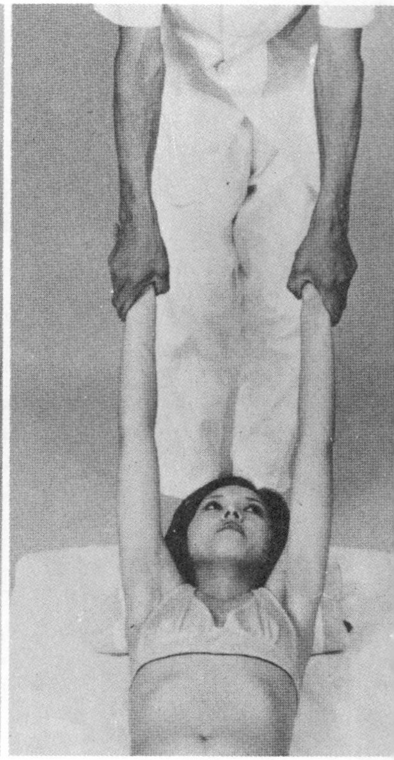

Fig. 153

Segurando os braços do paciente pelos pulsos, levante-os em sua direção. Agache-se, coloque os pulsos dele em seus joelhos e alongue (figura 152). Segurando-lhe a palma das mãos com firmeza, levante-lhe os braços de novo e sacuda-os alternadamente até que estejam completamente relaxados (figura 153). Faça uma rotação com os braços e coloque-os no chão, de palmas para cima (figura 154). Levante os braços e cruze-os na frente. Puxe-os até que os ombros fiquem ligeiramente suspensos (figura 155). Deixe o paciente relaxado. Coloque os braços dele ao lado do corpo e sente-se na frente dos seus pés.

Segure o pé direito pelo calcanhar, puxe e pressione os dedos, começando pelo dedão (figura 156). Sustente o pé pelo tornozelo com os quatro dedos de cada mão e pressione na área do arco com um polegar sobre o outro. Levante um pouco o pé apertando o calcanhar com a mão esquerda e aplique o shiatsu com a palma direita, desde o arco até os calcanhares (figura 157).

Apóie o pé direito do paciente no seu joelho esquerdo e alongue a perna esquerda. Faça-lhe rotações no pé, flexionando os dedos para a frente e para trás (figura 158).

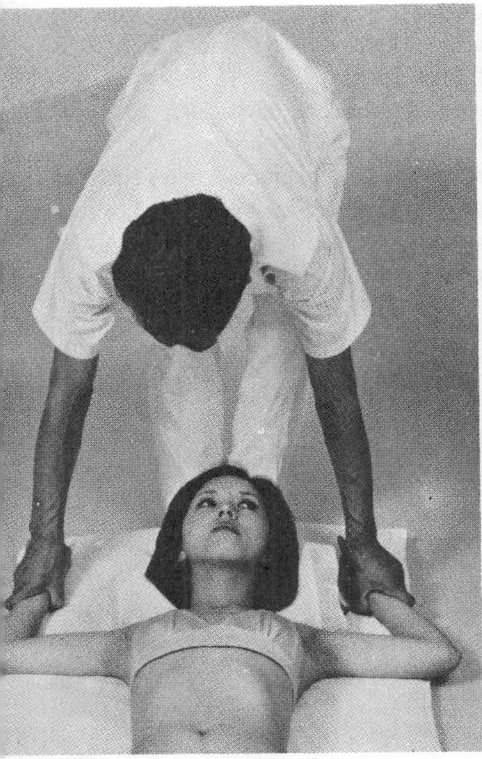

Fig. 154

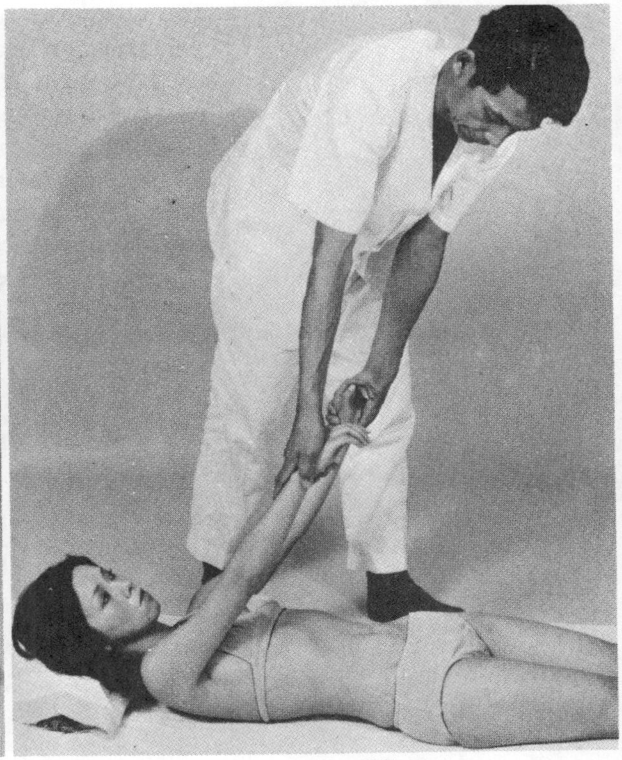

Fig. 155

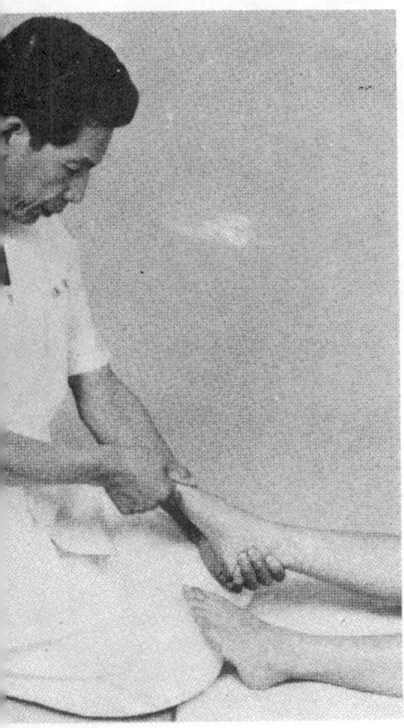

Fig. 156

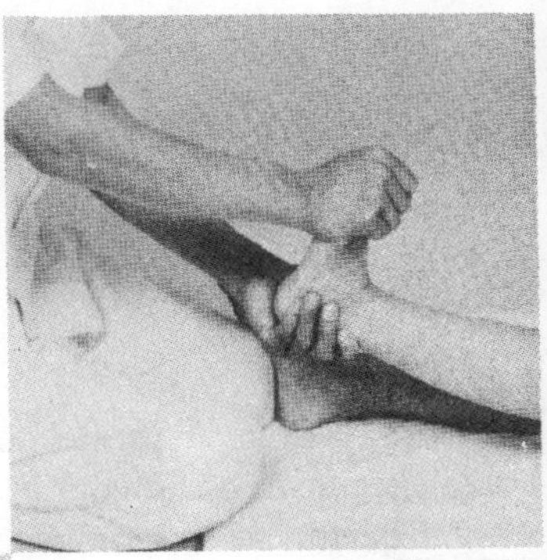

Fig. 158

Fig. 157

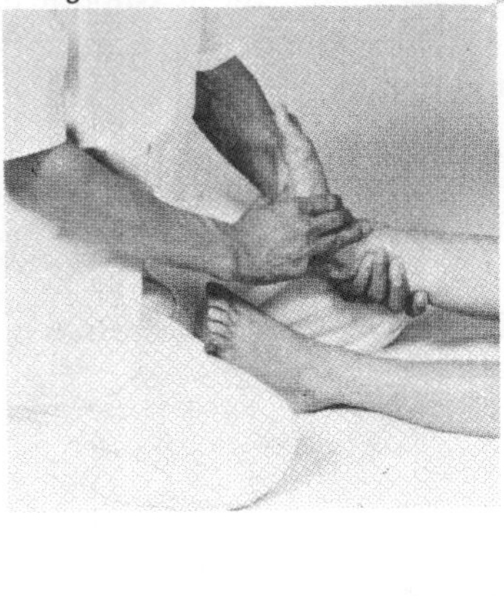

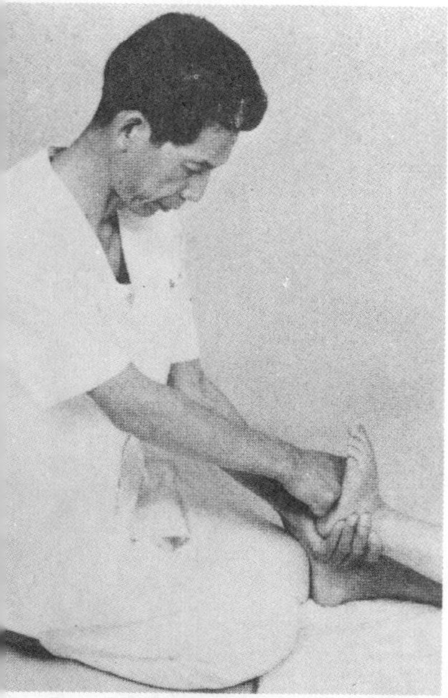

Fig. 159

Com a mão esquerda segurando o pé esquerdo do paciente, aplique o shiatsu no arco usando o punho direito (figura 159). Repita do lado oposto.

Levante-se e segure os tornozelos do paciente com ambas as mãos, colocando a sola dos pés contra os seus joelhos. Segure as pernas colocando a palma das mãos sobre as rótulas. Dê alguns passos curtos para a frente até que os joelhos do paciente encostem no tórax (figura 160). Se isso não for possível, ande somente até onde o paciente suportar.

Fig. 160

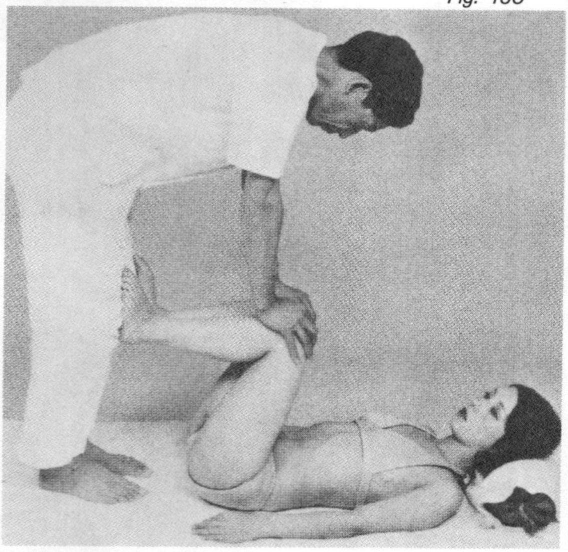

Fig. 161

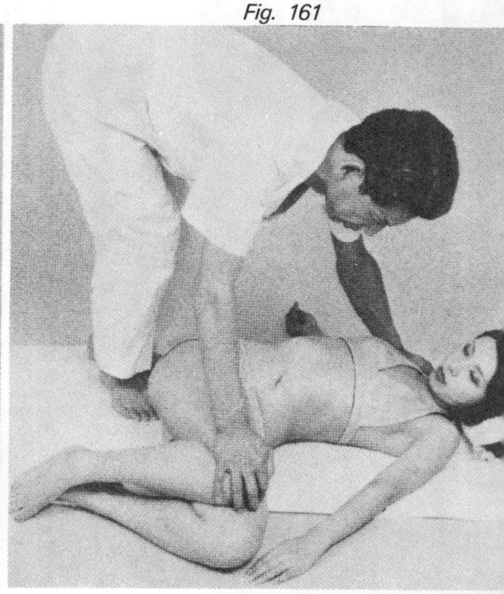

Com as pernas do paciente unidas e flexionadas, segure-as assim com a mão direita. Coloque a mão esquerda no ombro direito dele. Gradualmente empurre as pernas para o chão, para o lado esquerdo do paciente (figura 161). Repita do lado oposto.

Com as pernas do paciente unidas, dobre os joelhos novamente até que eles encostem no tórax (figura 162). Você vai perceber o aumento de sua capacidade de flexão das pernas. Segurando os pés, alongue as pernas e sacuda-as várias vezes (figura 163). Coloque as pernas no chão, esticadas.

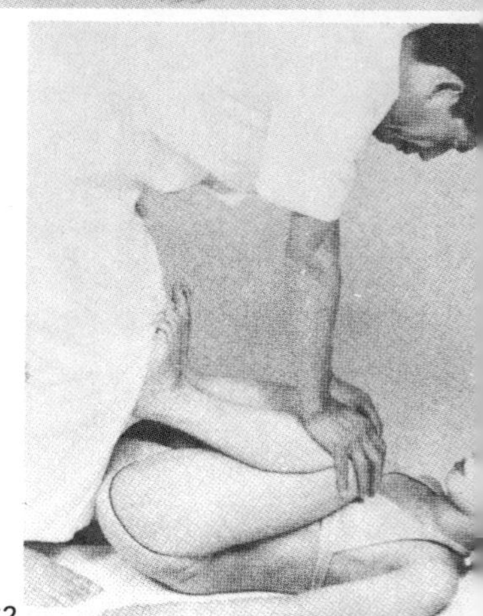

Fig. 162

Fig. 164

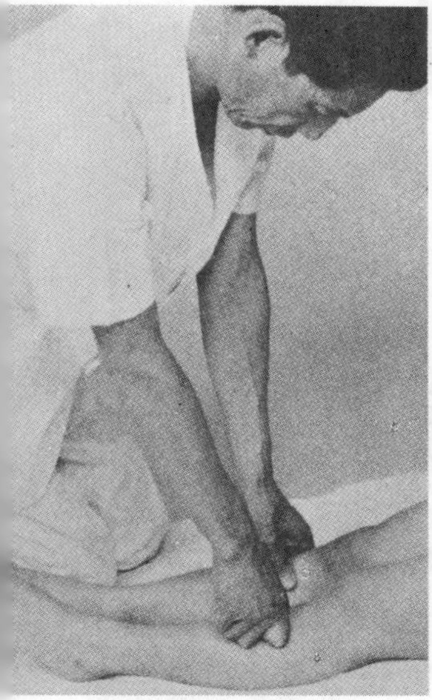

Fig. 165

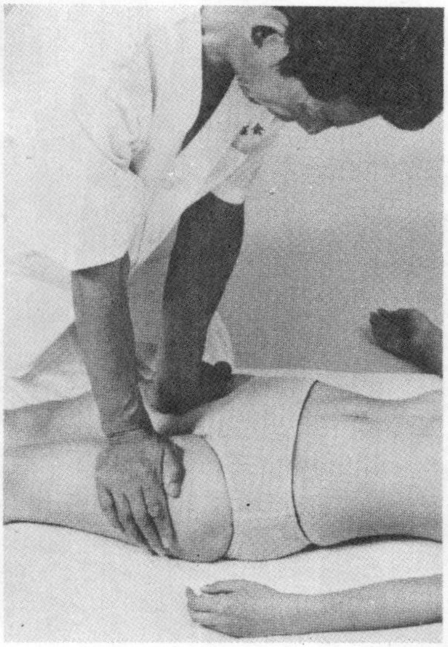

Fig. 166

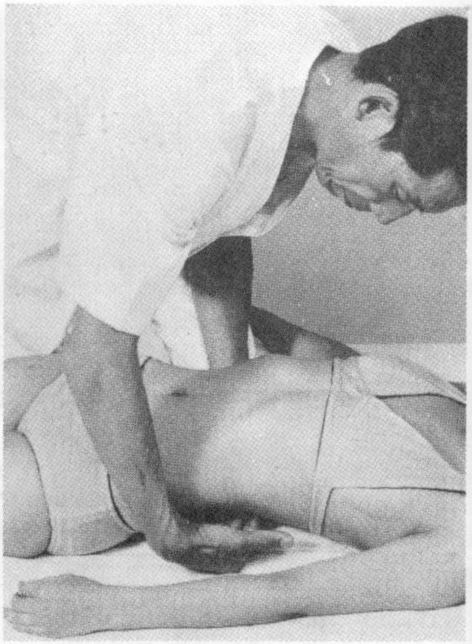

Exame das áreas tratadas: Aplique o shiatsu ao longo da tíbia até o tornozelo, com dois dedos de cada lado do joelho. Você pode fazer isso simultaneamente em ambas as pernas (figura 164).

Friccione algumas vezes a área desde o tornozelo até o joelho. Mude de posição, ajoelhando-se perto do joelho direito do paciente. Coloque a palma das mãos nas pernas, perto da região da virilha, e aplique o shiatsu até o joelho (figura 165).

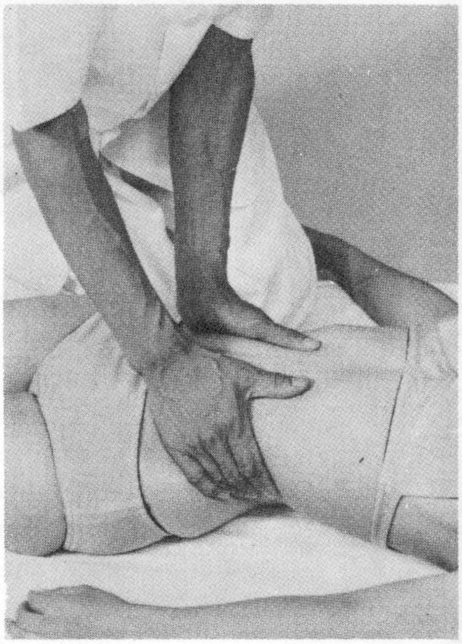

Fig. 167

Fig. 163

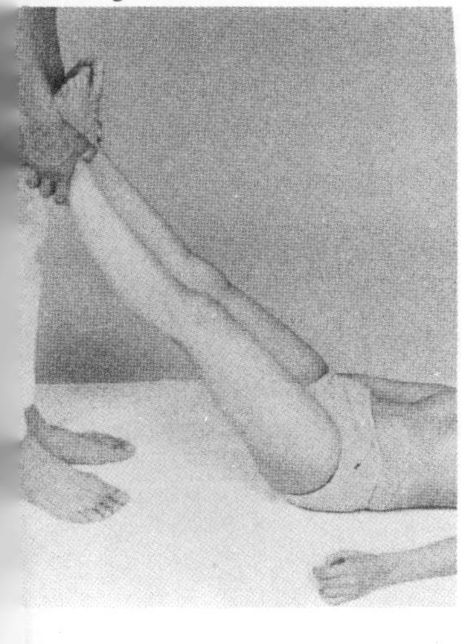

Mova-se para cima até os quadris. Segurando os lados do torso com ambas as mãos, aplique uma pressão leve, alternadamente, do lado direito e do lado esquerdo, três ou quatro vezes. Então, mantenha a pressão. Coloque os dedos atrás do torso, levante levemente o corpo do paciente e segure (figura 166). Pressione a zona do *hará* com ambas as mãos, suavemente (figura 167), e depois coloque o corpo no chão.

Fig. 168

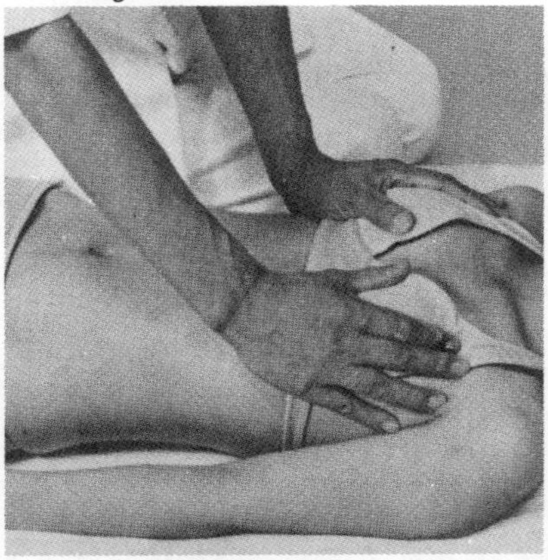

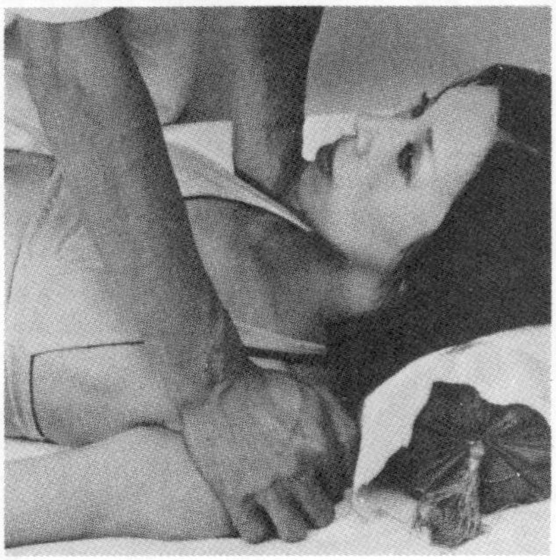

Fig. 169

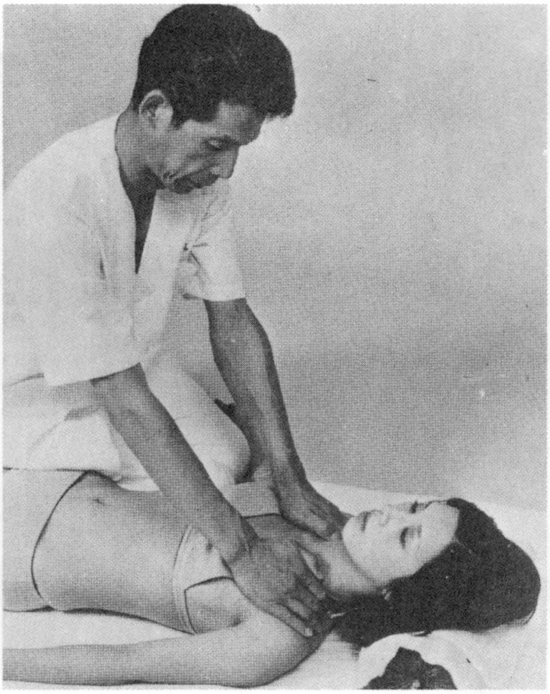

Fig. 170

Ponha a palma das mãos na área do tórax e faça rotações suaves enquanto pressiona (figura 168). Não aplique pressão diretamente nos mamilos.

Coloque a palma das mãos na região da articulação dos ombros e se mantenha assim (figura 169). Segure os ombros e levante-os na sua direção (figura 170). Ponha a palma na área do tórax e acalme a respiração do paciente. Cubra-o com um cobertor ou toalha e fique ao seu lado aconselhando-o a descansar e a se relaxar, por 10 a 15 minutos.

Tempo de tratamento: A seguir, os tempos necessários para se completar as técnicas em cada posição.

Posição sentada: 7-8 minutos
Posição lateral (ambos os lados): 12-13 minutos
Posição supina: 15 minutos
Posição de bruços: 10 minutos
Exame final: 5 minutos

Desse modo, são necessários aproximadamente 50 minutos para se aplicar o shiatsu em todo o corpo (e mais 10 minutos no caso de problemas específicos). Os iniciantes tendem a demorar mais tempo, enquanto os profissionais aplicam tratamentos mais curtos.

4. Aplicação prática

Shiatsu sem o uso da ponta dos dedos

Pressão natural: Há muitos conceitos errados concernentes ao shiatsu que eu gostaria de esclarecer neste momento. Primeiro, não é verdade que o shiatsu eficaz requer pressão forte aplicada com os polegares e a ponta dos dedos. Nem é verdade que se podem curar doenças simplesmente ao pressionar certos pontos do corpo. Embora essas técnicas sejam fundamentais e úteis para o leigo, que pode fazer uso delas em casa, os massagistas japoneses profissionais distinguem-se dos amadores por aperfeiçoarem a técnica *kyokute*, que parece de difícil execução, mas que, na verdade, não é muito eficaz. Ao fazer isso, eles ignoram as técnicas mais importantes e eficazes. O mesmo ocorre com o shiatsu. Dominar uma só técnica não significa que você obterá resultados eficazes. No livro de Shinsai Ota, *Terapia ampuku*, ele ressalta que se obtêm melhores resultados com técnicas simples, pura e usando somente a ponta dos dedos. Se você já carregou uma criança nas costas, sabe o que quer dizer pressão natural. As crianças são inocentes e não exercem uma pressão desnecessária. Portanto, quando usar a palma da mão, o cotovelo ou o joelho, certifique-se de estar pressionando de modo natural.

Fig. 171

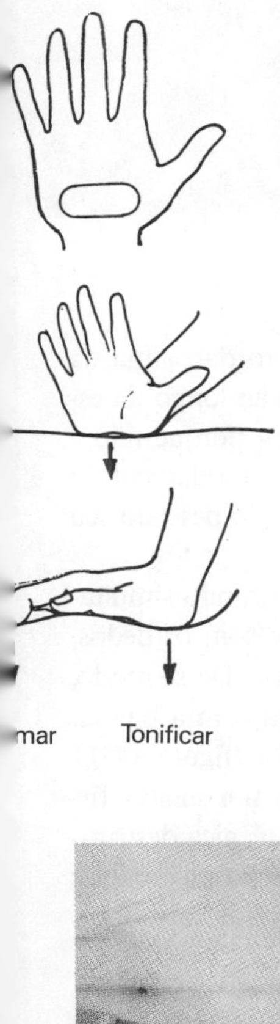

Como usar a palma das mãos: A pressão aplicada com as palmas é suave, agradável ao paciente, sendo, portanto, uma ótima técnica para se usar. A pressão forte também pode ser empregada com o uso do carpo. Outra vantagem dessa técnica é que você não se cansa. (figura 171). Ela é ideal na terapia *ampuku* e tratamento das áreas *jitsu* das pernas (figuras 172 e 173).

Fig. 172

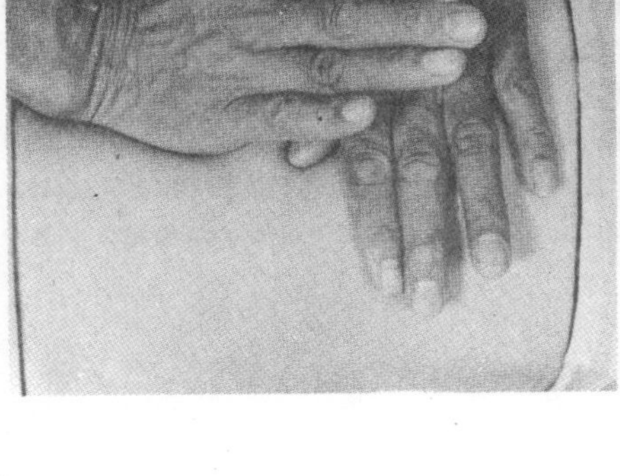

Fig. 173

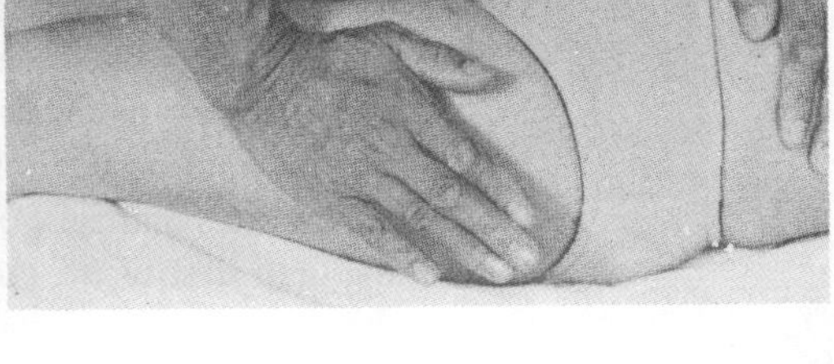

Fig. 174

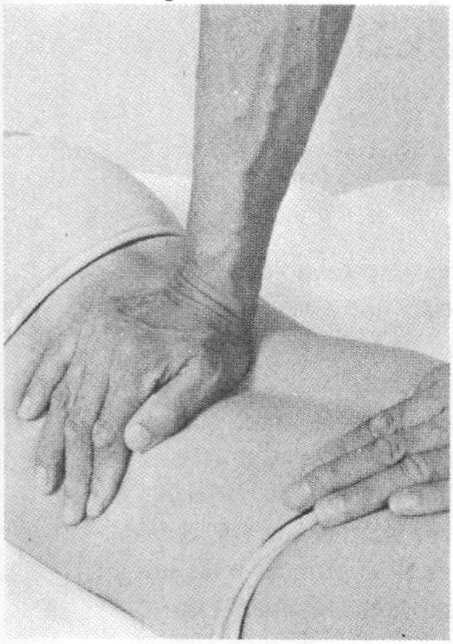

Fig. 175

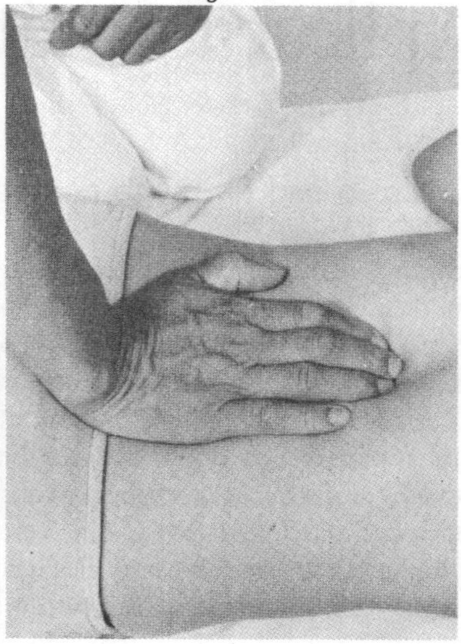

Fig. 176

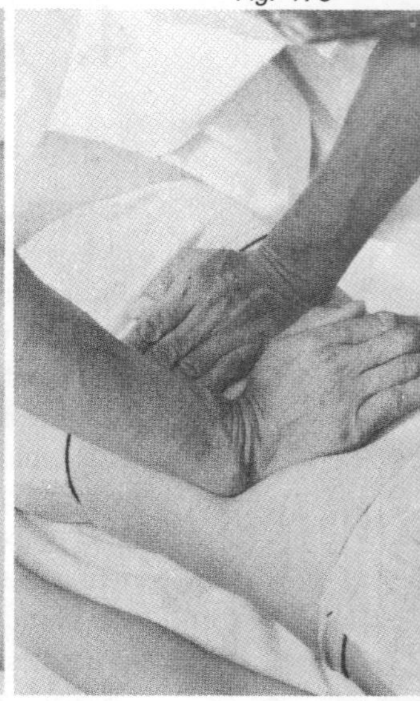

Com o paciente deitado de bruços, coloque o centro da palma da mão na coluna vertebral. Aplique uma pressão contínua ao longo da espinha (figura 174). Essa técnica é boa para as áreas *jitsu* porque não é dolorosa. O uso dos carpos é indicado nos casos de acomodamento e de alongamento. Lembre-se de que a pressão deve provir do peso do seu corpo.

Você pode tonificar e acalmar com uma das mãos usando simultaneamente os dedos e a palma. Pressione profundamente com os dedos, enquanto a palma descansa confortavelmente na superfície. Desse modo, você pode achar com os dedos a distorção e confirmá-la com a palma. Essa técnica é especialmente boa para a terapia *ampuku* (figura 175).

Transfira seu peso para o dedo mínimo para aplicar um shiatsu firme. A borda da mão é usada no caratê como uma forte técnica destrutiva. Se for usada suavemente, contudo, produz uma pressão profunda e eficaz. Essa técnica é especialmente boa para a área abaixo da caixa torácica e para a virilha (figura 176).

Como usar o punho: Quando se utiliza somente uma técnica, logo advém a fadiga. É importante, pois, que você equilibre um movimento com um contrastante. Tensão-relaxamento, contração-expansão, alongamento-flexão — todos estes são exemplos de movimentos contrastantes.

Depois de usar a palma das mãos, você pode aplicar um shiatsu mais eficaz e seguro com os punhos. Muitas pessoas associam o punho com violência. Nas artes marciais, o punho é uma técnica eficaz para propósitos de ataque e destruição. Ao mesmo tempo, porém, pode ser usado

Fig. 177

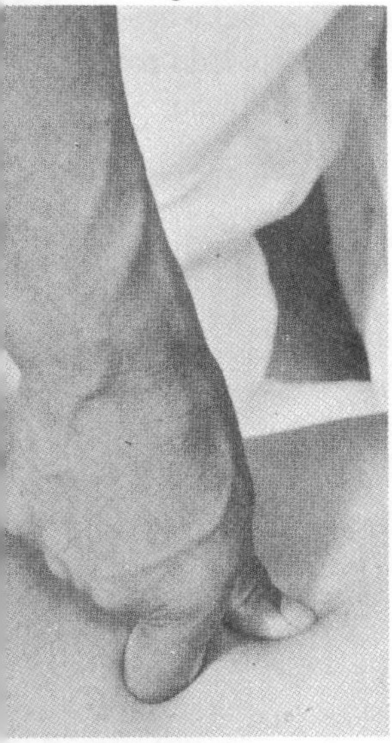

Fig. 179 JUNTA DO DEDO INDICADOR

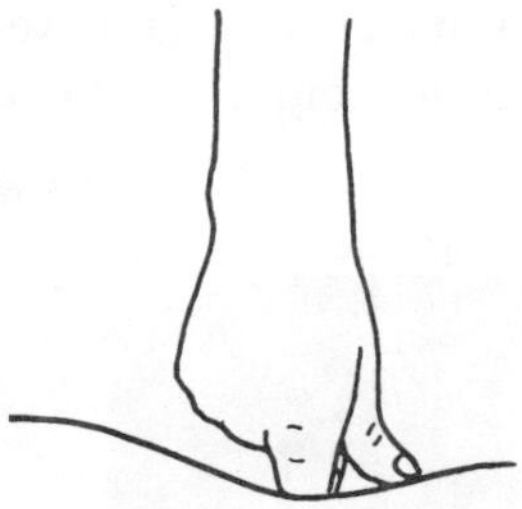

Fig. 180

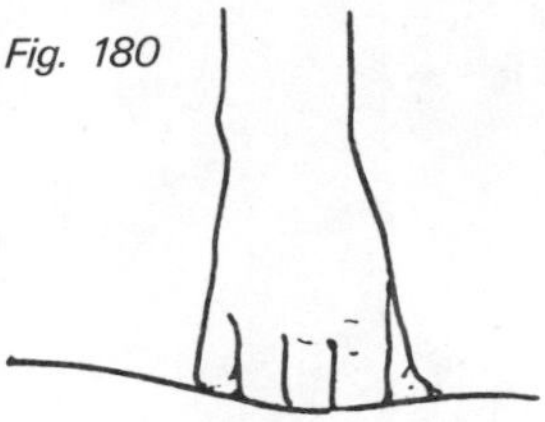

JUNTA DOS QUATRO DEDOS

Fig. 181

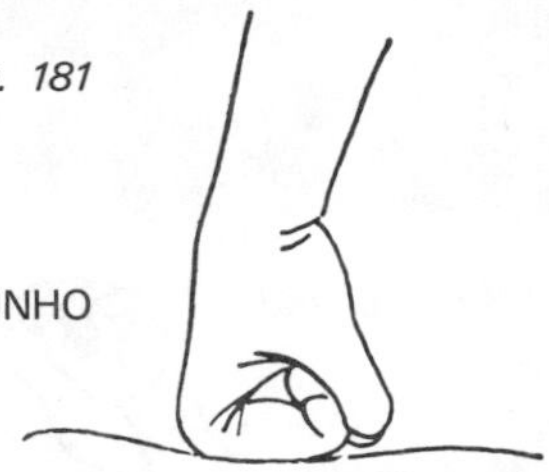

PUNHO

Fig. 182

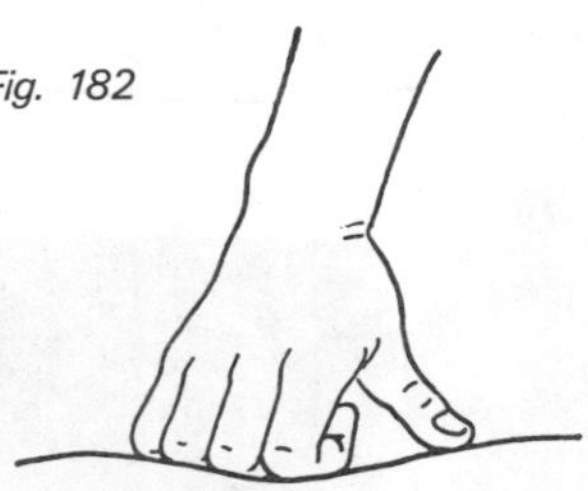

POLEGAR E JUNTA DOS QUATRO DEDOS

Fig. 178

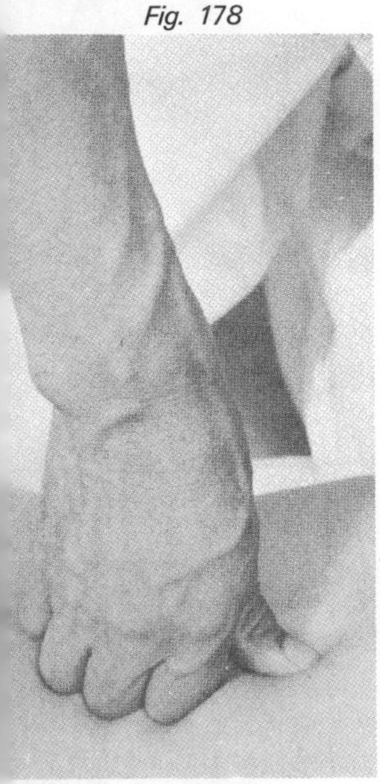

Fig. 183

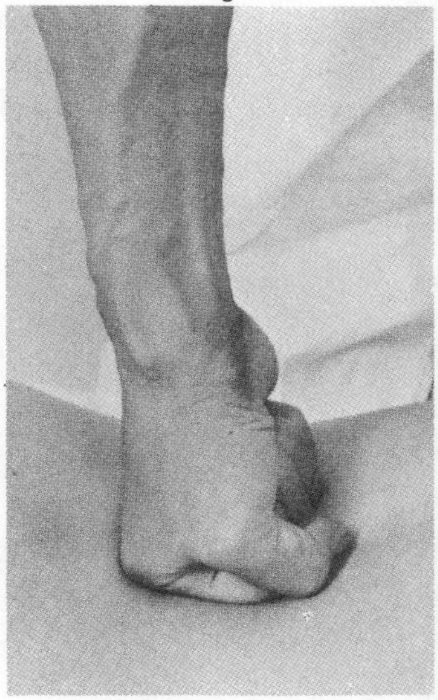

Fig. 184

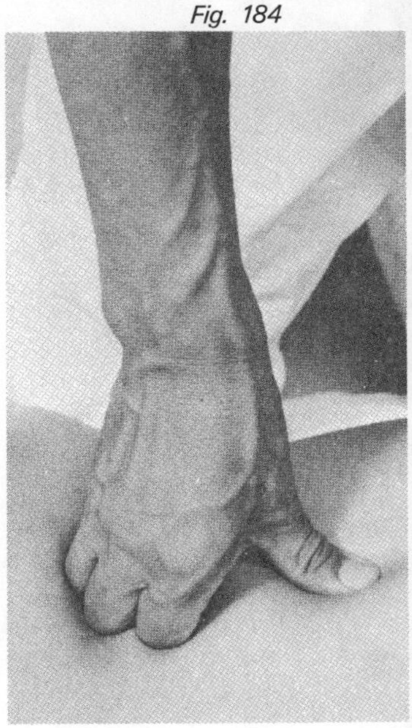

como uma técnica de recuperação em casos de inconsciência. Dessa forma, um golpe pode matar ou restabelecer a pessoa, dependendo de sua condição. No shiatsu, não empregamos essas técnicas fortes. Quando você fechar a mão em punho para o shiatsu, tente não tensionar os dedos. Use o peso do corpo para exercer pressão e descobrirá que pode aplicar um shiatsu firme e equilibrado, com o punho, sem se cansar ou prejudicar os dedos.

Como usar o cotovelo: O cotovelo é outra arma ofensiva eficaz tanto quanto uma boa técnica de shiatsu para acalmar. Deve-se tomar cuidado para não aplicar uma pressão forte, porque o cotovelo pode machucar.

Fig. 185

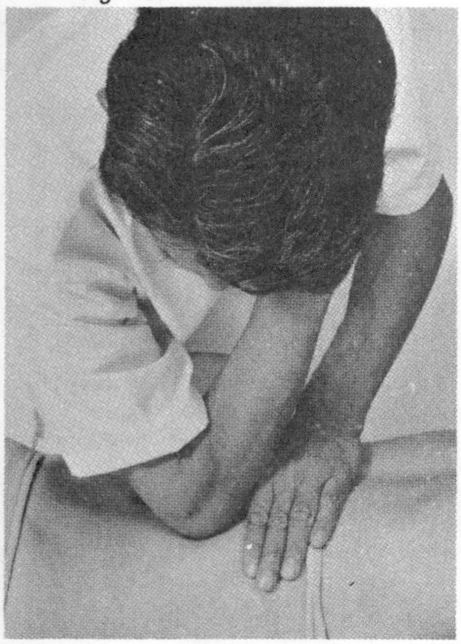

Fig. 186

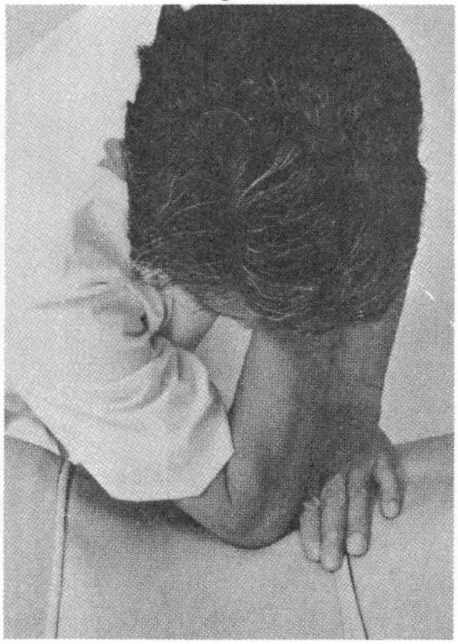

Fig. 187

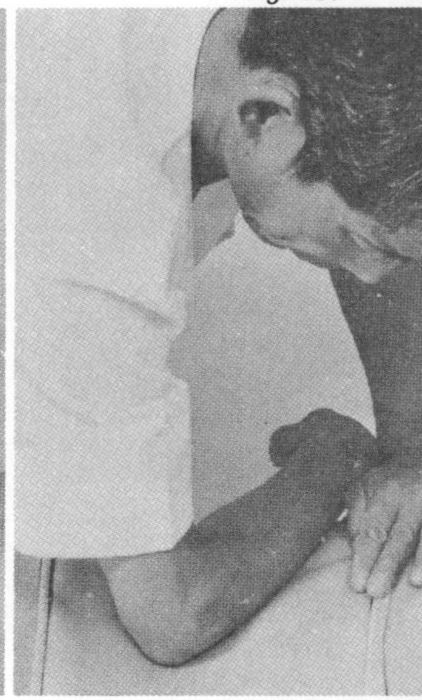

Fig. 188

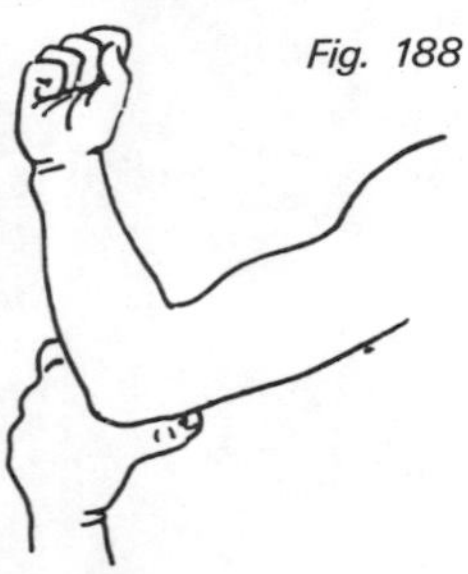

Aplique a mão esquerda para fixar

Fig. 189

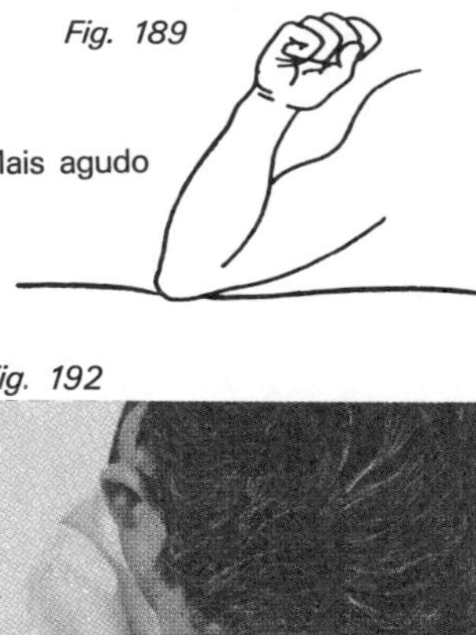

Fig. 190

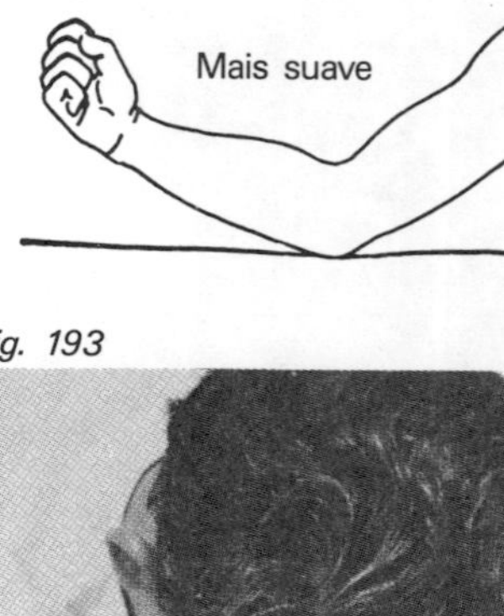

Fig. 191

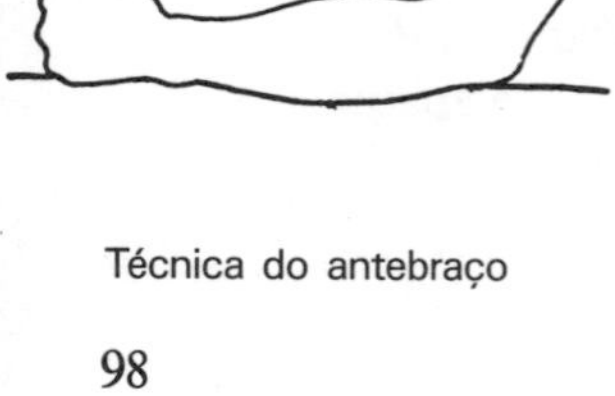

Técnica do antebraço

Fig. 192

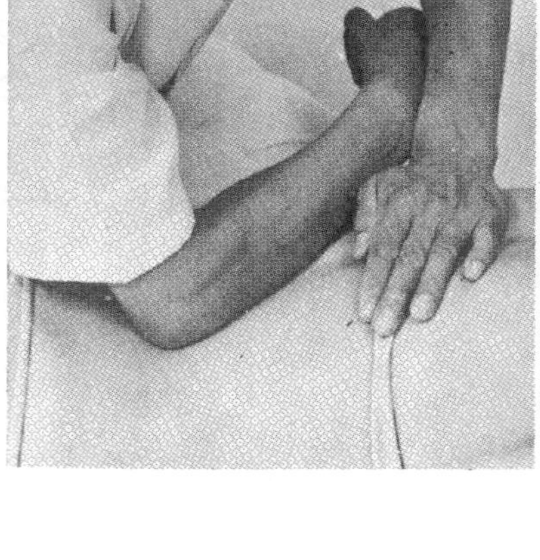

Fig. 193

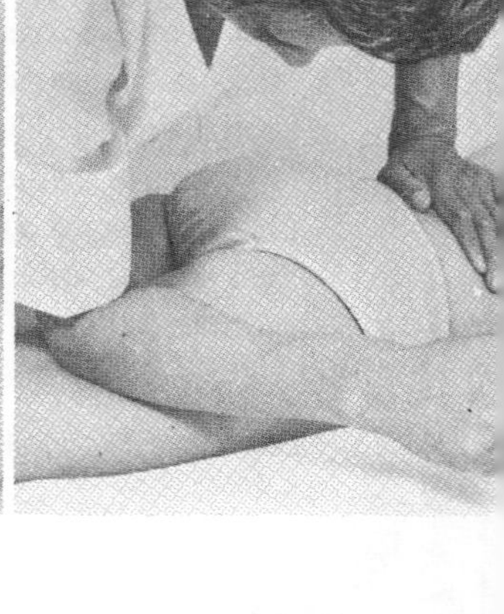

Nessa técnica, coloque o cotovelo no *tsubô* e mantenha-o aí como se estivesse descansando ou reclinado sobre o cotovelo enquanto se deita de lado. Não o gire ou o force sobre o ponto porque você poderia ferir os músculos e as articulações do paciente. Se achar dificuldade em manter o cotovelo firme, sustente-o com a outra mão.

No Japão, muitos massagistas têm calosidades nos cotovelos devido ao seu constante uso. Isso não é natural, como também não o é ter calosidade na ponta dos dedos.

Você pode ajustar o grau de pressão pela mudança do ângulo do braço. O antebraço também pode ser usado para pressionar uma área mais ampla. Sob nenhuma circunstância use o cotovelo na área do *hará*.

Como usar o joelho: O joelho pode ser uma arma poderosa quando usado no caratê; porém, quando se deita a cabeça no joelho de alguém, ele pode ser macio e confortável como um travesseiro. Os joelhos são maiores e mais poderosos que os cotovelos; por isso, seja cuidadoso ao usá-los. É aconselhável que você controle o peso do seu corpo com ambas as mãos enquanto pressionar com o joelho. Dessa maneira, você pode regular a pressão. Os joelhos são usados principalmente nos quadris, pernas e, em casos de rigidez, nos braços.

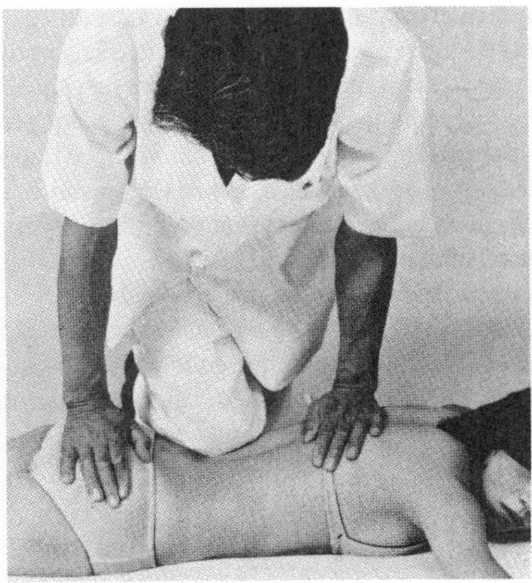

Fig. 194

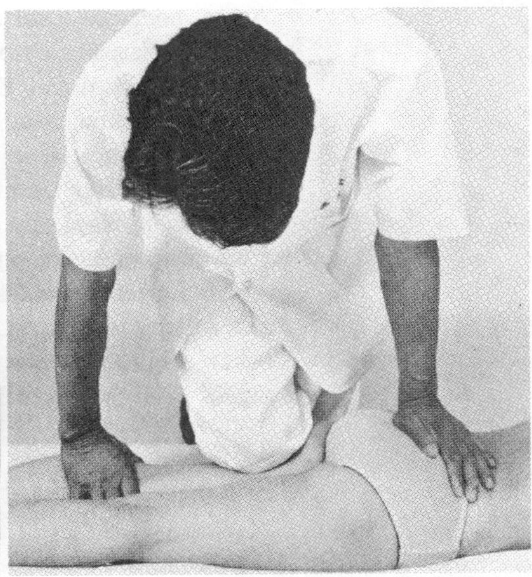

Fig. 195

O uso dos pés: Se uma criança já andou nas suas costas, você pode se lembrar de como foi agradável essa sensação. Um adulto pode fazer a mesma coisa em suas nádegas ou em suas pernas se ele se apoiar numa parede, numa cadeira ou num cabo de vassoura. O movimento de andar produz no paciente uma sensação profunda e agradável.

Uma técnica muito eficaz do uso dos pés consiste em justapor a planta dos pés do praticante e do paciente e pressioná-los alternadamente. Isso rejuvenesce o corpo porque estimula um ponto importante do meridiano dos rins (RI-1), que revitaliza a energia *ki*.

Técnica de ajustamento: Os pacientes tensos em demasia sempre julgam que apenas a pressão dos dedos não é muito eficaz. Alguns deles se vangloriam de que podem cansar o praticante e de que, não importa quão forte este pressione, eles nada sentem. Por outro lado, há praticantes que exercem uma pressão excessiva, até o ponto de fazer seus pacientes gritarem e de arruinar seus dedos. Ambas as formas de pensar são contrárias à correta filosofia do shiatsu. A pressão excessiva só produz mais tensão e rigidez no músculo.

Se você empregar ajustes manipulativos para relaxar os músculos tensos, o seu tratamento de shiatsu será muito mais eficaz. Por exemplo, quando nosso ombro ou braço dói, instintivamente ajustamos nosso corpo pelo alongamento da área afetada. No shiatsu, seguimos o mesmo procedimento instintivo. Ao alongar o músculo, tanto o paciente quanto o praticante podem chegar a uma diagnose mais objetiva da condição do paciente. No alongamento máximo, o músculo tem um poder de contração mínimo e oferece muito pouca resistência a qualquer pressão aplicada nele. Assim, podemos tratar a área eficientemente com pouca pressão.

Na quiropatia, a teoria de empurrões fortes é usada para corrigir problemas de articulação. Embora essa técnica empurre a junta de volta ao lugar, ela eventualmente retrocede porque os músculos ao seu redor permaneceram em posições distorcidas. Isso pode ser evitado se você trabalhar primeiro com os músculos. Com uma mão apoiada no ponto central, alongue e faça rotações no músculo resistente antes de ajustá-lo. Este é um método seguro e mais eficaz para tratar distorções.

Em alguns métodos quiropáticos de ajuste, um estalo nos ossos indica a correção da junta. Esta, contudo, não é a cura definitiva. Sem trabalhar com os músculos e as linhas meridianas que estão conectadas aos órgãos internos e às articulações, não se obtêm resultados duradouros.

Shiatsu no corpo inteiro

Princípio de sedação

Em nossa sociedade caracterizada pela pressa, a alimentação e as técnicas de manipulação adquiriram uma função secundária na medicina. Em geral, a dieta tem sido abandonada ao "bom senso", enquanto a manipulação é procurada por alguns privilegiados. A medicina moderna destaca métodos de sedação porque eles produzem resultados rápidos. Portanto, a terapia de manipulação (shiatsu, quiropatia e osteopatia) deve se esforçar para obter a cura imediata a fim de ser reconhecida igualmente como profissão. Essa é a razão pela qual golpes violentos ou técnicas de pressão forte estão em moda. O praticante deve, porém, estar consciente do perigo envolvido nesse princípio da "cura rápida". Foi provado que a medicina popular, que originalmente começou em casa, ajuda na cura de doenças crônicas e distúrbios locomotores e que os médicos falharam porque procuravam uma cura instantânea. A falta de orientação em nossas escolas de medicina no que diz respeito à dieta e às técnicas de manipulação é uma falha e deve ser corrigida.

Quando se usam técnicas de sedação, a diagnose correta é de extrema importância. Isso implica a compreensão da existência do *kyo* e do *jitsu* nos meridianos, na tonificação e confirmação do grau de desequilíbrio que existe no corpo. Essa diagnose também determina a quantidade de pressão que deve ser usada no aquecimento. Na acupuntura, a localização do *tsubô* é confirmada com a ponta dos dedos antes de se introduzir a agulha. Nesse caso, você está tanto tonificando quanto confirmando algo. No shiatsu você deve verificar a sua técnica de dispersão usando as técnicas para tonificar, que relaxam os músculos e reduzem a resistência deles.

Técnica de sedação — posição sentada

Como aplicar o cotovelo nas costas: Feita a diagnose das costas, segure o ombro direito do paciente com a mão direita e coloque o cotovelo esquerdo no lado esquerdo da espinha, na região do meridiano da bexiga. Gire o braço, com o pulso na direção do ombro direito do paciente. Você pode colocar o antebraço num ângulo de 45 graus e girar sobre o cotovelo. Deslize desde a segunda até a oitava vértebra torácica e repita. Repita o procedimento do outro lado (figura 196).

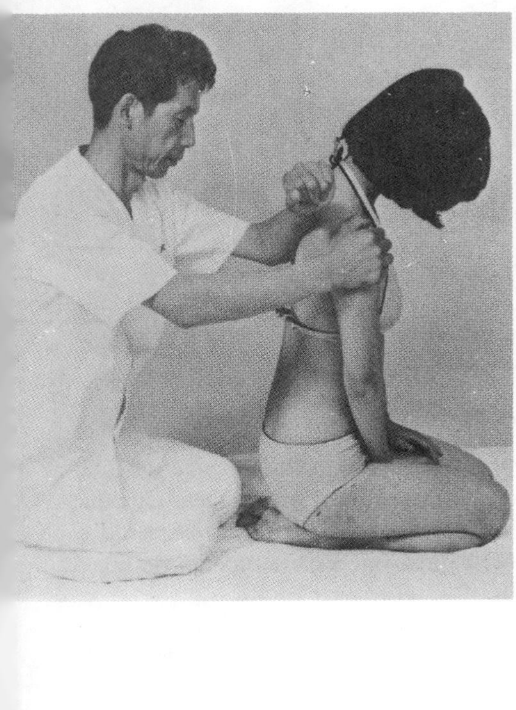

Fig. 196

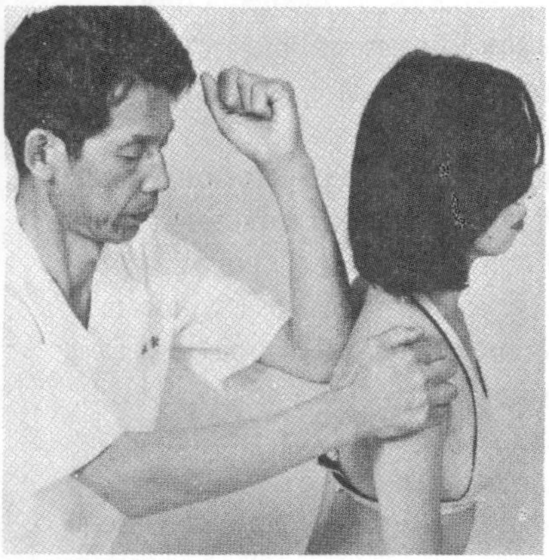

Fig. 197

Proceda do mesmo modo que na figura 196, aplicando o cotovelo esquerdo no lado esquerdo da espinha desde a segunda até a oitava vértebra torácica (figura 197). Certifique-se de que você sustenta seu peso no cotovelo. Tente trazer o ombro do paciente até o cotovelo em vez de pressionar o cotovelo contra o ombro dele.

Como alongar a região do tórax: Coloque o seu joelho direito na região da segunda vértebra dorsal e incline-se para trás, puxando os ombros com você. Repita o procedimento com o joelho na área desde a quinta até a sexta vértebra torácica. Faça o mesmo na área da oitava e da nona vértebra, não se esquecendo de puxar os ombros para trás (figura 198).

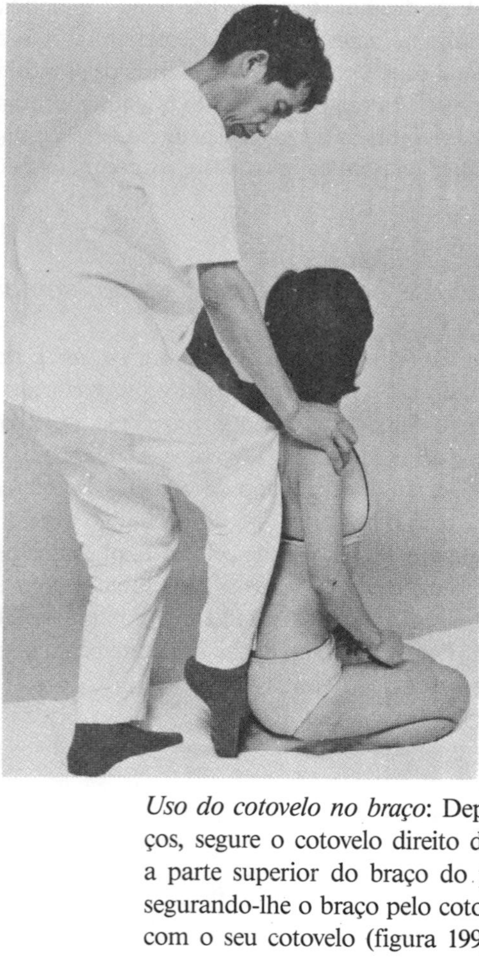

Fig. 198

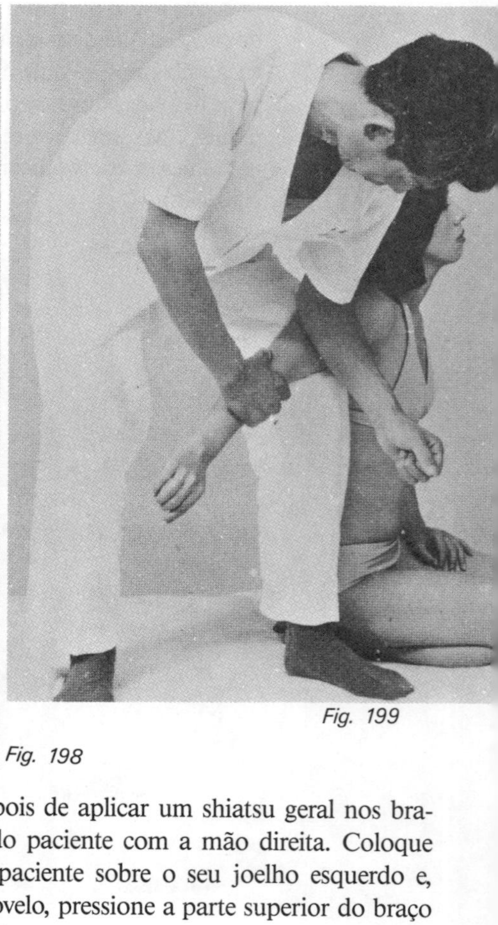

Fig. 199

Uso do cotovelo no braço: Depois de aplicar um shiatsu geral nos braços, segure o cotovelo direito do paciente com a mão direita. Coloque a parte superior do braço do paciente sobre o seu joelho esquerdo e, segurando-lhe o braço pelo cotovelo, pressione a parte superior do braço com o seu cotovelo (figura 199).

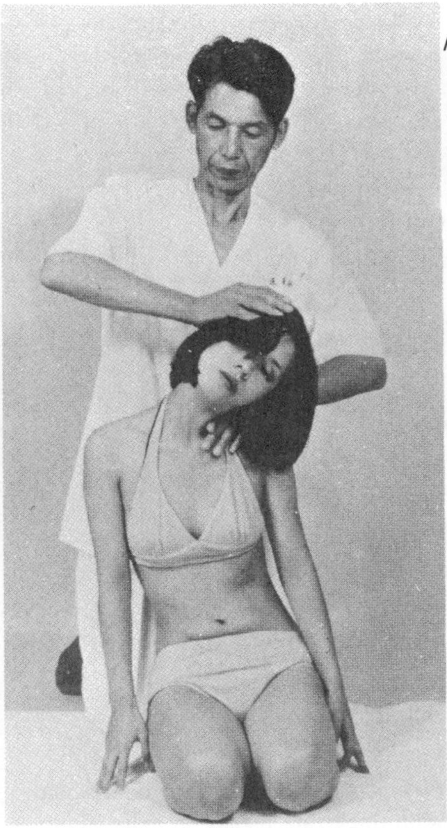

Fig. 200

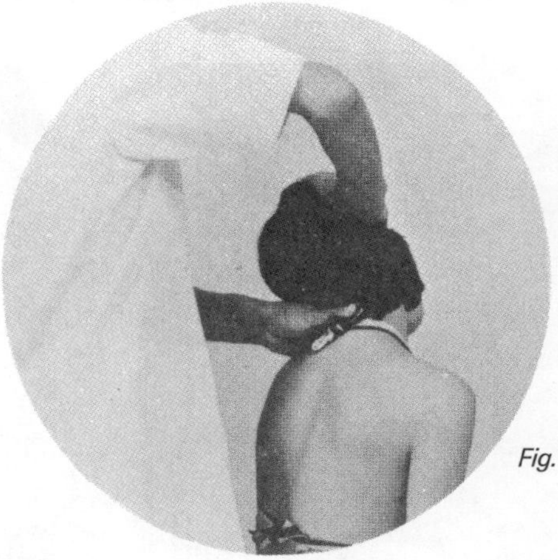

Fig. 201

Fig. 202

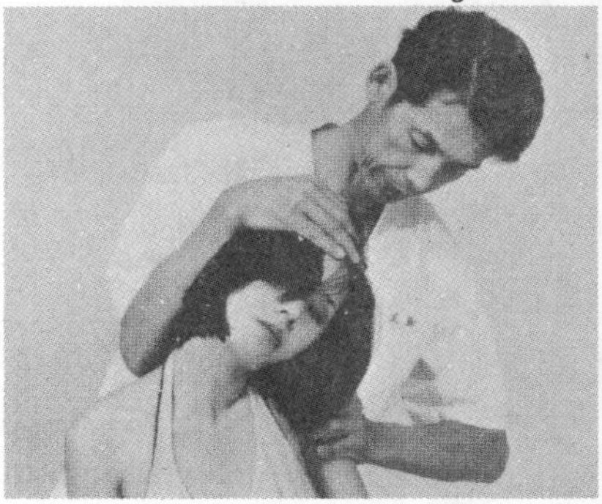

Manipulação das vértebras cervicais: Coloque o polegar esquerdo na nuca do paciente e o dedo indicador no lado do pescoço, descansando os outros três dedos no ombro. Coloque a mão direita no lado direito da cabeça e alongue o pescoço lateralmente (figuras 200 e 201). Apóie o joelho contra as costas do paciente para manter a posição ereta enquanto pressiona (figura 202). Você pode dosar a pressão mudando o ângulo do cotovelo. Pode-se aplicar uma grande pressão com essa técnica.

Fig. 203

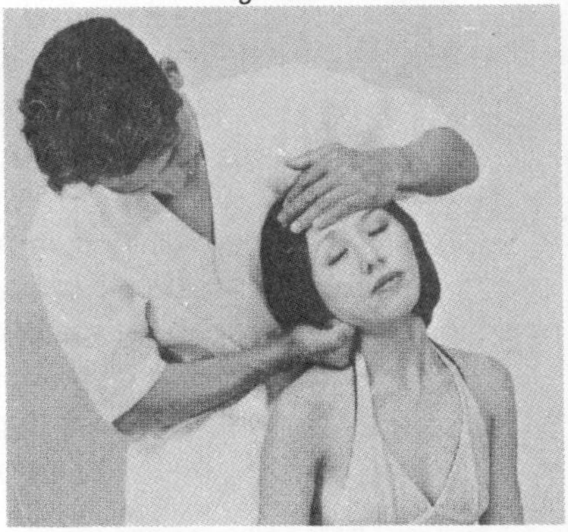

Como alongar a espinha e as vértebras cervicais

Alongamento do pescoço: Coloque seu punho direito atrás do pescoço e a mão esquerda na testa. Incline a cabeça para trás sobre o punho. Você pode aplicar essa técnica tanto dos lados esquerdo e direito como atrás (figura 203).

Segure a cabeça com ambas as mãos e puxe-a para cima (figura 204).

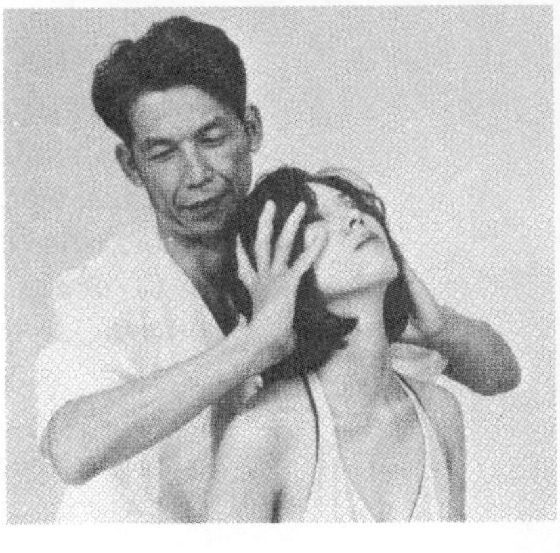

Fig. 204

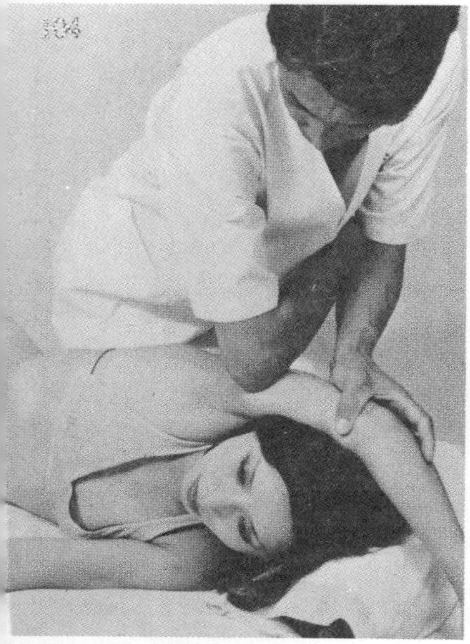

Fig. 205

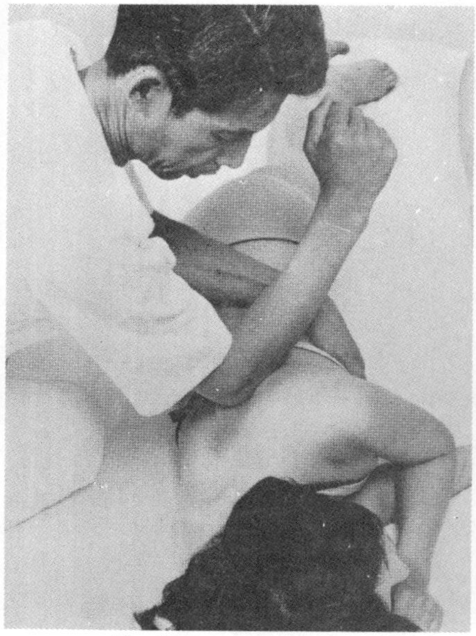

Fig. 206

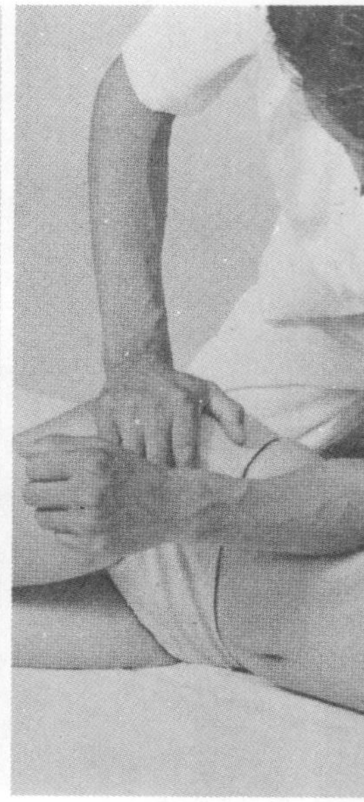

Fig. 207

Técnicas de sedação na posição lateral

Como manipular a parte superior do braço: Segure o cotovelo direito com a mão esquerda e coloque o cotovelo direito na região da axila (figura 205). Pressione. Então, gire o braço num círculo tão amplo quanto possível para obter o máximo de alongamento em cada posição. Enquanto move o braço do paciente sobre a cabeça, tente fazê-lo tocar a orelha. Depois, aplique o shiatsu com a palma da mão e o cotovelo, desde o cotovelo até a axila do paciente.

Shiatsu com o cotovelo na área inferior das costas: Segure o corpo do paciente colocando a mão esquerda sobre o *hará* (abaixo da caixa torácica), deixando o cotovelo esquerdo no lado do quadril. Aplique o shiatsu com o cotovelo direito ao longo da área dos músculos da coluna vertebral, desde a parte superior até a inferior das costas (figura 206). Você pode variar o grau de intensidade dessa aplicação alterando o ângulo de inclinação do braço.

Como aplicar o shiatsu nos quadris: Segurando o quadril com a mão direita, aplique o shiatsu ao longo do lado do corpo (ao longo do meridiano da vesícula biliar) com o cotovelo esquerdo (figura 207). Você pode aumentar a pressão transferindo o peso de seu corpo para o cotovelo. Com a mão esquerda apoiada na área do quadril, aplique o shiatsu com o cotovelo direito na região dos meridianos da bexiga, dos rins, do intestino delgado, do intestino grosso e da vesícula biliar (figura 208).

Shiatsu de cotovelo no lado da perna: Segurando firmemente o quadril com uma mão, aplique o shiatsu ao longo do lado da perna usando o cotovelo ou antebraço (figura 209). Comece pela área do nervo ciático

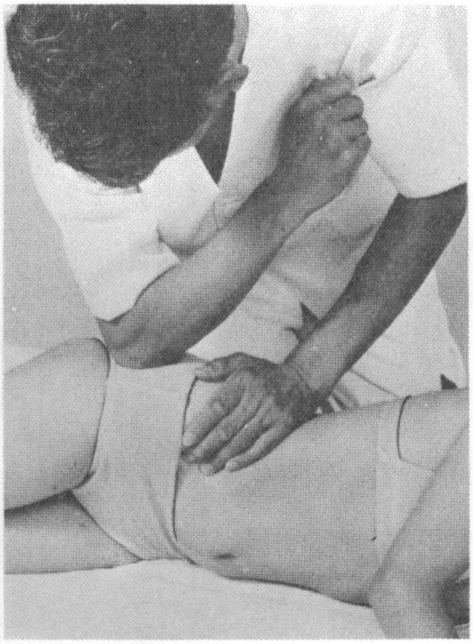

Fig. 208

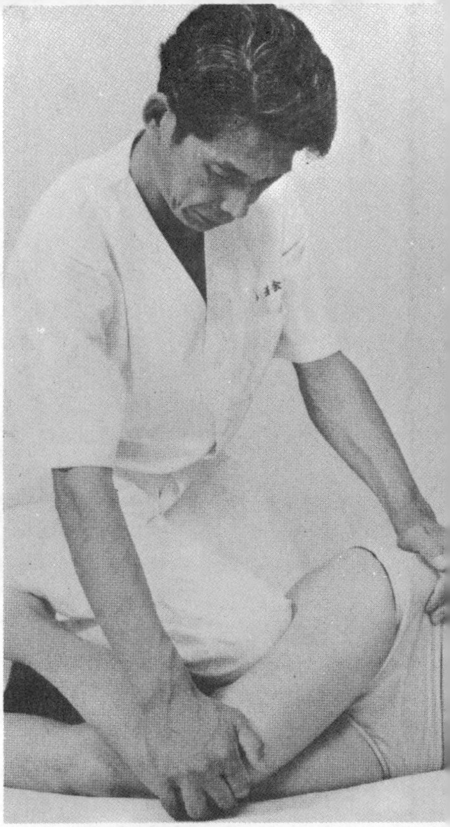

Fig. 211

Fig. 209

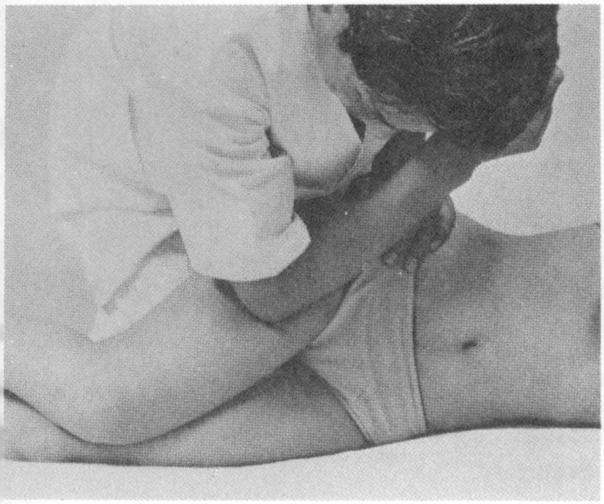

Fig. 210

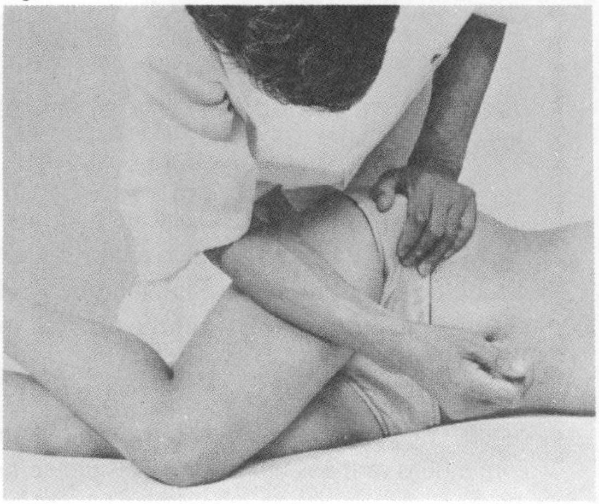

e desça até o joelho. Se achar um ponto *kyo* no meridiano, mantenha aí o cotovelo por algum tempo para penetrar o ponto. Você pode aplicar o shiatsu usando o antebraço em vez do cotovelo (figura 210).

Shiatsu atrás das pernas usando o joelho: Para estabilizar o paciente na posição lateral, coloque uma na parte posterior no osso ilíaco e a outra no joelho. Coloque seu joelho atrás da perna do paciente que está dobrada e puxe a coxa de encontro ao seu joelho (figura 211).

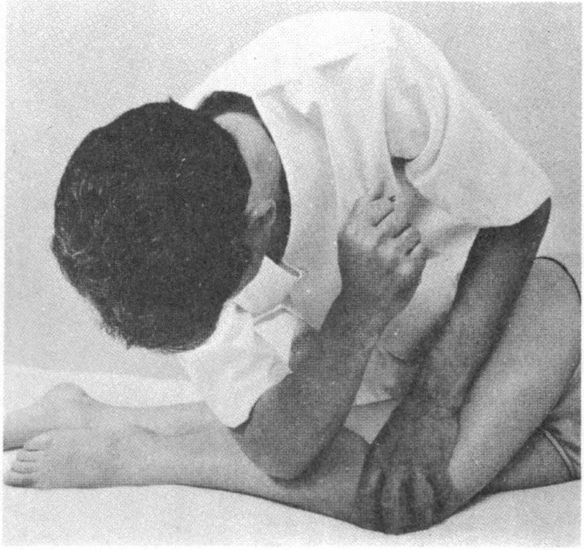
Fig. 212

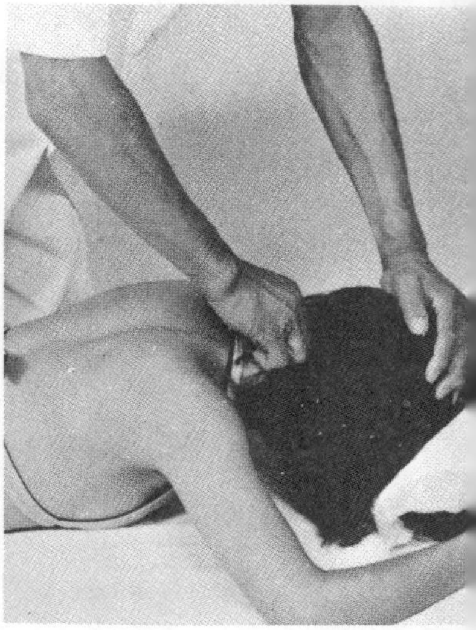
Fig. 213

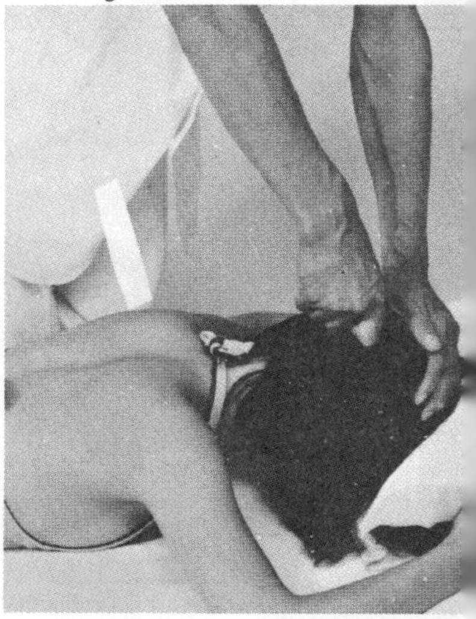
Fig. 214

Shiatsu na parte inferior da perna usando o cotovelo: Segurando a perna pelo joelho com uma das mãos, aplique o shiatsu com o cotovelo do outro braço, para baixo, na lateral, e atrás da parte inferior da perna (figura 212). Repita do lado oposto.

Técnicas de sedação na posição de bruços

Como já mencionei, o paciente pode apoiar a cabeça sobre um travesseiro quando estiver deitado de bruços ou de costas, ou removê-lo para que possa deitar-se horizontalmente, com a cabeça do lado mais confortável.

Shiatsu de palma na cabeça: O paciente deve segurar com ambas as mãos um travesseiro sob a testa. Segure a cabeça dele com uma mão e pressione toda ela com o carpo ou com a palma da outra mão (figura 213). Mantenha cada pressão antes de passar para o próximo movimento.

Estabilize a cabeça do paciente segurando o topo dela com a mão esquerda. Aplique o shiatsu de dois dedos (indicador dobrado, sustentado pelo dedo médio) desde o alto até embaixo, atrás da cabeça (figura 214).

Segure o ombro com uma mão e aplique o shiatsu de cotovelo na base da cabeça (figura 215). Você pode sentir uma reentrância profunda na área dos gânglios. Então, aplique o shiatsu do alto das vértebras cervicais até o final do ombro, durante 3 ou 4 minutos (figura 216). Repita duas vezes, e aplique a mesma técnica do lado oposto.

Como aplicar o shiatsu de punho ao longo da espinha: Remova o travesseiro e deslize a mão ao longo da espinha para senti-la. Então, coloque o punho sobre a espinha e transfira seu peso para o braço, exercendo pressão sobre ela (figuras 217 e 218).

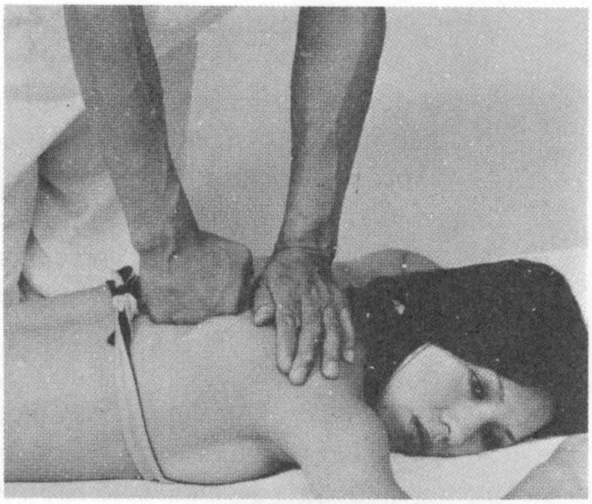

Fig. 217

Fig. 215

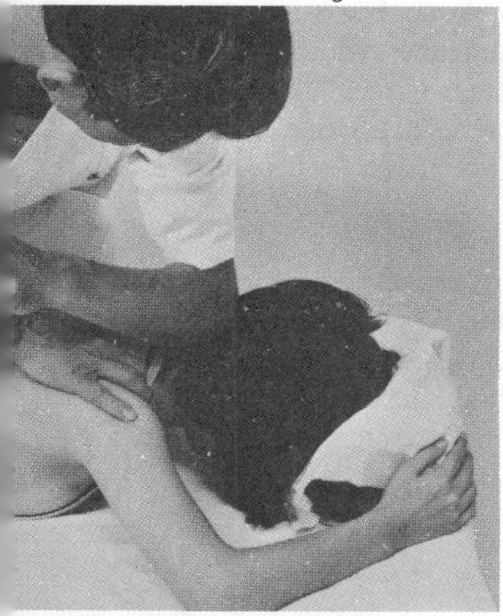

Fig. 218

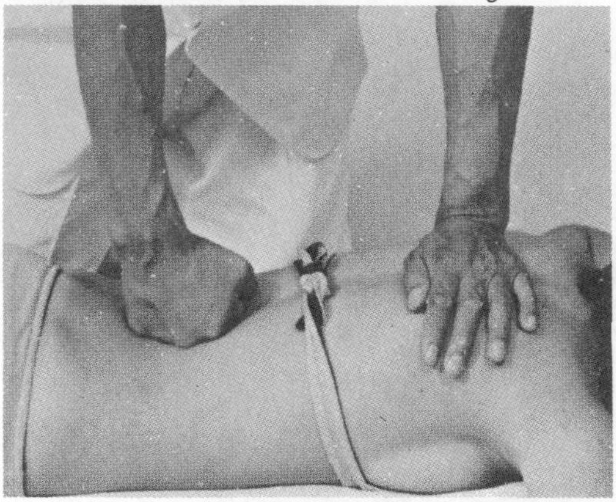

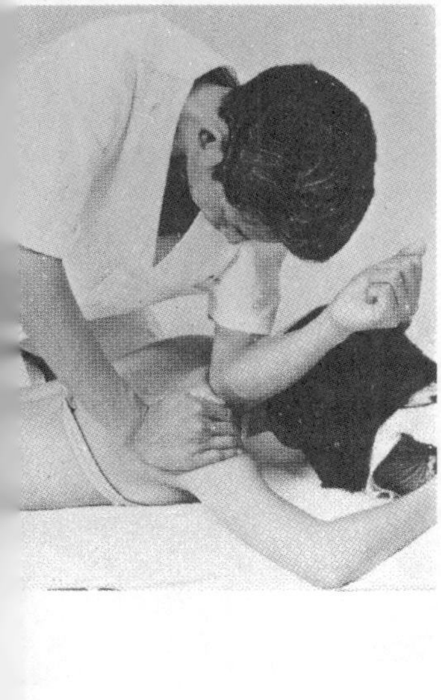

Fig. 216

Certifique-se de que sua postura continua estável. Você pode variar a força da pressão aplicando o punho vertical ou horizontalmente nas costas do paciente. Tente manter a mão de apoio perto do punho para permitir que ele deslize ao longo da espinha.

Shiatsu nas costas usando o cotovelo: Você pode sustentar o peso de seu corpo com uma mão e aplicar o shiatsu de cotovelo nos músculos que mantêm a coluna vertebral (ao lado da espinha), desde a primeira vértebra dorsal até a região da décima segunda vértebra lombar (figuras 219 e 220). Trabalhe um lado de cada vez, alternando a pressão entre a mão e o cotovelo. Há aproximadamente dez pontos principais nessa área. Ela é muito sensível à pressão aguda; por isso, tenha cuidado para não "apunhalar" o paciente com o cotovelo. Lembre-se de que o peso do corpo é a fonte da pressão exercida com o cotovelo.

A sensação adequada para o uso dos cotovelos deve ser como aquela em que você está deitado no chão com a cabeça descansando nas mãos, apoiada pelos cotovelos, ou sentado numa poltrona com a cabeça apoiada na palma da mão e o cotovelo sobre o braço da poltrona. Evite usar a extremidade aguda do cotovelo. Muitos massagistas no Japão desenvolveram calosidades nos cotovelos tratando casos de rigidez. Isso ocorre por causa de seu uso indevido. Ao trabalhar áreas rígidas, coloque a palma da mão no ponto rígido *(jitsu)* e o cotovelo no *kyo* (figura 221).

Você pode aplicar o shiatsu tanto na espinha como nos lados da coluna vertebral com o cotovelo ou o antebraço (figura 222). A palma da outra mão sempre deve estar apoiada no corpo do paciente, perto da área massageada pelo cotovelo. Depois disso, você pode friccionar as costas do paciente com a palma da mão.

Shiatsu de cotovelo nos quadris: Coloque o cotovelo com o lado do pulso apontando para a espinha. Cuidado para não pressionar a décima primeira e a décima segunda costelas, que não se conectam completamente à frente, e também não pressione as vértebras lombares. Trabalhe ao longo das linhas ① e ② de ambos os lados, como mostra a figura 223. Repita duas ou três vezes (figura 224).

Fig. 219

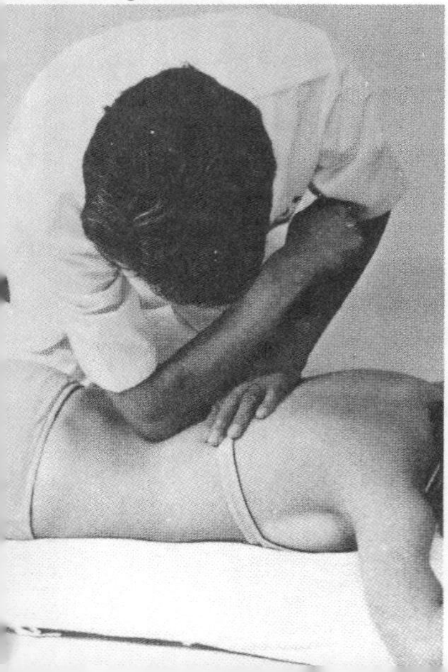

Fig. 220

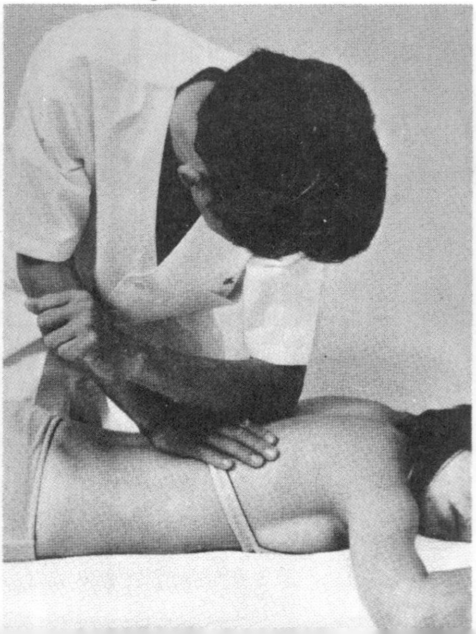

Fig. 221

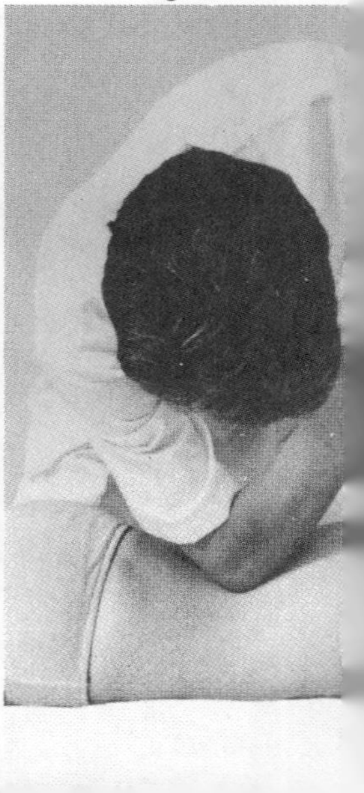

Então, do lado da quinta vértebra lombar (③ na figura 223), aplique o shiatsu com o cotovelo para baixo e ao redor da extremidade do ilíaco. Não pressione o osso sacro com o cotovelo. Repita duas ou três vezes de cada lado (figura 225). Mantenha o cotovelo no osso ilíaco e empurre o corpo do paciente para baixo usando o próprio peso. Finalmente, pressione com a palma da mão a área lombar, abrindo as mãos e segurando a cintura do paciente.

Fig. 224

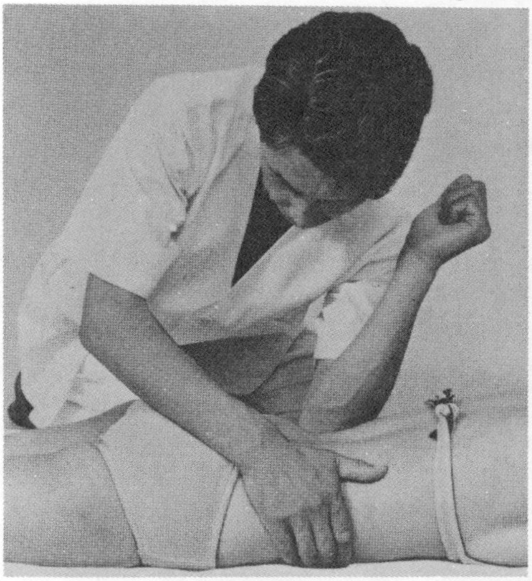

Fig. 223

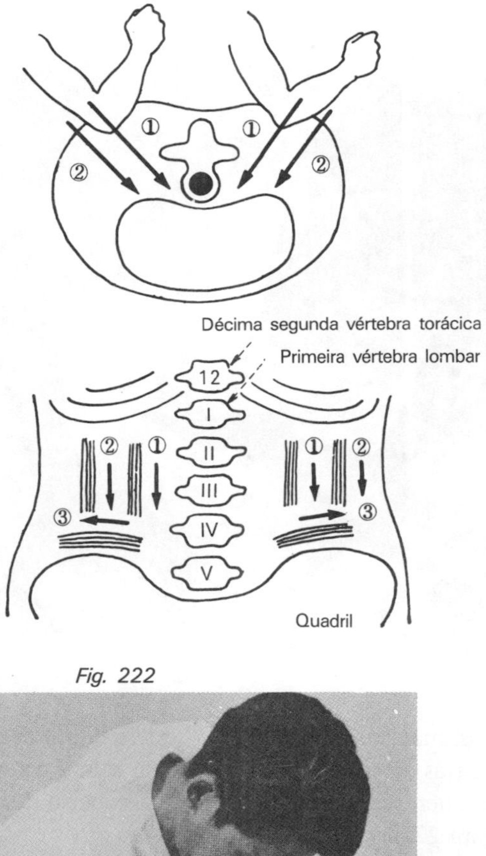

Fig. 222

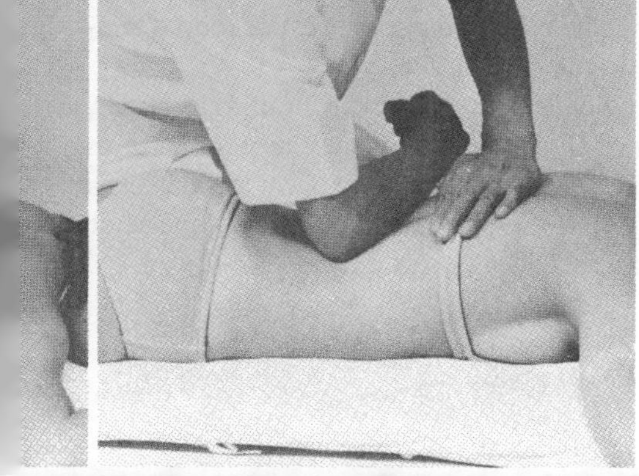

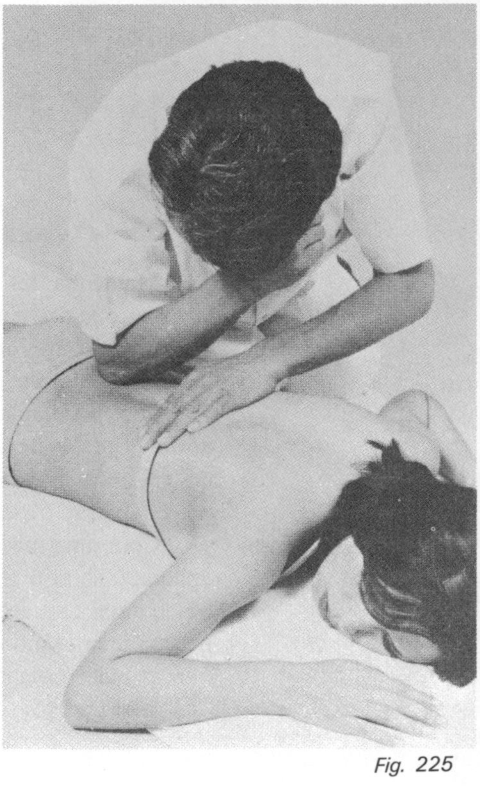

Fig. 225

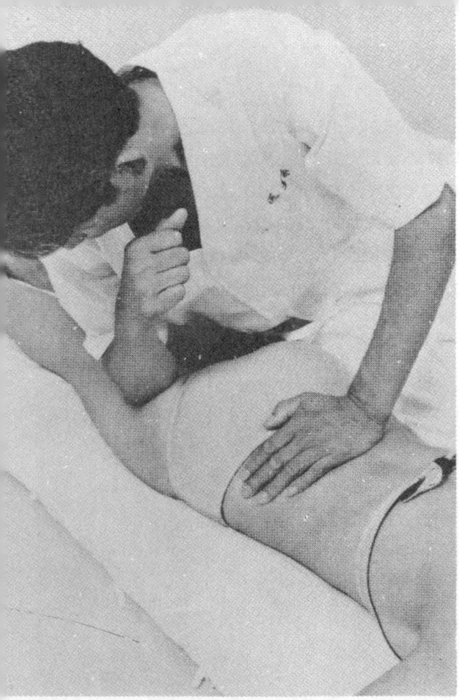

Fig. 226

Shiatsu de cotovelo nos quadris e na parte posterior da coxa: Com uma mão escorando o peso de seu corpo, aplique o shiatsu com o cotovelo na área do quadril. O shiatsu de cotovelo é uma boa técnica para essa área por causa da sua penetração profunda. Neste caso, a ponta aguda do cotovelo pode ser empregada (figura 226).

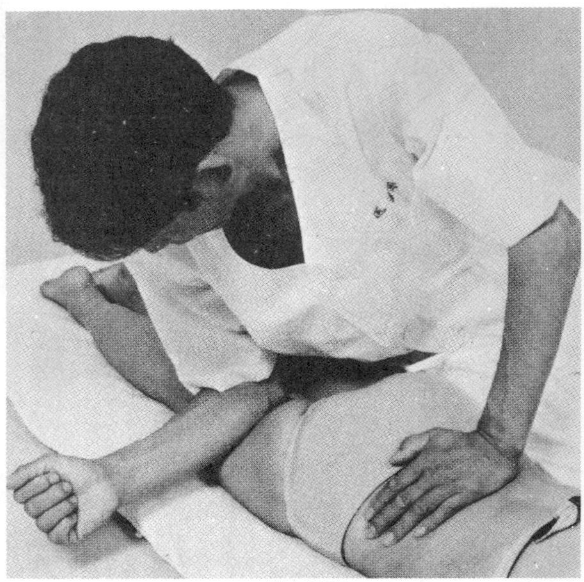

Fig. 227

Mantenha três linhas imaginárias em mente — externa, central e interna — que descem por trás da coxa. Aplique o shiatsu com o cotovelo e o antebraço nas linhas externa e interna, desde a região abaixo das nádegas até o jarrete (figura 227).

Você pode aplicar pressão mais penetrante com a ponta do cotovelo ao longo da linha central.

A outra mão deve apoiar-se no corpo do paciente e, por todo o tempo, estabilizar o peso do praticante (figura 228).

Shiatsu de joelho

Com uma mão apoiada na nádega do paciente e a outra no jarrete, aplique o shiatsu com o joelho. Distribua igualmente seu peso entre os três pontos enquanto trabalha. Você também pode aplicar o shiatsu na mesma área usando o outro joelho (figuras 229 e 230). Certifique-se de que as mãos estejam apoiadas na nádega e no jarrete.

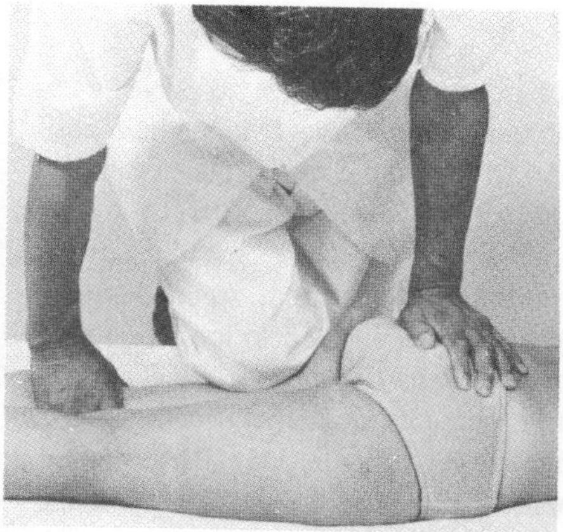

Fig. 229

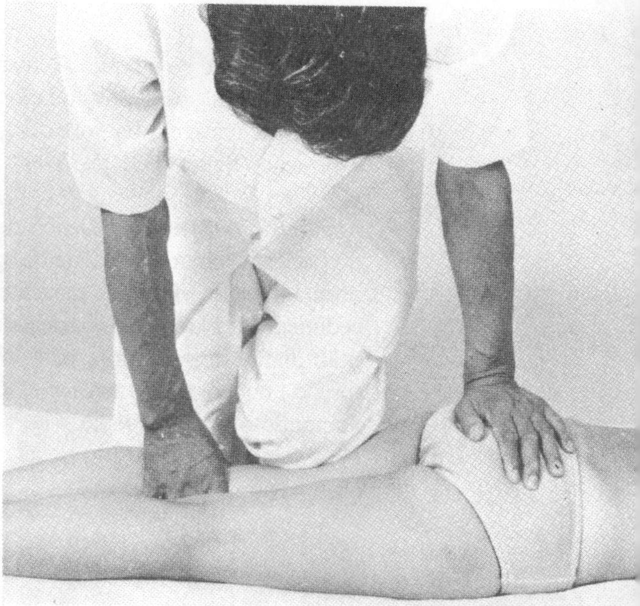

Fig. 230

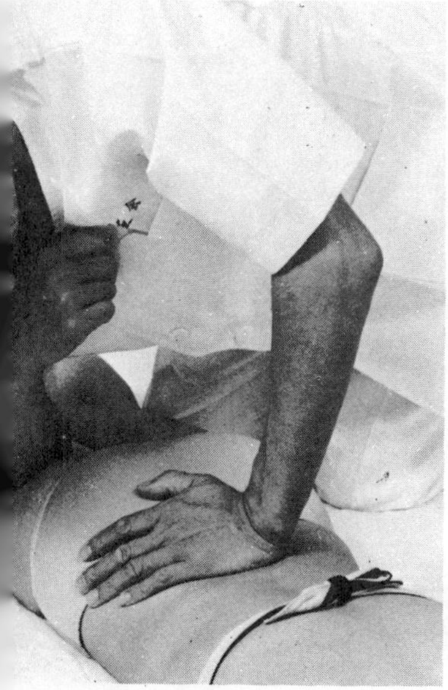

Fig. 228

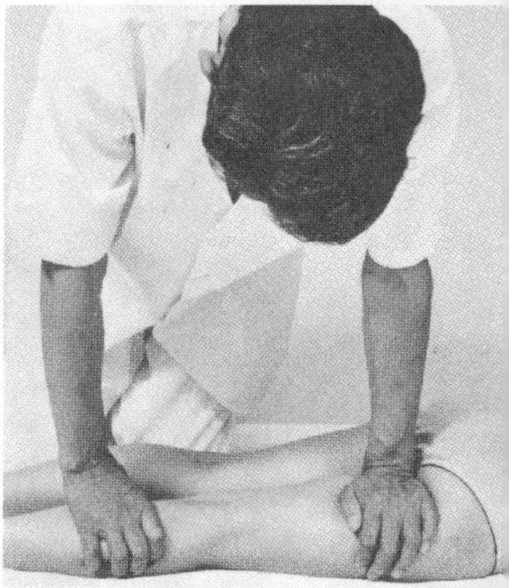

Fig. 231

Aplique o shiatsu com a palma das mãos na parte inferior da perna, desde a parte posterior do joelho até o tendão de Aquiles (figura 231).

Coloque os joelhos nos arcos dos pés do paciente e pressione usando o peso do corpo (figura 232).

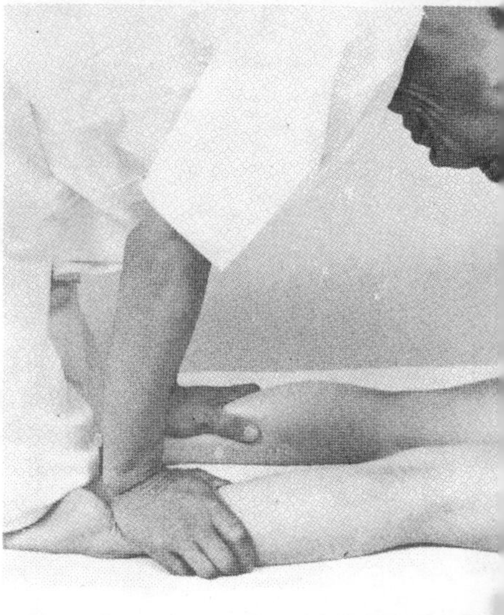

Fig. 232

Levante-se e coloque os calcanhares na sola dos pés do paciente e a planta dos pés e os dedos do lado do tendão de Aquiles. Mantenha a posição. Ande em cima da sola dos pés do paciente e mantenha novamente a posição (figura 233).

Manipulação na espinha: Depois de ter trabalhado as costas, segure o quadril do paciente com a mão esquerda, pegue a perna direita pelo joelho e puxe-a na sua direção. Manipule suavemente a espinha (figura 234). Repita o procedimento do lado oposto, pegando a perna esquerda pelo joelho com a mão direita, e puxando-a para longe de você (figura 235). Para prevenir torções no corpo do paciente, mantenha a área do quadril no lugar, apoiando-o no seu joelho.

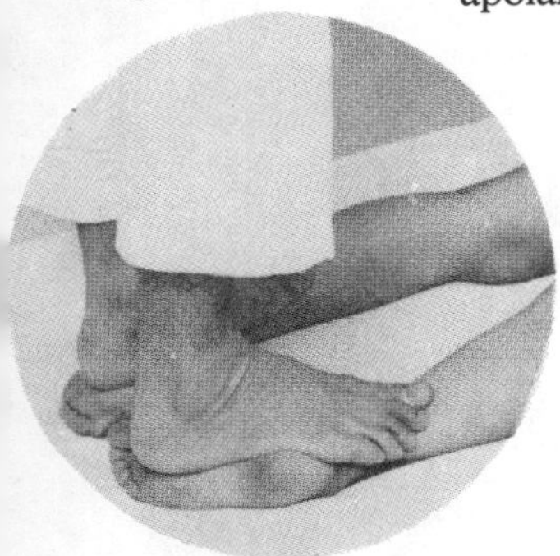
Fig. 233

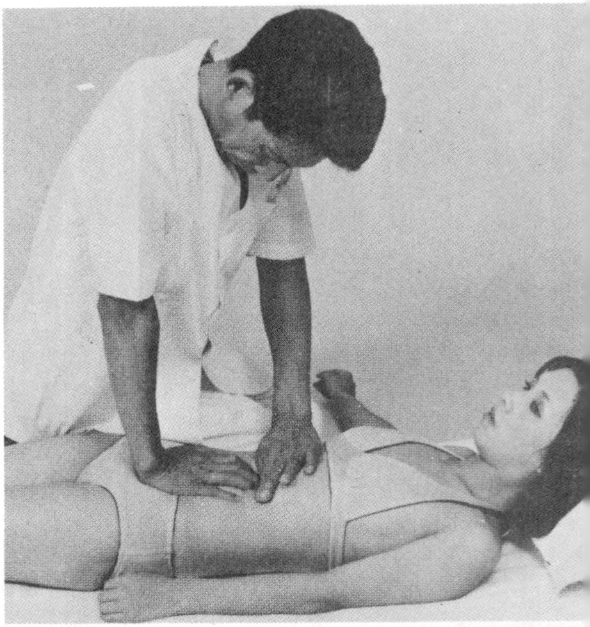
Fig. 236

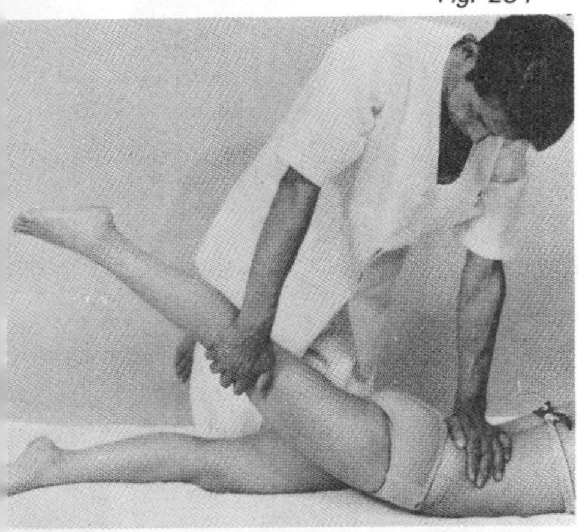
Fig. 234

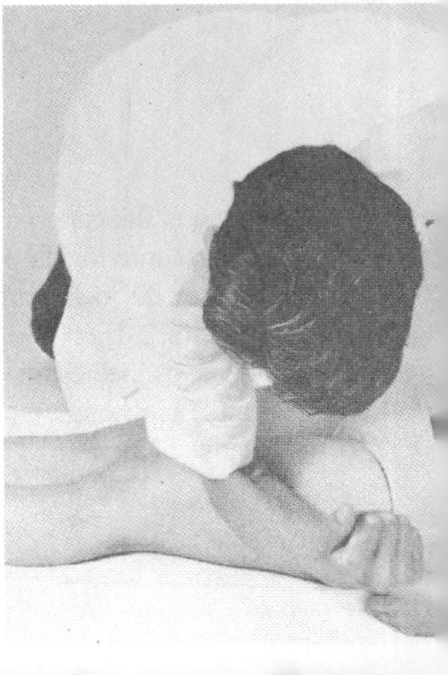
Fig. 237

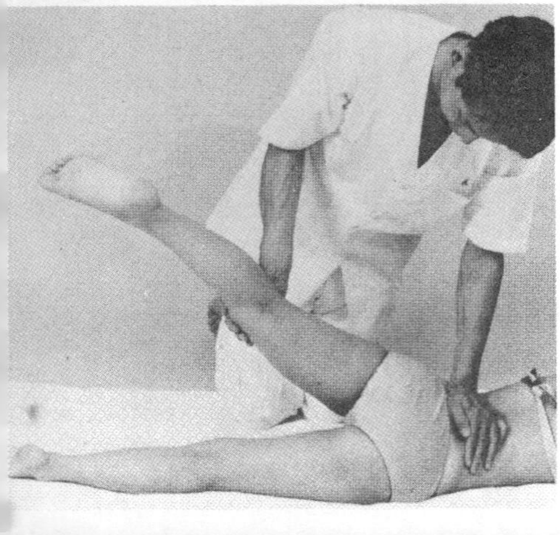
Fig. 235

Shiatsu na posição supina

Shiatsu no "hará" usando o carpo: Quando sentir dificuldade em penetrar a região do *hará* com a ponta dos dedos, pressione usando o carpo, o polegar e o dedo mínimo. Coloque perto a outra mão, para amparar o *hará*, e exerça uma pressão contínua e uniforme. Ao fazer isso, os músculos do *hará* relaxarão e a palma de sua mão poderá penetrar mais profundamente os *tsubôs* (figura 236). Deslize a mão para todos os *tsubôs* diagnosticados mencionados anteriormente. É importante que você aplique a pressão gradualmente, mantendo, durante todo o tempo, o paciente cômodo e a pressão por, pelo menos, 3 a 5 segundos.

Shiatsu de cotovelo na parte frontal da coxa: Com a mão aplicando shiatsu de palma no *hará*, administre o shiatsu na frente da parte superior da perna com o cotovelo (figura 237) ou com o antebraço (figura 238).

Você também pode usar o joelho na parte frontal da coxa em vez do cotovelo. Visto que a pressão do joelho pode ser muito forte, tome cuidado para não fazer muita pressão. Para evitar uma pressão demasiado forte com o joelho, coloque a mão na região do joelho e a outra na região do *hará* e distribua seu peso entre elas (figura 239).

Enquanto você se move de um *tsubô* para outro, transfira o peso do seu corpo para a mão que descansa no *hará* e deslize o cotovelo para o ponto seguinte. Assim, você estará transferindo o peso de uma mão para outra, alternadamente. Certifique-se de que sua postura esteja bem equilibrada e de que a pressão exercida no paciente seja regular.

Fig. 238

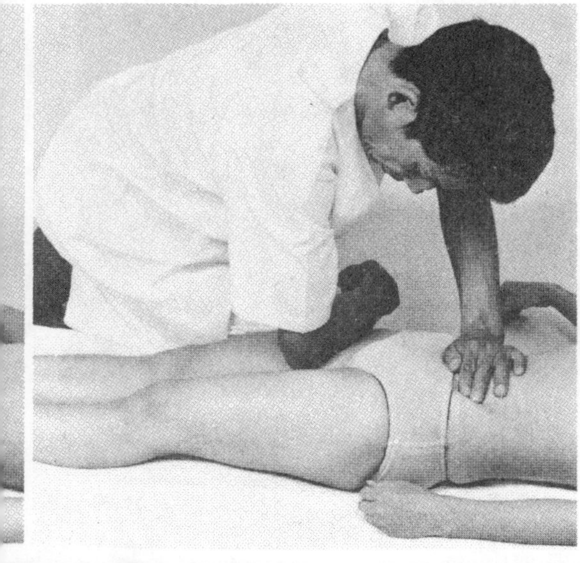

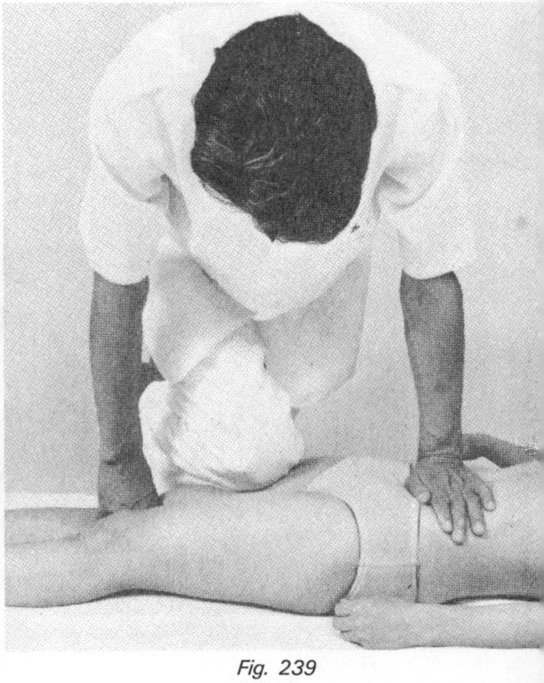

Fig. 239

Fig. 240

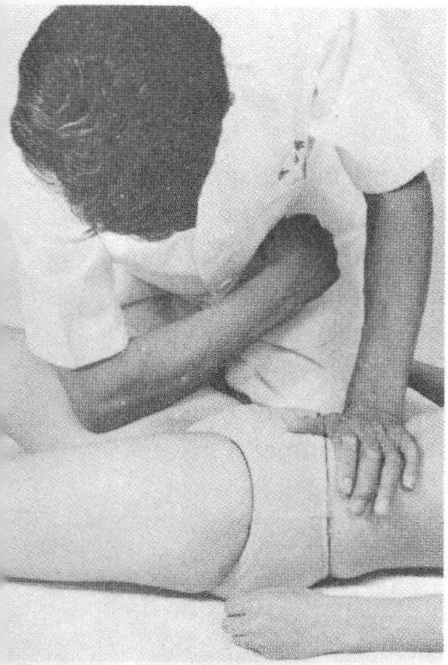

Como sedar as pernas: A mão que está apoiada no *hará* desempenha uma função muito importante na técnica acima, pois acalma e reduz a tensão muscular provocada pelo estresse ou pela manipulação nas pernas. A eficiência da manipulação nas pernas se reduz à metade se a mão não sustenta o *hará*. É através dessa mão no *hará* que a condição geral das linhas meridianas pode ser percebida.

Dobre a perna direita do paciente até que a parte interna do pé toque o tornozelo esquerdo. Apoiando a mão esquerda no *hará*, aplique o shiatsu ao longo do meridiano do baço, desde a virilha até o joelho, usando tanto o cotovelo como o joelho direito (figuras 240 e 241). Pressione com o cotovelo ou o joelho, mantenha a pressão e, então, transfira o peso do corpo para a mão esquerda, que está apoiada no *hará* do paciente, e deslize o cotovelo ou o joelho para o ponto seguinte. Quando usar o joelho, certifique-se de que as mãos estejam apoiadas no *hará* e no joelho.

Fig. 241

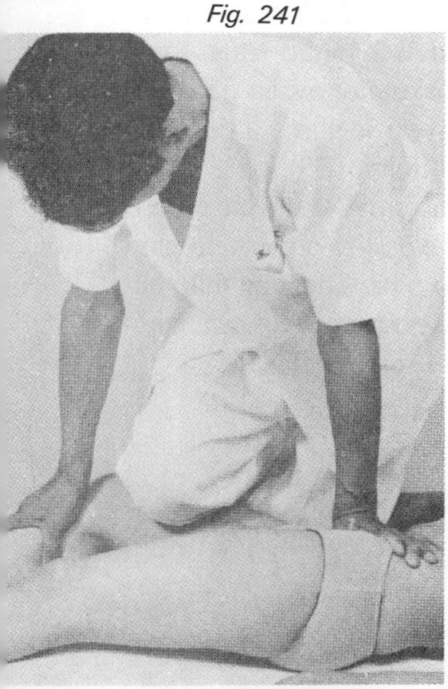

Mova a perna esquerda do paciente de modo que o pé toque o joelho direito. Ainda com a mão esquerda no *hará*, aplique o shiatsu com o carpo da mão direita ao longo do meridiano do intestino delgado. Pressione cada ponto desde a rótula até a parte inferior da perna. Levante o pé esquerdo mais um pouco e aplique o shiatsu ao longo do meridiano do fígado. Erga o pé esquerdo um pouco mais alto e aplique o shiatsu ao longo do meridiano da bexiga, descendo em direção ao joelho.

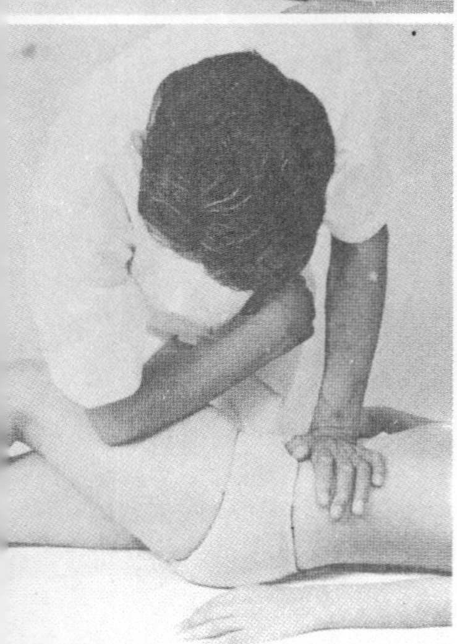

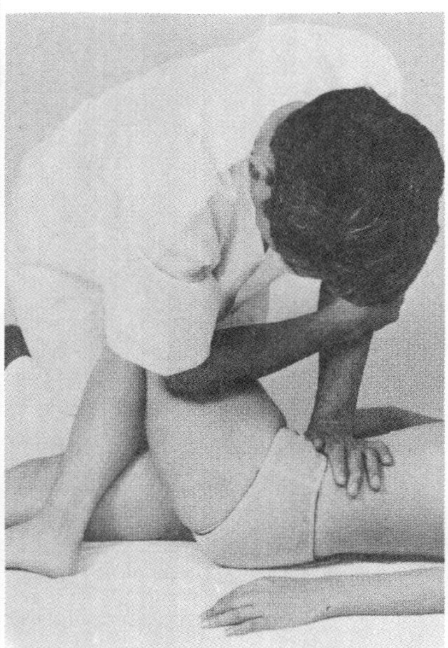

Fig. 243

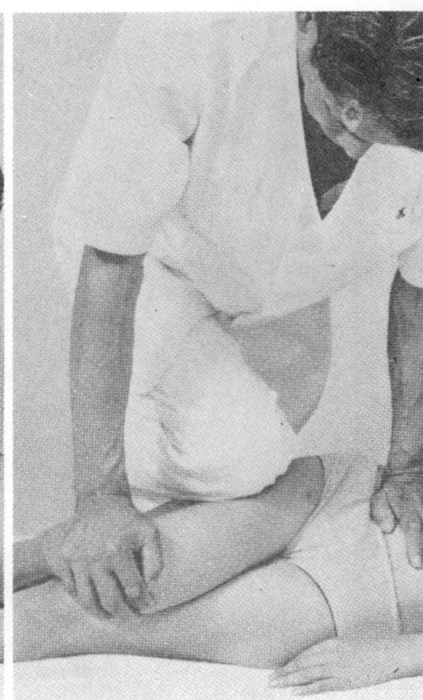

Fig. 244

Fig. 242

Ponha o joelho esquerdo do paciente sobre o direito, com a perna esquerda dobrada para o lado de dentro. Aplique o shiatsu com o cotovelo ao longo do meridiano do triplo aquecedor (figura 242). O segredo aqui é pressionar com o cotovelo na direção dos joelhos como se você estivesse alongando a perna.

Lembre-se de que, quando estiver usando o joelho, você deve estar do mesmo lado da perna com que trabalha.

Com o cotovelo, aplique o shiatsu ao longo do meridiano da vesícula biliar, da mesma maneira que fez com o meridiano do triplo aquecedor (figura 243). Você pode usar o carpo da mão desde o joelho até o tornozelo. Também pode usar o joelho da mesma forma mencionada anteriormente (figura 244).

Aplique o shiatsu com o cotovelo ao longo do meridiano do intestino grosso, localizado no lado da coxa. Empurre a perna em direção à mão que está apoiada no *hará* e aplique o shiatsu de cotovelo (figura 245).

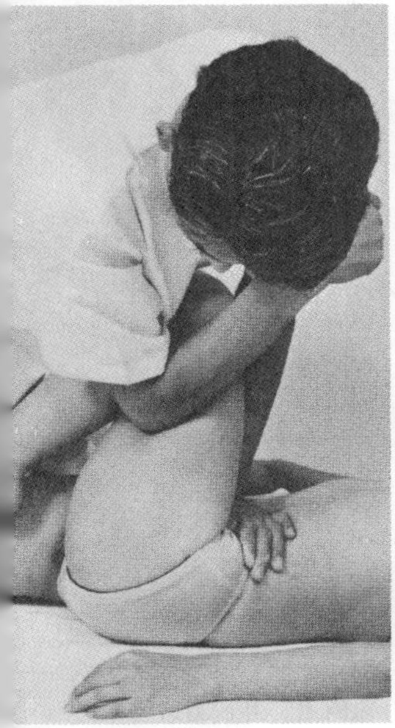

Fig. 245

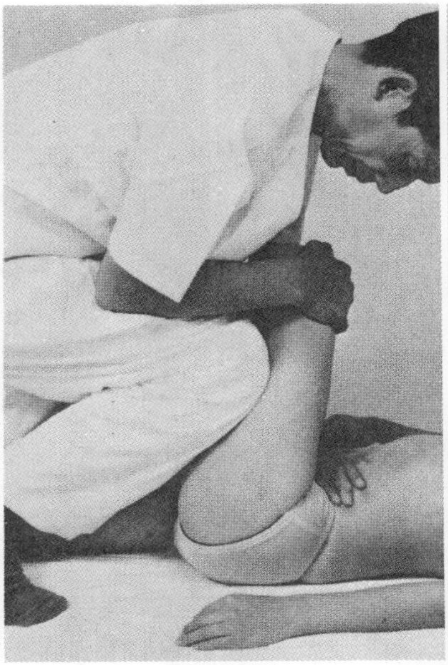

Fig. 246

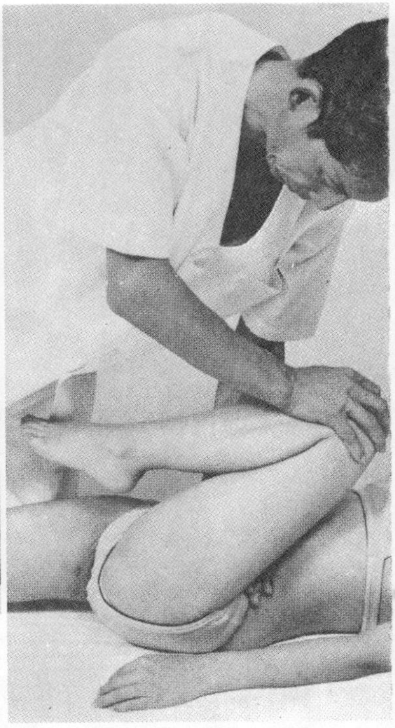

Fig. 247

Segurando o *hará* com a mão esquerda e o joelho com a direita, aplique o shiatsu de joelho ao longo do meridiano do intestino grosso (figura 246).

Ainda com a mão esquerda no *hará*, leve o joelho para cima, com a mão direita, na direção do tórax (figura 247).

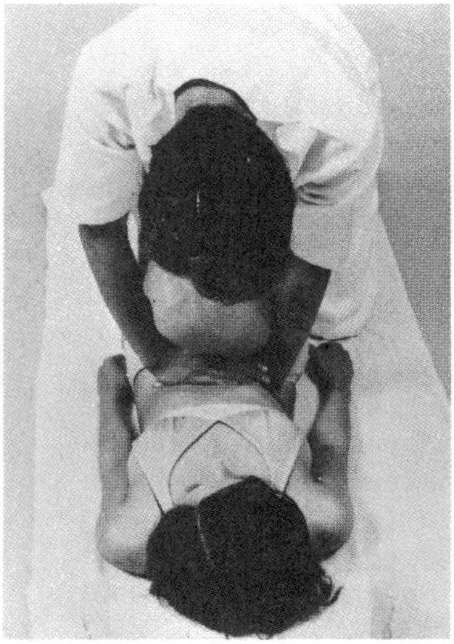

Fig. 248

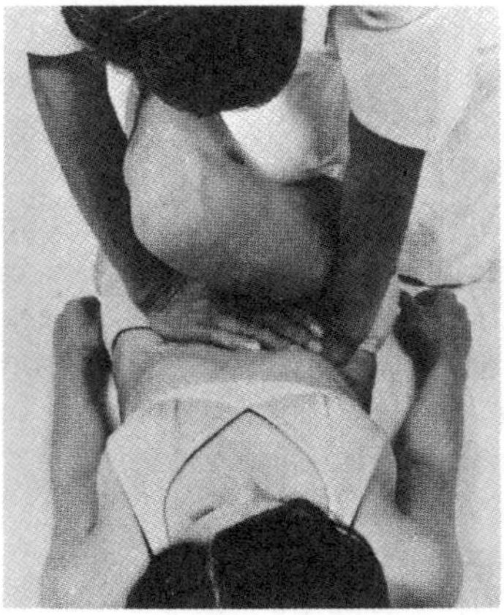

Fig. 249

Fig. 250

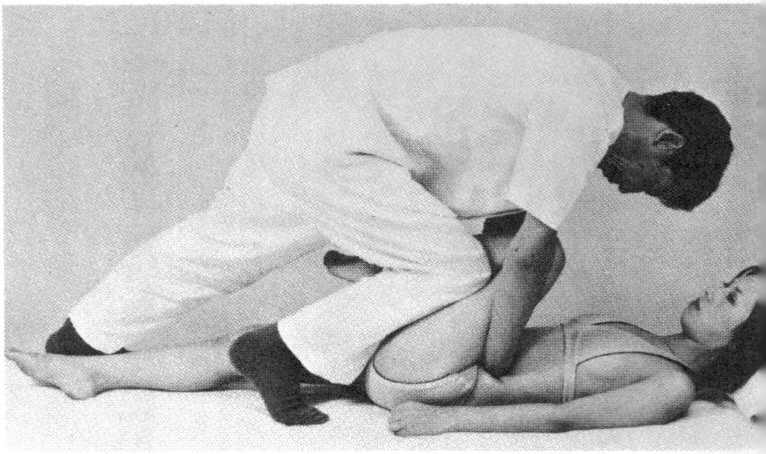

Fig. 251

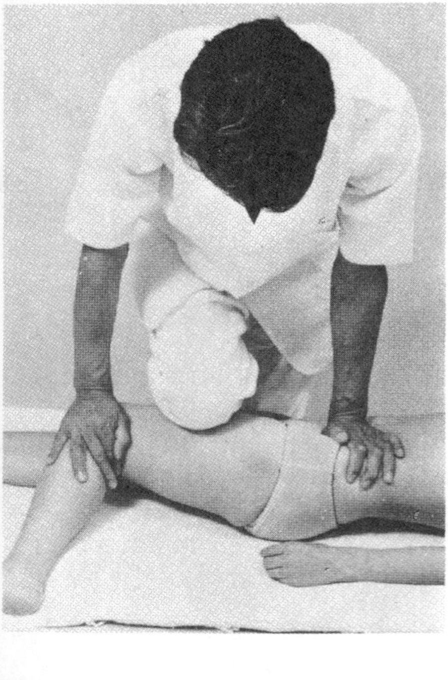

Mova o seu joelho dobrado na direção da coxa do paciente e coloque as duas mãos no *hará* (figura 248).

Empurre o joelho dele para a frente, até que a coxa pressione suas mãos contra o *hará* (figura 249).

Na mesma posição, aplique o shiatsu ao longo dos meridianos dos rins e da bexiga movendo o seu joelho para cima, desde a parte posterior da coxa até o jarrete (figura 250).

Ainda com a mão esquerda apoiada no *hará*, dobre a perna esquerda do paciente para dentro, até que os joelhos se toquem. Aplique o shiatsu com o seu joelho ao longo do meridiano do estômago (figura 251).

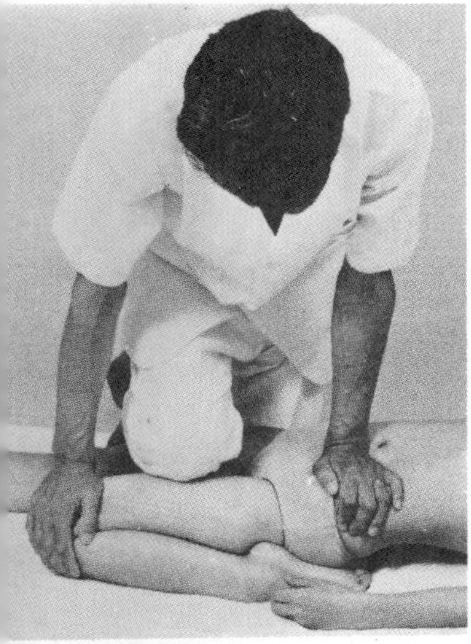

Fig. 252

Se possível, segure os dedos do pé do paciente e dobre mais a perna, aplicando o shiatsu de joelho como mostra a figura 252. Se o alongamento dessa posição machucar o paciente, pare.

Leve a perna dobrada na direção da coxa oposta e aplique o shiatsu de polegar desde a virilha até o joelho, ao longo do meridiano da bexiga. Enquanto pressiona com o polegar, você pode massagear o lado oposto da perna com os quatro dedos.

Fig. 253

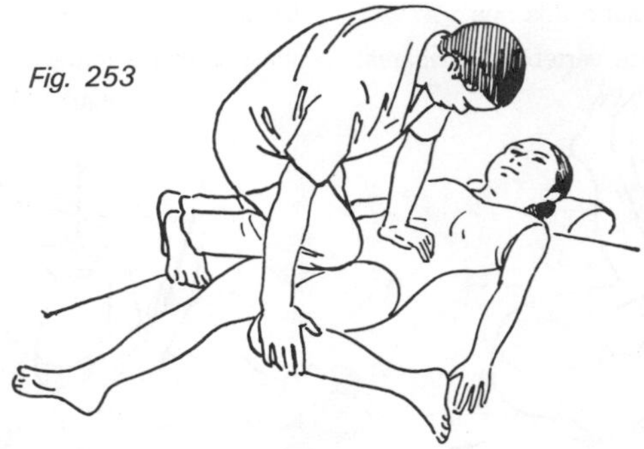

Como corrigir os desvios da coluna vertebral: Os conceitos convencionais para o tratamento de problemas de desvio, como o lumbago, implicam colocar a mão na área deslocada e empurrá-la para o lugar ou, no caso de clínicas de fisioterapia e de hospitais, submeter o paciente à tração. Ambos os métodos podem piorar a condição ou prolongar o problema se não forem aplicados corretamente, podendo dificultar a regeneração do corpo.

O método que uso para corrigir desvios na região da décima vértebra dorsal até as vértebras lombares é simples e muito eficaz.

Primeiramente, é importante que você conheça os músculos meridianos, e a diagnose dos órgãos e sua localização nas costas e na região do *hará*. Expliquei brevemente essas localizações na figura 254, mas você pode consultar o gráfico de diagnose dos meridianos do shiatsu para outros detalhes.

Fig. 254

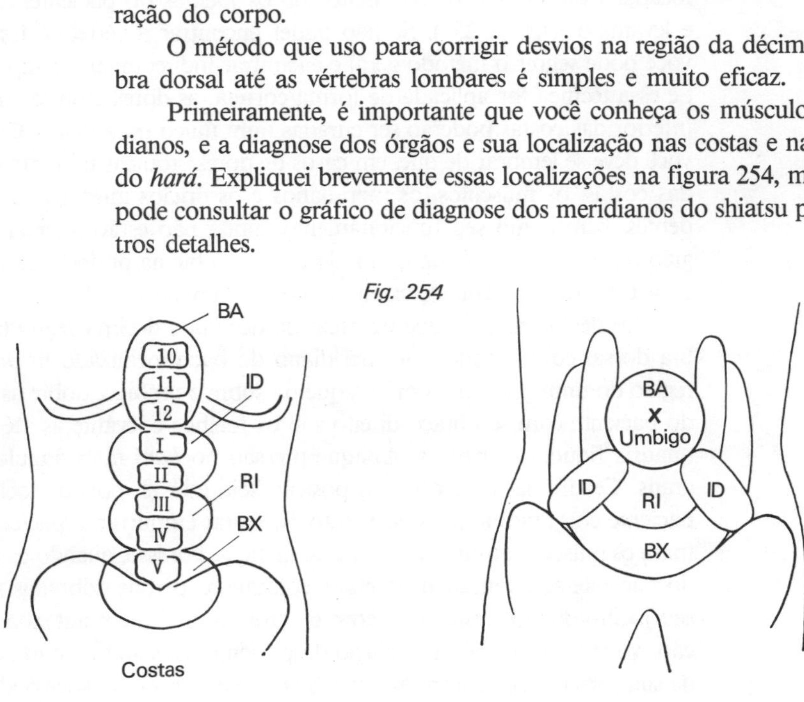

Fig. 255 COMO CORRIGIR DESVIOS

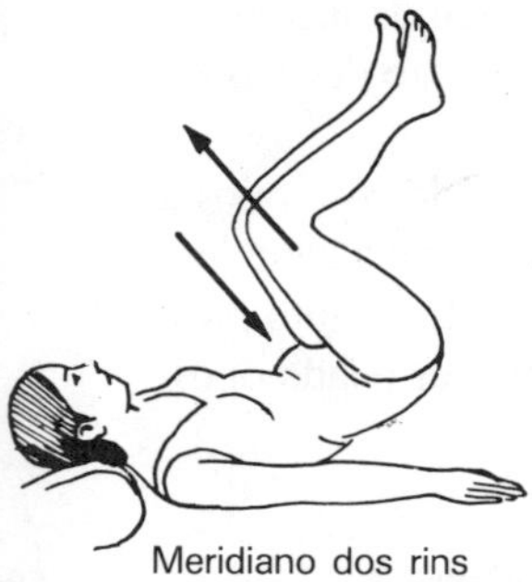

Meridiano dos rins
(terceira e quarta vértebras lombares)

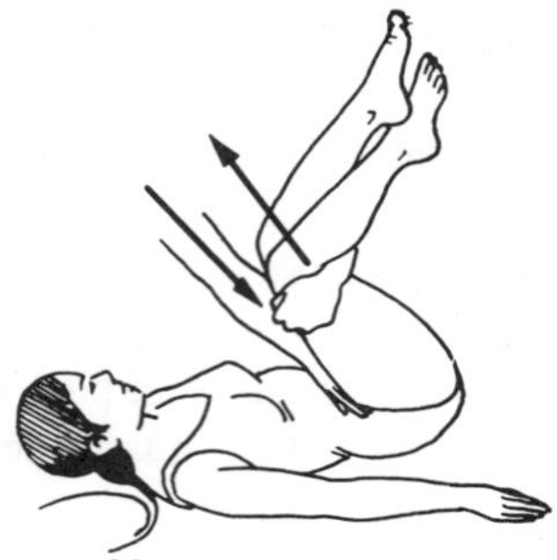

Meridiano do intestino delgado
(da primeira à terceira vértebra lombar)

Meridiano da bexiga
(quinta vértebra lombar)

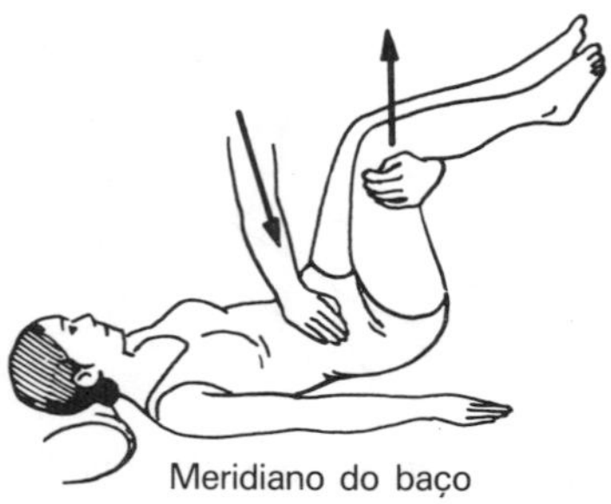

Meridiano do baço
(da décima à décima segunda vértebra torácica)

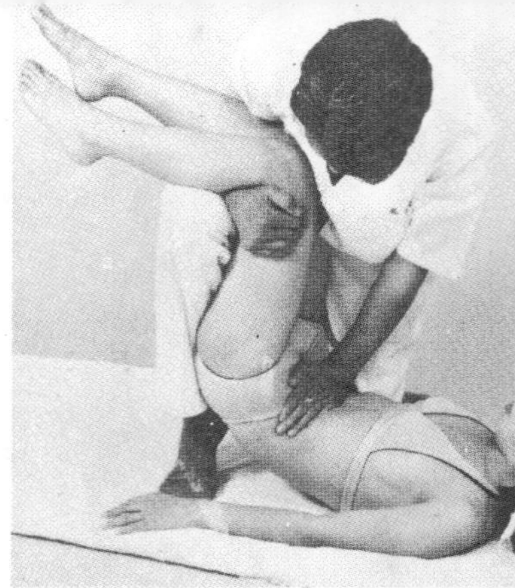

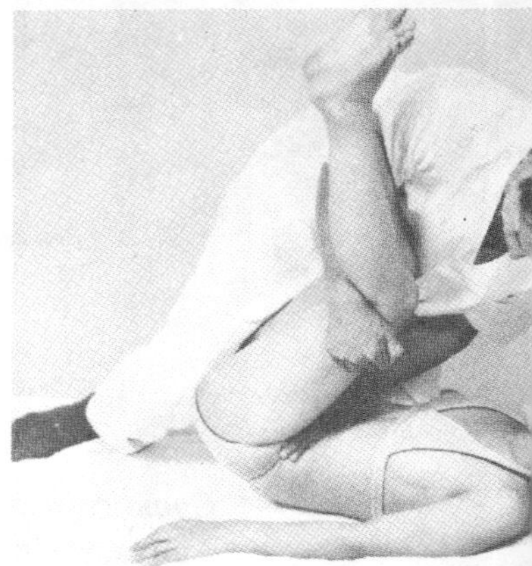

Deixe o paciente deitado de costas, apóie a palma da mão esquerda na região do *hará* correspondente à zona onde se encontra a vértebra deslocada. Coloque seu braço direito sob os joelhos do paciente, dobre-os e levante-os (figura 256). Se não puder encontrar a vértebra deslocada, você pode seguir o método geral e encontrar indiretamente essa vértebra. Se essa técnica for aplicada de forma correta, as dores crônicas na parte inferior das costas poderão ser curadas num único tratamento. Contudo, você deve se lembrar de que, em casos de dores crônicas na parte inferior das costas, os músculos, os meridianos e os órgãos internos correspondentes, bem como seu funcionamento, ainda não estão normais na região das costas e do *hará*, de modo que o problema poderá voltar. Uma cura total deve, portanto, exigir muitos tratamentos.

Os deslocamentos que ocorrem da décima à décima segunda vértebra dorsal correspondem ao meridiano do baço localizado no *hará*, na região do umbigo. Com a mão esquerda sobre o umbigo, dobre as pernas do paciente com seu braço direito sob os joelhos e levante-as até que os quadris fiquem suspensos. Aplique pressão no *hará* num ângulo de 90 graus. Certifique-se de que sua posição seja estável, pois os joelhos do paciente chegarão perto do seu rosto. Se tentar empurrar, o paciente contrairá os músculos, tornando o método ineficaz. Por isso, quando os quadris do paciente se levantarem do chão, coloque as pernas dobradas sobre o seu joelho direito, sustente-as com o cotovelo direito e mantenha a posição. Você pode estabilizar o corpo do paciente colocando a parte inferior da sua perna direita contra os quadris dele. Nessa posição, você pode sentir com a mão esquerda os músculos se relaxarem.

g. 256

Se você deseja obter melhores resultados, pode baixar mais a mão esquerda no *hará* na direção da vértebra deslocada enquanto levanta mais alto as pernas do paciente. Tome cuidado para não executar movimentos bruscos. Seja cauteloso com essa técnica até estar bem familiarizado com ela. É menos perigosa do que o método tradicional de quiropatia e pode ser empregada sem o uso de uma mesa de massagem.

Se você estender o polegar e o dedo mínimo de ambas as mãos no formato da letra A, pode aplicar pressão com esses quatro dedos ou com eles e o carpo. Além disso, como mencionei antes, pode manipular levantando as pernas do paciente e dobrando-as bem fundo no *hará*.

Os desvios podem ocorrer tanto lateral como verticalmente, da primeira à terceira vértebra lombar, área relacionada com o meridiano do intestino delgado. No caso de um deslocamento lateral, você pode colocar a mão amparando o *hará* num dos dois lados e usar a coxa do paciente para pressionar a sua mão contra o *hará* (figura 257). Certifique-se de que você pressiona o *hará* num ângulo de 90 graus e de que você não esteja comprimindo ou torcendo essa área.

g. 257

A região entre a terceira e quarta vértebras lombares está relacionada com o meridiano dos rins. As pessoas que têm um *tanden* (parte inferior do abdômen) fraco têm tendência a deslocar as vértebras nessa região. Infelizmente, a educação moderna dá muito mais importância ao cérebro e negligencia o *tanden*, pois a zona abaixo do estômago é a fonte verdadeira e natural da força. Um *tanden* fraco pode ocasionar o deslizamento de discos e hérnias. Usar essa técnica nessa área não só corrige os desvios, como também ajuda no fortalecimento do *tanden*; por isso, use-a freqüentemente. O procedimento é o mesmo do meridiano do intestino delgado, tanto para os deslocamentos laterais como para os verticais.

A quarta e quinta vértebras lombares estão relacionadas com o meridiano da bexiga. A pressão deve ser aplicada perto do osso púbico. Quando o paciente se relaxa e não oferece resistência no *hará*, você pode penetrar profundamente essa área com a mão.

Fig. 258

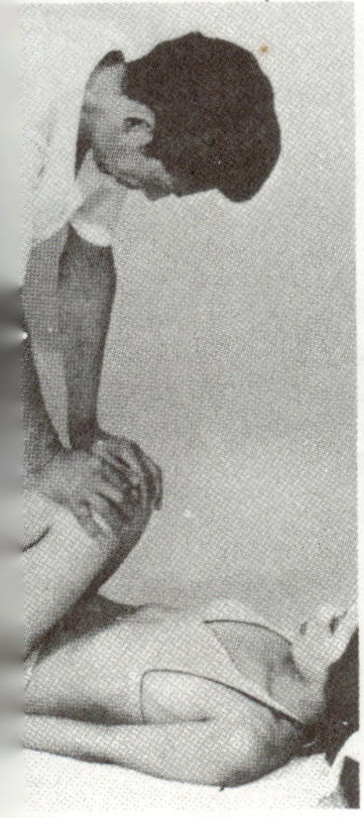

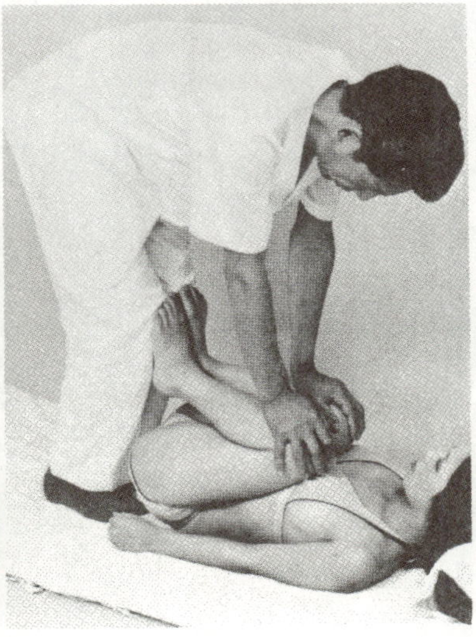

Fig. 259

Alongamento da coluna vertebral: Depois de corrigir os desvios, leve os joelhos do paciente na direção do tórax (figura 258). Pressione-os contra o tórax tanto quanto possível (figura 259). Essa técnica é muito boa para se usar depois da correção de deslocamentos do nível do meridiano do baço (da décima à décima segunda vértebra dorsal).

Fig. 260

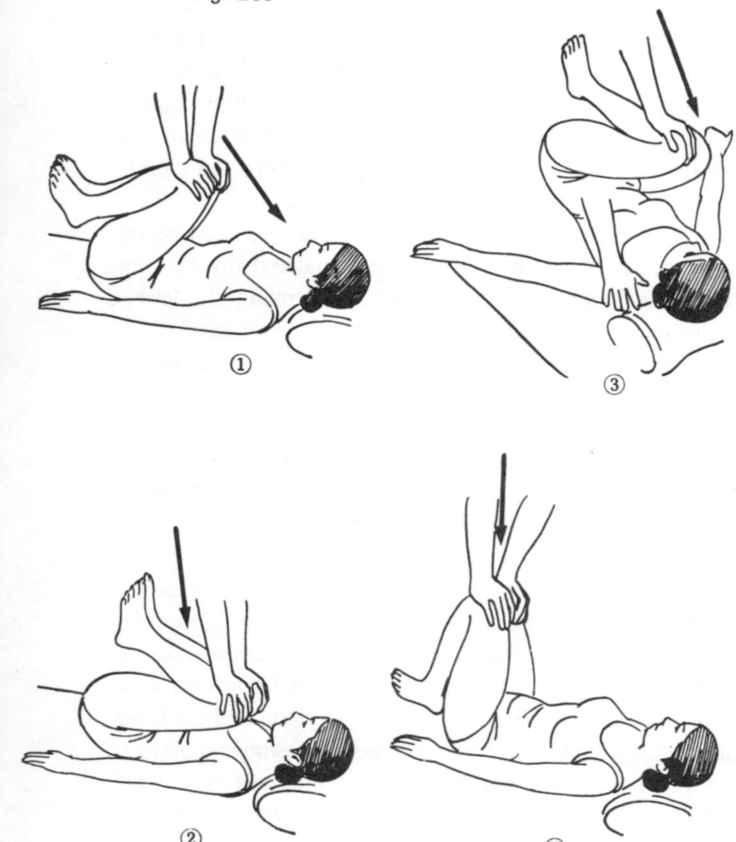

Fig. 261

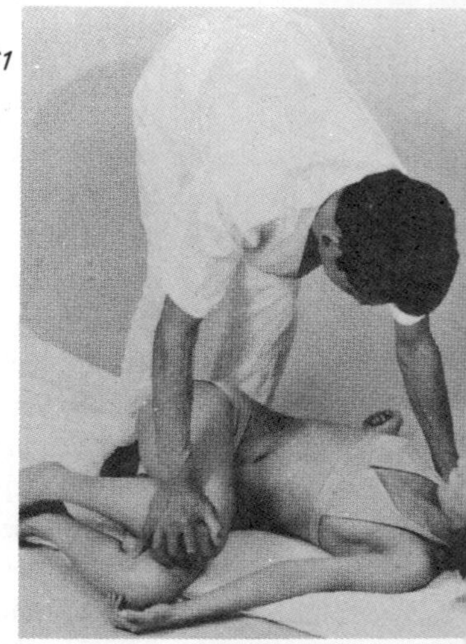

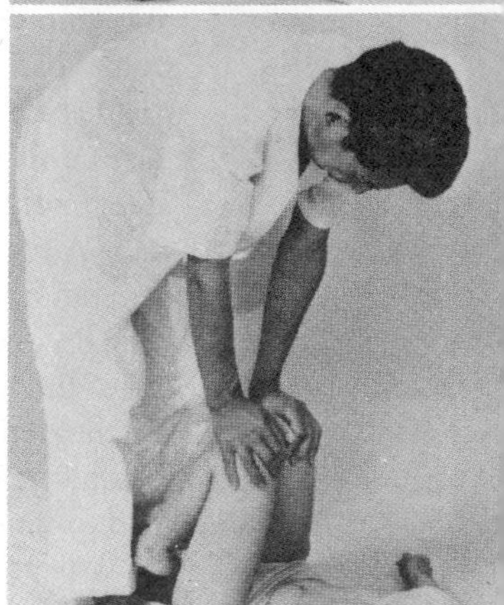

Fig. 262

Fig. 263

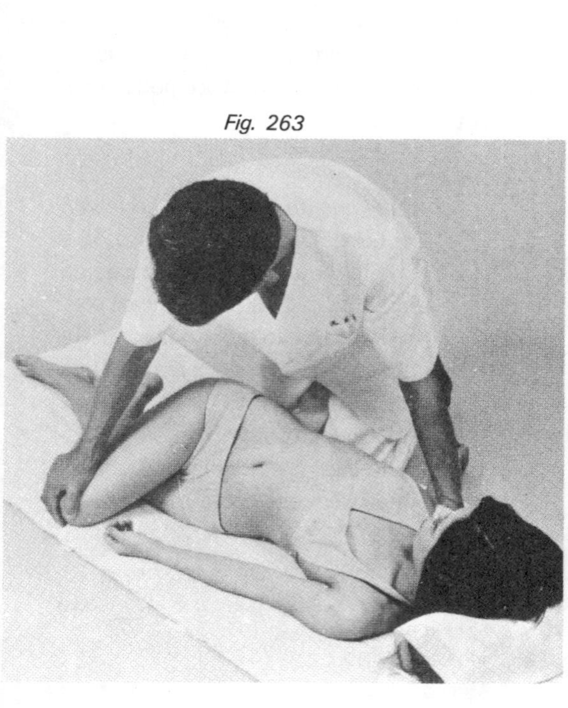

Fig. 264

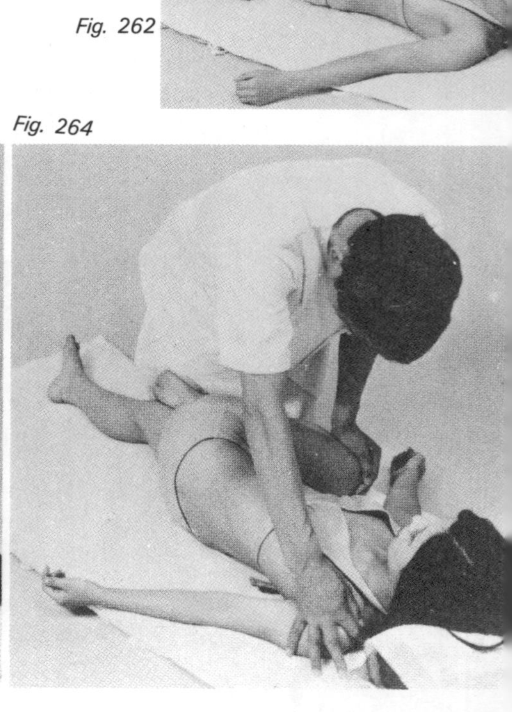

Depois de pressionar os joelhos, coloque uma mão no ombro do paciente e torça as pernas para o lado oposto (figura 261). Essa técnica é boa para reavaliar a correção dos deslocamentos.

Volte os joelhos do paciente à posição inicial e coloque as pernas dobradas no chão de modo a formar um ângulo de 60 graus em relação ao corpo. Empurre ambos os joelhos na direção do cóccix. Mantendo as pernas nessa posição, você pode girá-las para o lado esquerdo e direito a fim de reavaliar os ajustes lombares (figura 262).

Dobre uma perna num ângulo de 90 graus e empurre-a para o lado oposto. Repita do outro lado. Isso constitui um alongamento muito eficaz quando o meridiano da vesícula biliar está *jitsu* (figuras 263 e 264). Leve os joelhos ao tórax mais uma vez, como na figura 258, e perceberá que o alongamento aumentou.

Shiatsu nos braços usando o joelho: Com o paciente deitado de costas, estenda os braços para fora. Se ficar um espaço vazio entre o braço e o chão, preencha-o com uma almofada. Coloque uma das mãos no ombro do paciente e outra no cotovelo. Aplique o shiatsu com um ou ambos os

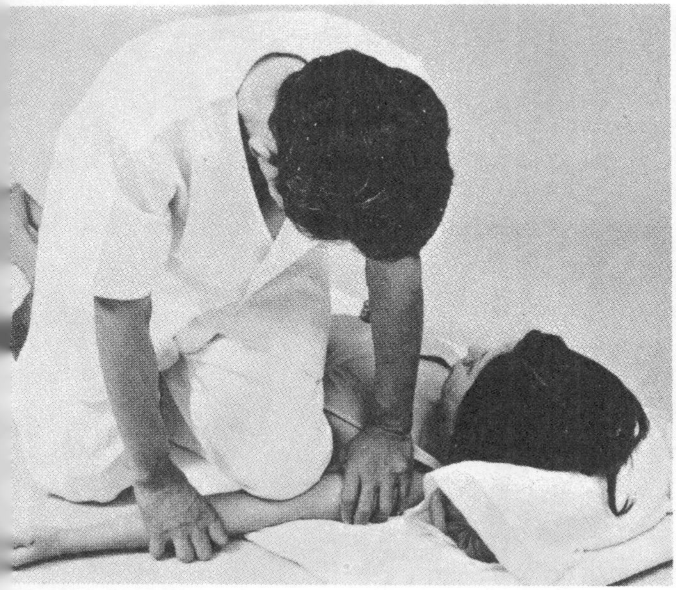

Fig. 265

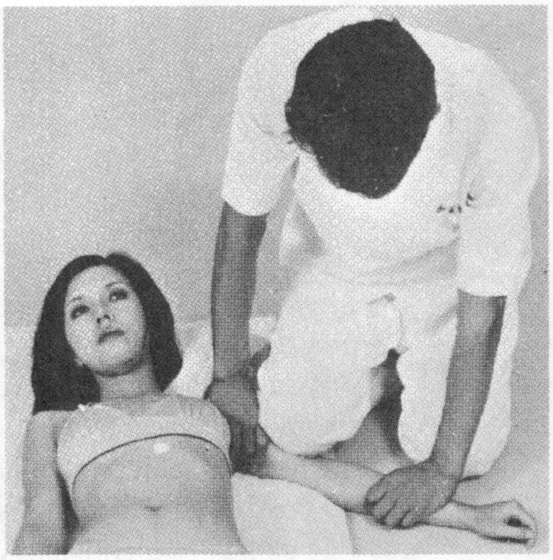

Fig. 266

joelhos nos meridianos deslocados. Você pode aplicar o shiatsu de joelho na parte superior do braço apoiando a mão na região entre o cotovelo e o pulso (figuras 265 e 266).

Essas técnicas de manipulação melhorarão os resultados dos procedimentos gerais do shiatsu. Não exerça pressão forte até que adquira habilidade na sua execução. Também é bom lembrar-se dos benefícios da introdução do princípio do alongamento máximo em seu tratamento de shiatsu.

Exercícios dos meridianos

Ao executar esses exercícios, não faça movimentos bruscos ao final de cada etapa. No ponto de alongamento máximo, pare, inspire profundamente duas vezes e tente sentir a energia fluindo nos meridianos em questão. Quanto mais você relaxar, mais será capaz de obter um bom alongamento. O propósito desses exercícios não é o de desenvolver os músculos, mas constituir, acima de tudo, um caminho para diagnosticar o estado dos meridianos. Dessa forma, pode-se detectar e corrigir qualquer anormalidade ou mau funcionamento dos meridianos, para prevenir a fadiga e a doença. É importante que você mantenha o corpo tão flexível quanto possível; esses exercícios o ajudarão a obter um corpo equilibrado e flexível.

Fig. 267

Fig. 268

1) *Meridianos do pulmão e do intestino grosso*

Cruze as mãos atrás das costas (figura 267). Incline-se para a frente e levante os braços tão alto quanto possível (figura 268). Esse exercício alonga os meridianos do pulmão e do intestino grosso.

2) *Meridianos do estômago e do baço*

Sente-se no estilo japonês e cruze os dedos das mãos. Alongue-as no alto da cabeça tanto quanto possível (figura 269). Deite-se até que suas costas encostem no chão (figura 270). Permaneça nessa posição por duas respirações. Esse exercício promove um fluxo de energia salutar. Se quiser alongar mais, faça-o com a palma das mãos viradas para cima. Esse exercício alonga os meridianos do estômago e do baço.

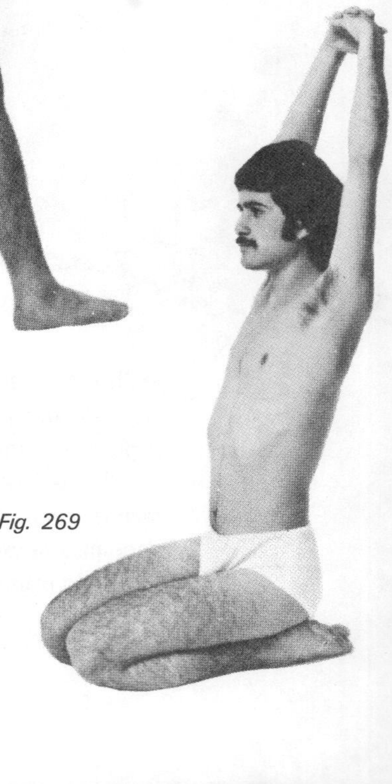

Fig. 269

Fig. 271

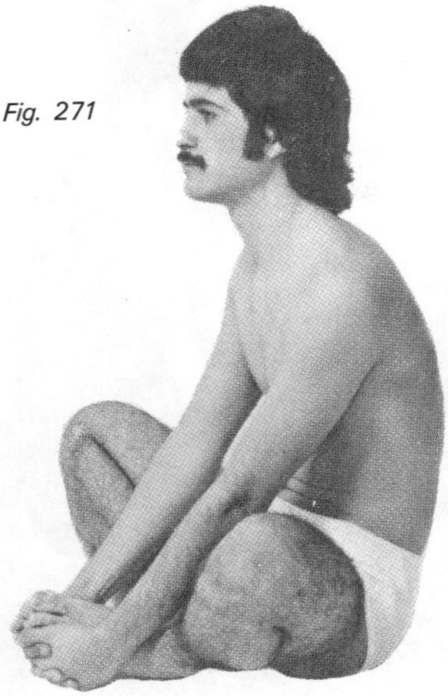

3) *Meridianos do coração e do intestino delgado*

Com a planta dos pés uma contra a outra, traga os calcanhares tão perto quanto possível do corpo (figura 271). Segurando os pés, tente encostar a cabeça nos dedos, apoiando os cotovelos no chão (figura 272). Relaxe-se completamente e faça duas inspirações profundas. Se os joelhos não estiverem apoiados no chão, isso indica mau funcionamento dos meridianos do coração e do intestino delgado. Se um lado estiver mais alto que o outro, há um problema nos meridianos desse lado específico. Esse exercício alonga os meridianos do coração e do intestino delgado.

Fig. 272

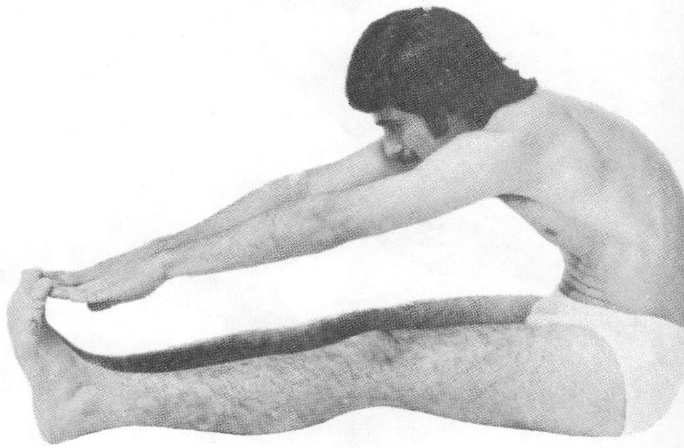

Fig. 273

4) *Meridianos dos rins e da bexiga*

Estique as pernas para a frente e toque o dedo dos pés com as mãos (figura 273). Depois, incline-se para a frente e encoste a cabeça nos joelhos. No ponto de máximo alongamento, relaxe-se completamente e faça duas inspirações profundas. Qualquer dor num dos lados indica mau funcionamento dos meridianos desse lado. Esse exercício alonga os meridianos dos rins e da bexiga.

Fig. 270

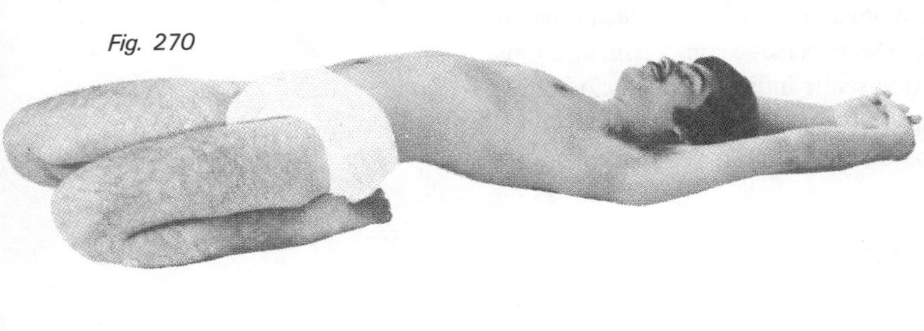

5) *Meridianos da sístole cardíaca e do triplo aquecedor*

Sente-se na posição de lótus ou de meio lótus. Cruze os braços e segure os joelhos opostos (figura 274). Incline-se para a frente e apóie a cabeça no chão (figura 275). Mantenha a posição e faça duas inspirações profundas, relaxando-se completamente. A rigidez nos braços indica mau funcionamento dos meridianos. Esse exercício alonga os meridianos da sístole cardíaca e do triplo aquecedor. Num estado de completo relaxamento, você pode sentir muito mais claramente qualquer distorção nos meridianos.

Fig. 274

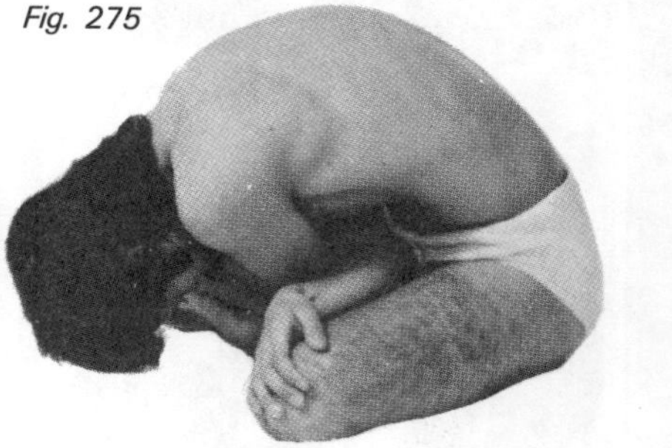

Fig. 275

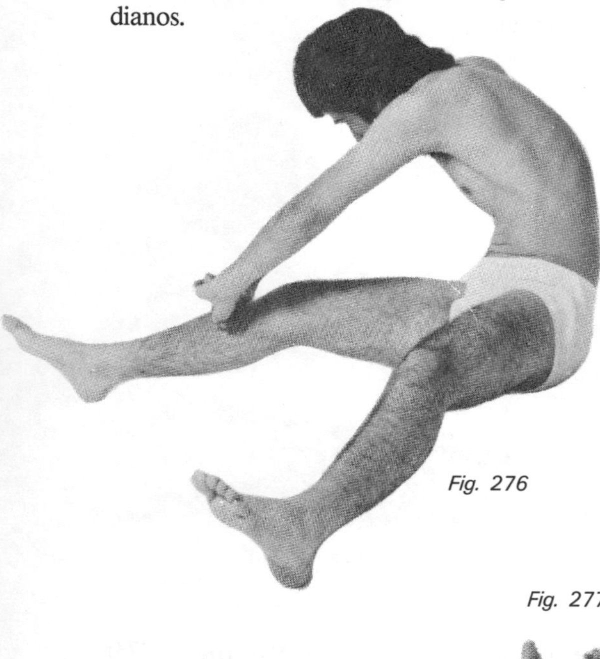

Fig. 276

Fig. 277

6) *Meridianos do fígado e da vesícula biliar*

Sente-se com as pernas abertas e afastadas o mais possível e toque os dedos dos pés com a mão oposta (figuras 276 e 277). Não dobre os joelhos. No ponto de alongamento máximo, faça duas inspirações profundas e relaxe-se completamente. Qualquer rigidez que sentir indica mau funcionamento dos meridianos em questão. Esse exercício alonga os meridianos do fígado e da vesícula biliar.

5. Auto-shiatsu

Embora o propósito essencial do shiatsu seja dá-lo e recebê-lo de outra pessoa, há ocasiões em que isso não é possível. Quando não tiver outra alternativa, pratique o auto-shiatsu. O monge zen Hakuin certa vez sentiu-se mal, enquanto praticava o zen, por causa de alguns exercícios difíceis. No entanto, ele foi capaz de curar-se através da autodiagnose e do auto-shiatsu.

A vantagem de aprender o auto-shiatsu é que ele pode ser praticado em qualquer lugar e hora sem preparação ou aparelhos. Pode ser praticado enquanto você estuda, trabalha, espera pelo trem ou pelo ônibus, ou simplesmente quando está sozinho.

Como praticar o auto-shiatsu

O mais difícil de dominar quando se aprende o auto-shiatsu é a tensão dos dedos ao aplicar pressão no corpo. Dedos rijos não aplicam um bom shiatsu. Quando você aprender a relaxá-los e a aplicar uma pressão suave, descobrirá que eles penetram mais fundo no corpo, a ponto de se poder sentir os meridianos. Essa sensação também é importante quando se aplica shiatsu em outra pessoa.

Fig. 278

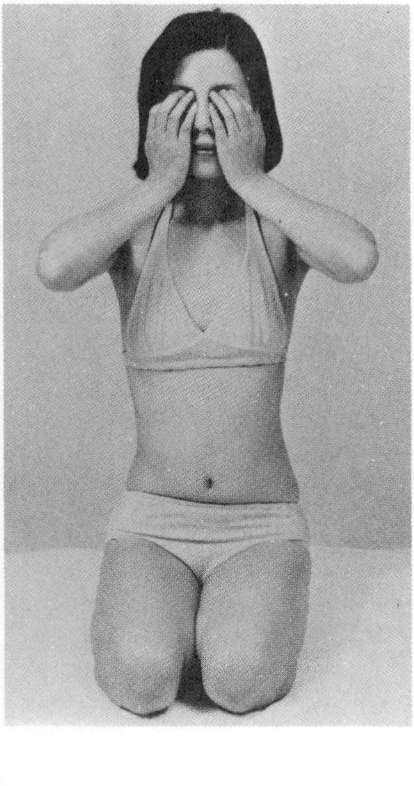

Posição sentada

Primeiro friccione todo o rosto, a cabeça e o pescoço como se os estivesse lavando.

Shiatsu para a área dos olhos: Cubra os olhos com as mãos e aplique um shiatsu leve (figura 278). Os dedos devem ficar apoiados nas pálpebras e, em vez de pressioná-los na direção dos olhos, leve o rosto até as mãos.

Fig. 279

Coloque os dedos na parte inferior dos olhos e aplique o shiatsu como se estivesse puxando seu pulso para baixo (figura 279).

Coloque os quatro dedos de cada mão nas têmporas, com os polegares apoiados nos lados do queixo. Aplique o shiatsu na área das têmporas (figura 280).

Coloque o polegar e o indicador da mão esquerda no lado das narinas. Ponha o polegar e o indicador da mão direita sobre eles e pressione a área (figura 281). Repita duas ou três vezes.

Cubra outra vez os olhos com os dedos e aplique um shiatsu suave levando o rosto na direção dos dedos (figura 282).

Mantenha-se assim por três a cinco segundos. Você pode usar essas técnicas quando estiver lendo um livro, estudando, ou para descansar após dirigir muito. Também são muito boas para aliviar rapidamente a fadiga ou o peso na cabeça.

Fig. 280

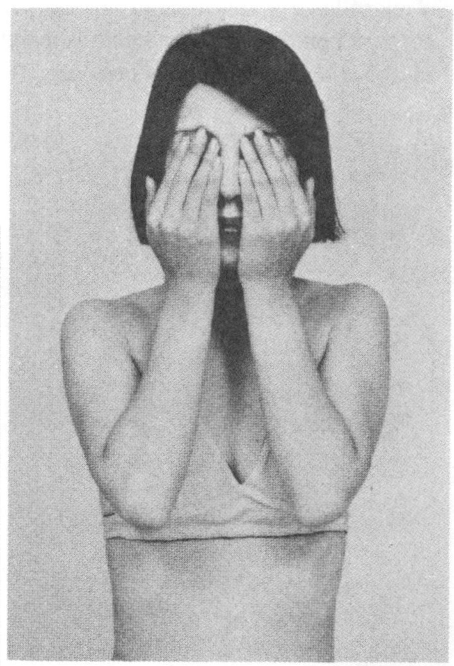

Fig. 282

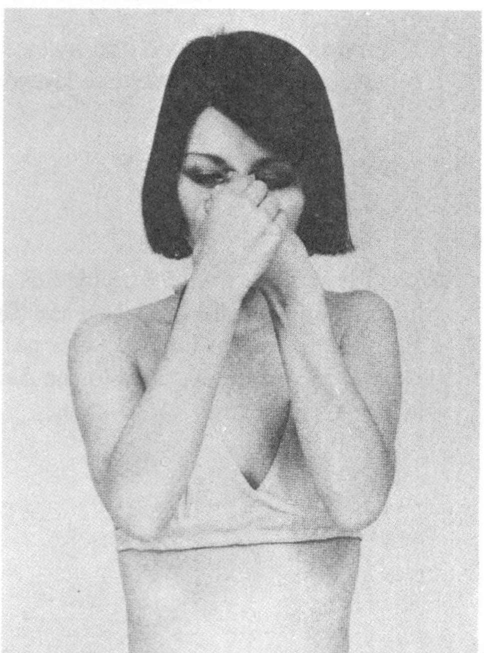

Fig. 281

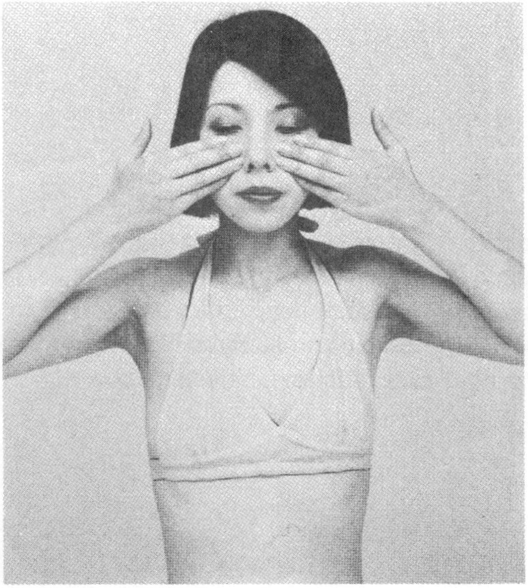

Fig. 283

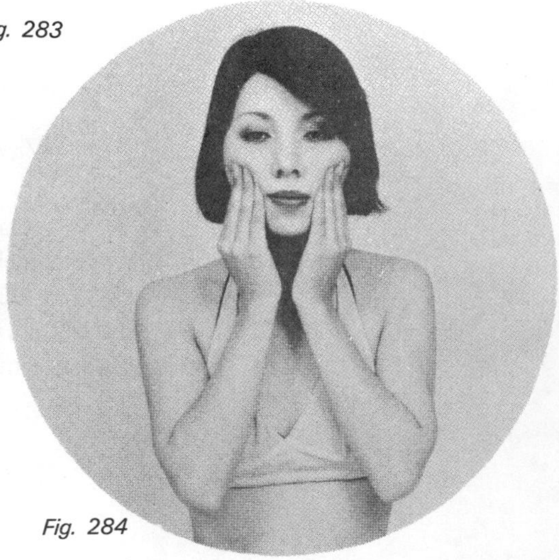

Fig. 284

Fig. 285

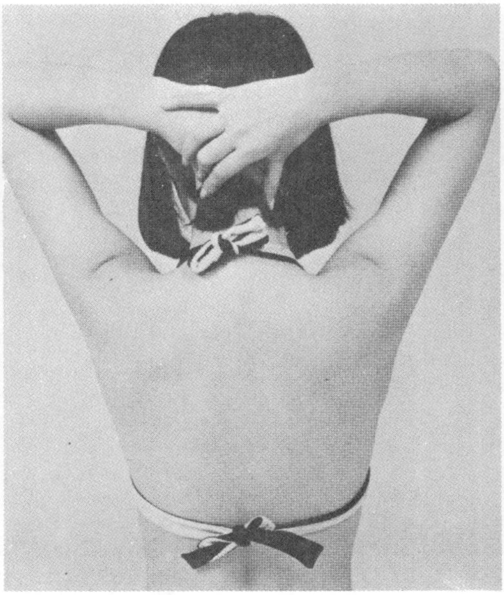

Fig. 286

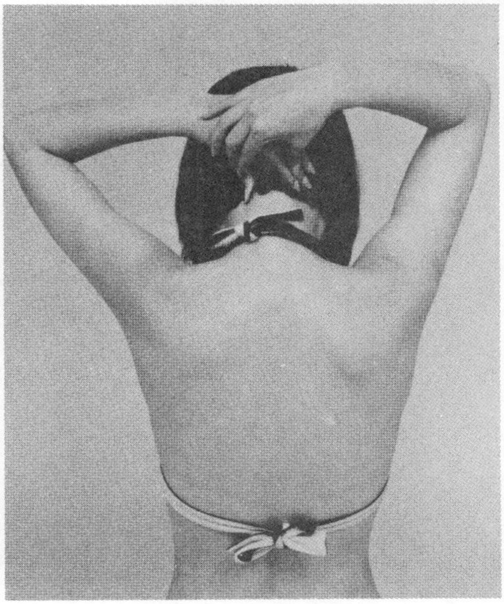

Shiatsu para o nariz: O shiatsu para o nariz é muito eficaz em casos de congestão nasal, coriza e febre.

Coloque os dedos nos lados do nariz e pressione para dentro como se o estivesse apertando (figura 283). Essa técnica promove uma boa circulação sangüínea na membrana mucosa. Mantenha a pressão por algum tempo. Você pode obter melhores resultados aplicando uma toalha quente nessa região.

Pressione os malares com ambas as mãos (figura 284).

Coloque uma toalha quente na nuca e pressione-a com os polegares (figura 285 e 286).

Fig. 287

Coloque os polegares na base da nuca e aplique pressão, inclinando levemente a cabeça para trás (figura 287).

Deslize os polegares um pouco mais para trás (área VB-20) e aplique pressão como na figura 287. Esse shiatsu é muito bom para problemas nos olhos.

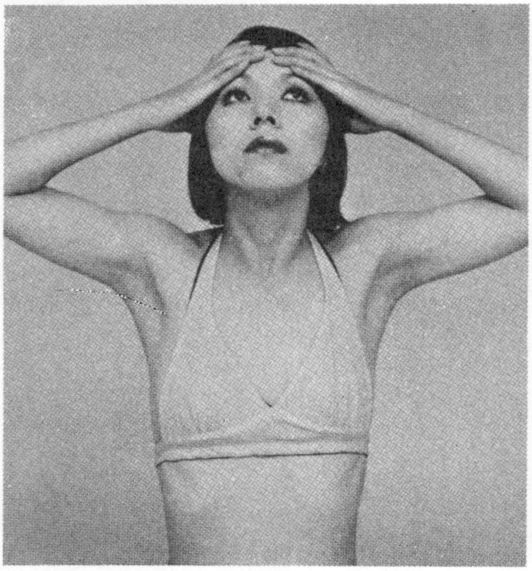

Fig. 288

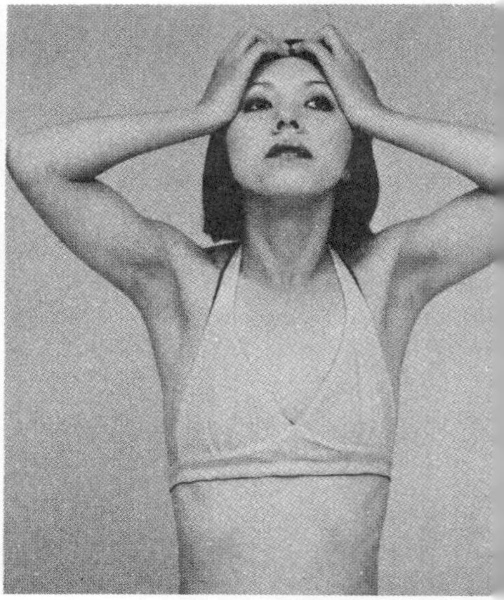

Fig. 289

Coloque os dedos na testa e deslize as mãos para fora, aplicando uma leve pressão (figura 288). Com os dedos na testa, coloque a palma das mãos nos lados da cabeça. Pressione suavemente a cabeça com as palmas e, deslizando os pulsos para baixo, aplique uma pressão com os dedos. Vá desde a testa até o alto da cabeça e, então, deslize de ambos os lados para a nuca (figura 289). Aplique o shiatsu nos meridianos da bexiga, desde a frente até o alto da cabeça (figura 290). Essa técnica é muito boa para dores de cabeça e insônia.

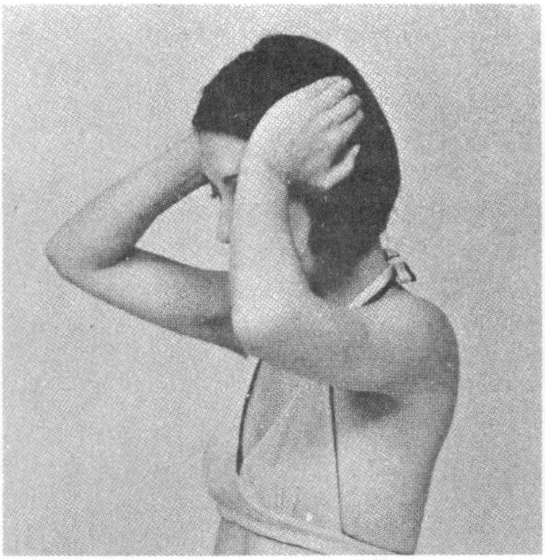

Fig. 291

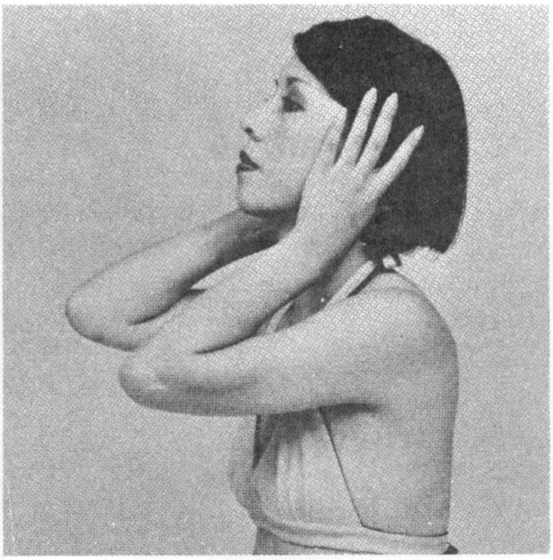

Fig. 292

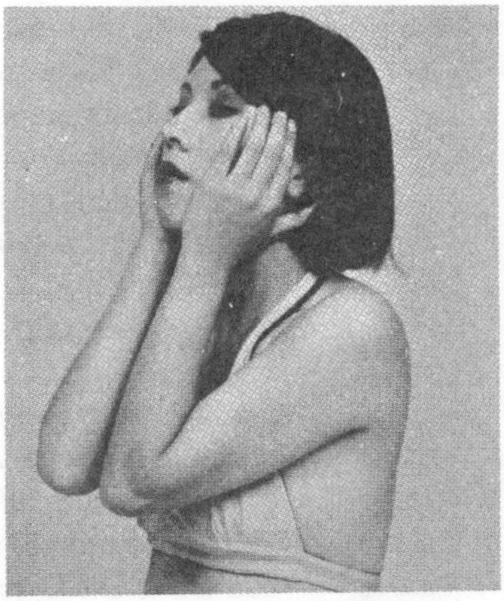

Fig. 293

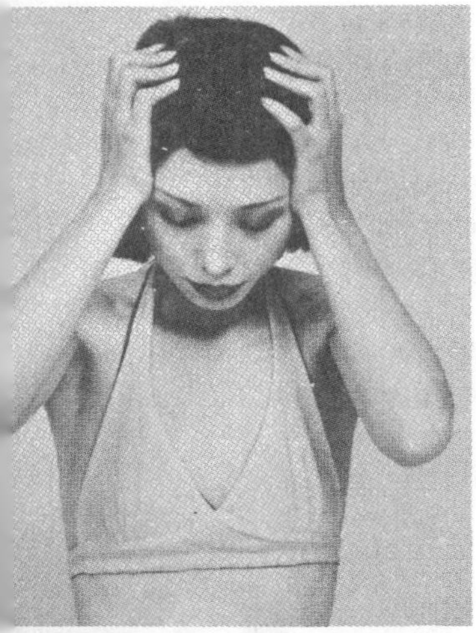

Fig. 290

Shiatsu na cabeça: Coloque as mãos nos lados da cabeça, como se estivesse cobrindo os ouvidos, e aplique o shiatsu nos meridianos da vesícula biliar e do triplo aquecedor e nas linhas da veia aorta (figura 291).

Atrás da cabeça

Coloque os polegares no centro da nuca, perto da região da protuberância occipital, e apóie os dedos nos lados da cabeça. Segurando o rosto com os dedos, pressione a nuca com os polegares desde o meio até a região abaixo da orelha. Siga a linha do crânio (figura 292).

Lados da cabeça

Coloque os dedos perto das têmporas e aplique o shiatsu no maxilar com o carpo. Deslize a palma das mãos desde o centro das faces até embaixo das orelhas (figura 293).

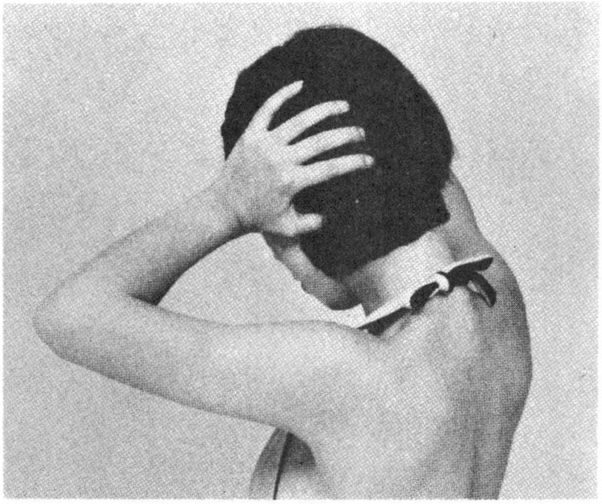

Fig. 294

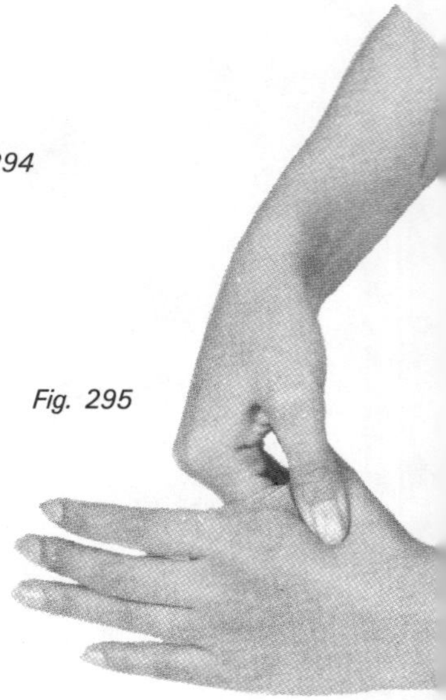

Fig. 295

Atrás da cabeça

Com os dedos atrás e o carpo nos lados da cabeça, pressione-a (figura 294). Relaxe-se;
então, na mesma posição, mova as mãos para baixo, na direção dos ouvidos, e repita a operação.

Essa técnica é muito eficaz para a concentração, a sonolência e para acalmar os nervos. Depois de completá-la, aplique o shiatsu de mão.

FI-4

Aperte o FI-4, que está localizado entre o polegar e o dedo indicador. Você também pode pressionar esse ponto (figura 295).

Shiatsu na garganta: Coloque as mãos na região da parótida, perto da orelha, e friccione. Aperte levemente a orelha entre os dedos indicador e médio (figura 296).

Shiatsu para rejuvenescimento

Os hormônios secretados pela parótida são essenciais para a manutenção da juventude, de modo que os *tsubôs* localizados nessa área podem ser pressionados para promover o rejuvenescimento (figura 297). Esses pontos também são bons para estimular a secreção salivar.

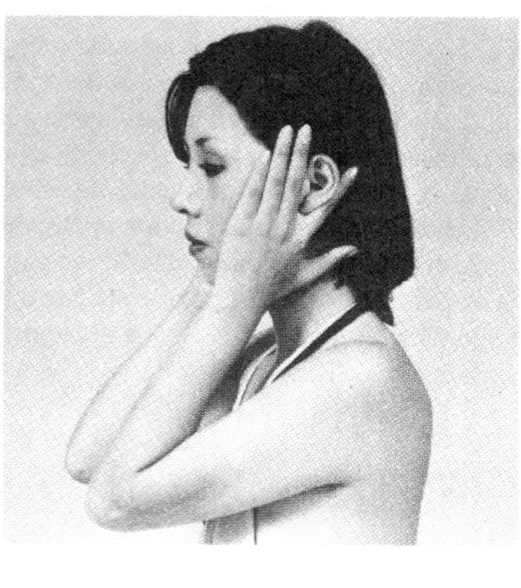

Fig. 296

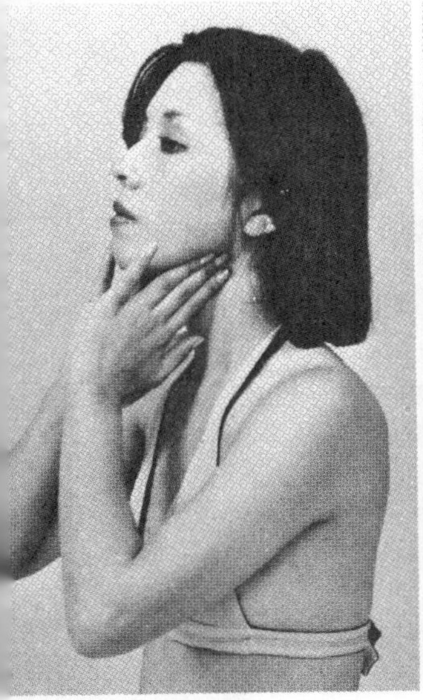

Fig. 298

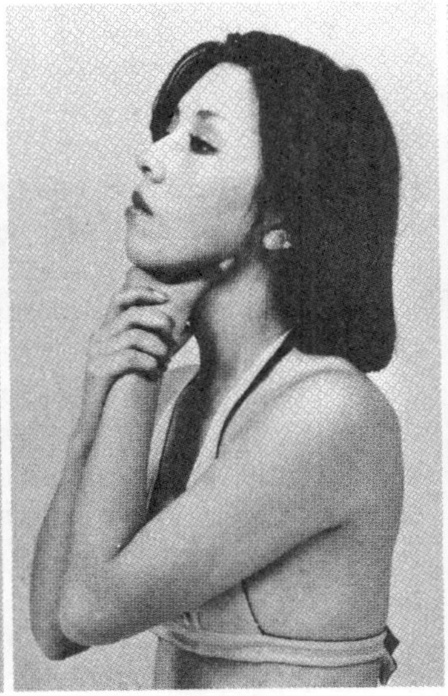

Fig. 299

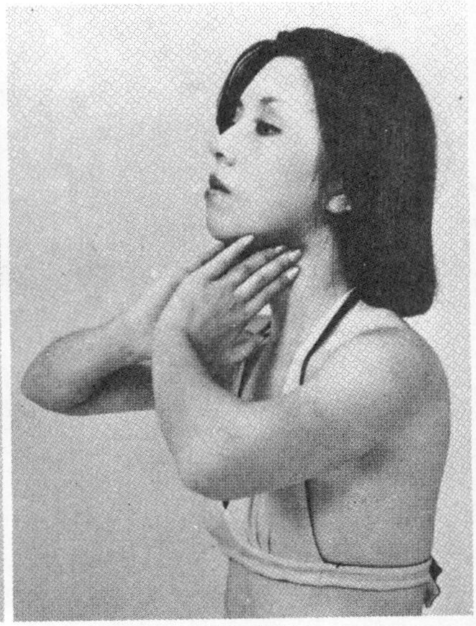

Fig. 300

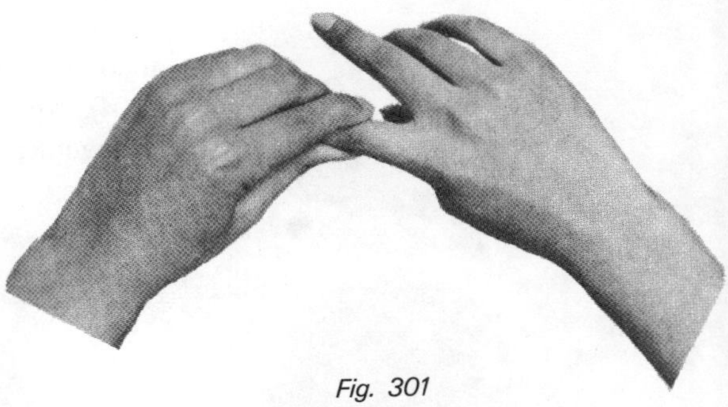

Fig. 301

Fig. 297

Estagnação nasal

Coloque os dedos sob o queixo e pressione para cima. Se você tocar as amígdalas e senti-las doloridas, aplique o shiatsu bem suavemente até que a dor diminua (figura 298).

Shiatsu na garganta

Coloque o polegar num lado do pescoço e os dedos no outro, na região da parótida. Aplique o shiatsu descendo ao longo do pescoço e da tireóide (figura 299). Rigidez nessa área indica problemas na garganta.

Coloque os quatro dedos de cada mão em ambos os lados da traquéia e pressione suavemente (figura 300). Pressione desde o maxilar até a clavícula.

Linhas meridianas do intestino grosso

Aperte o dedo indicador com dois dedos da outra mão (figura 301).

Você pode efetuar as técnicas para o rosto, a cabeça e o pescoço com uma das mãos; se possível, use ambas. Nos dois casos, certifique-se de que está aplicando uma pressão suave. Quando uma mão estiver ocupada fazendo qualquer outra coisa, você poderá aplicar o auto-shiatsu com a mão livre. Neste caso, use o polegar, os quatro dedos e o carpo, ao mesmo tempo, para aplicar uma pressão firme e contínua.

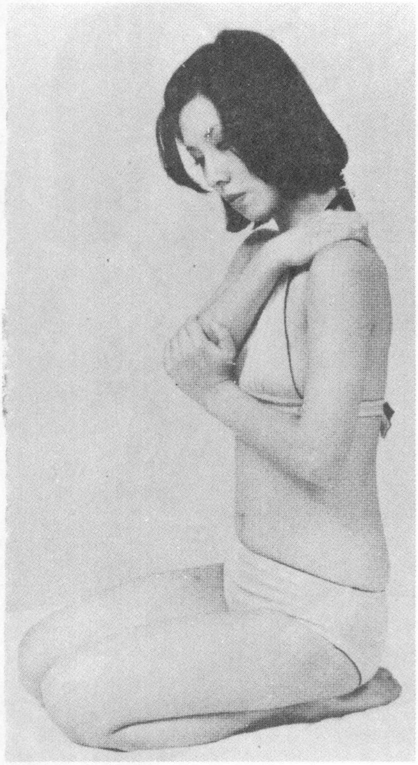

Fig. 302

Como aplicar shiatsu nos ombros: Ombros rígidos são comuns e indicam muitas doenças, cuja causa principal o shiatsu sozinho não é capaz de curar. É difícil aplicar o shiatsu num ombro sem cansar o outro; por isso, é aconselhável combinar o shiatsu com exercícios que ajudem a aliviar esse problema. Em casos de dor, o auto-shiatsu nos ombros é útil. Coloque uma das mãos no ombro oposto e aplique o shiatsu, enquanto a outra sustenta, pelo cotovelo, a mão que o aplica (figura 302). Essa técnica é melhor do que usar uma só mão sem sustentá-la.

Quando estiver aplicando o shiatsu num ombro, pode exercitar o cotovelo movendo-o com a mão de apoio (figura 303). Você também pode mover o pescoço enquanto aplica shiatsu no ombro. Levantar o cotovelo com a mão de apoio torna o tratamento mais eficiente (figura 304). Aplique o shiatsu em ambos os lados usando o alongamento máximo.

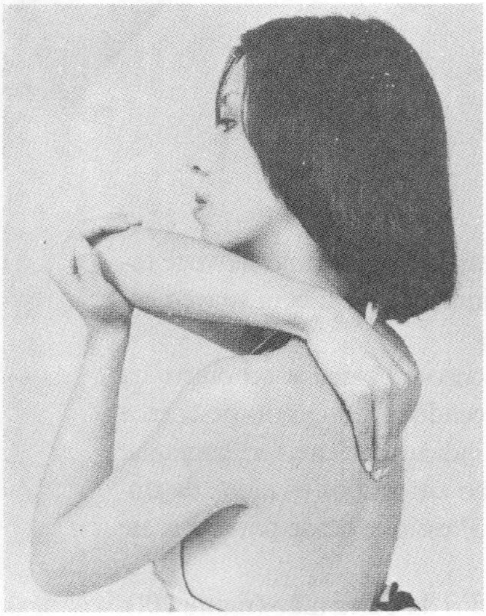

Fig. 303

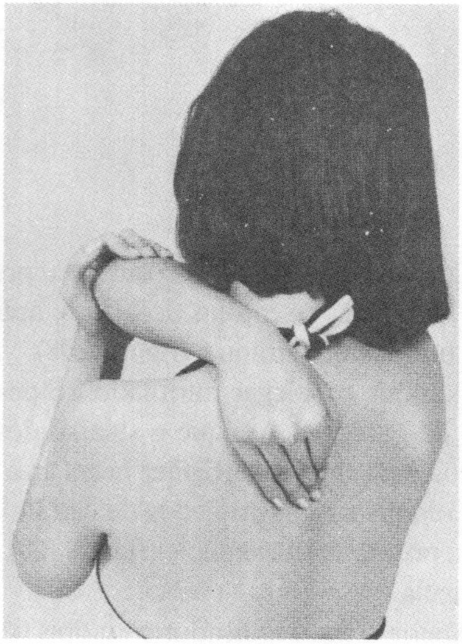

Fig. 304

Fig. 305

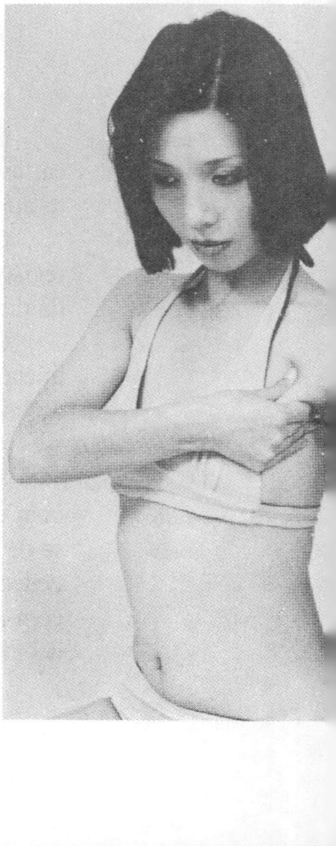

Como aplicar o shiatsu na parte superior dos braços: Se você sofre de rigidez nos ombros, necessitará de shiatsu nos braços. A rigidez nos braços também é um problema comum hoje em dia.

Coloque os dedos atrás da omoplata e pressione a axila com o polegar (figura 305).

Com o polegar, aplique um shiatsu suave ao redor da articulação do ombro (figura 306).

Como aliviar dores de dente

A parte mais importante do braço é a sua raiz (a axila), o músculo peitoral, na frente, e o músculo deltóide, atrás do braço.

O tratamento desses músculos é eficaz contra dores de dente: o peitoral para dores nos dentes inferiores e o deltóide para dores nos dentes superiores. Você também pode aplicar o shiatsu no braço ao longo dos meridianos do intestino grosso, do coração, do pulmão, do constritor do coração e do intestino delgado.

Com os quatro dedos na axila, pressione o músculo peitoral com o polegar e comprima-o. Se estiver pressionando o *tsubô* correto, sentirá uma sensação que se estende desde a parte anterior do pescoço até o dente. Aplique tanta pressão quanto desejar.

Você pode pressionar os ombros desde a frente até as costas e aplicar um shiatsu suave (figuras 307 e 308).

Fig. 306

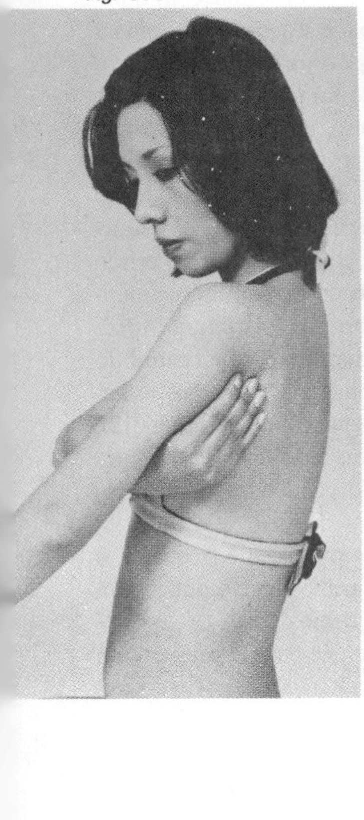

Fig. 307

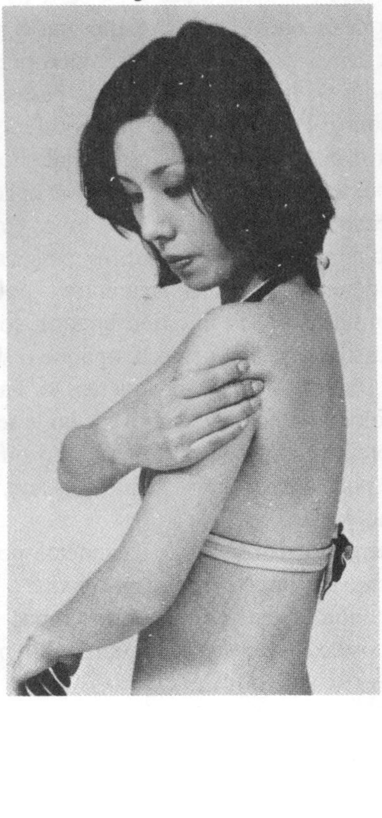

Fig. 308

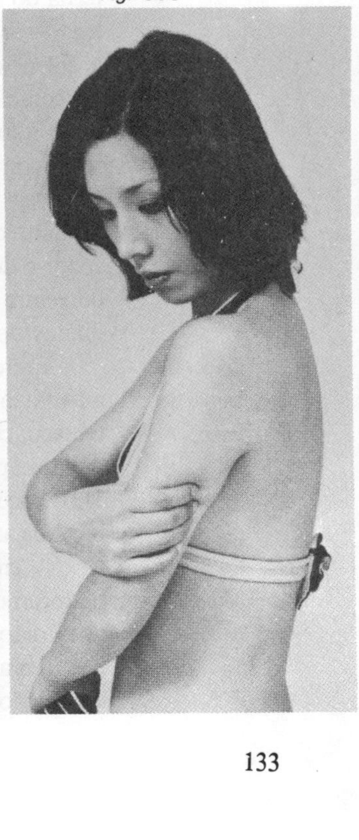

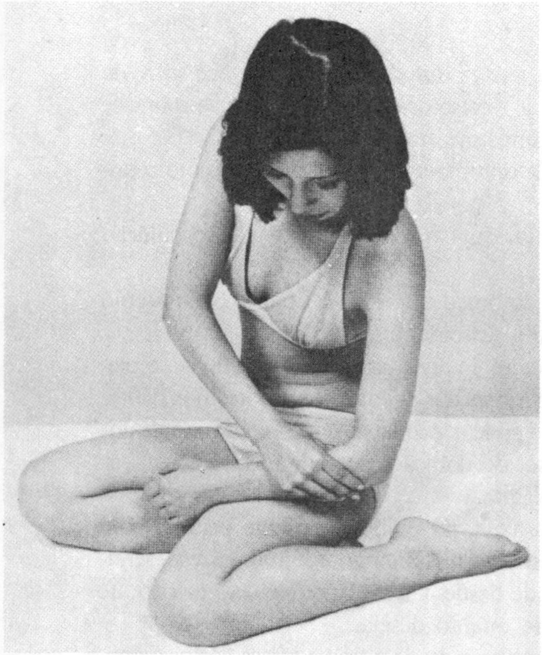

Fig. 309

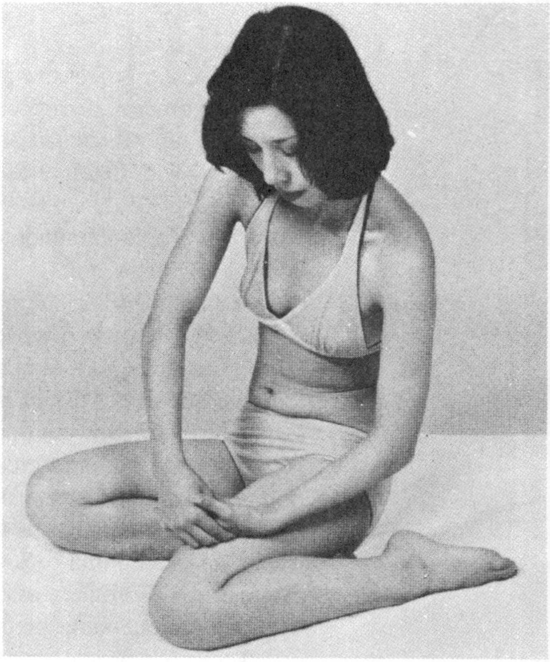

Fig. 310

Aplique um shiatsu suave pressionando o braço desde o ombro até o cotovelo, como mostra a figura 309. Coloque o polegar na parte interna do braço e os quatro dedos na parte de fora. Pressione com o polegar e, com os outros dedos, comprima a parte externa. Para aliviar a dor nos dentes superiores, aplique uma pressão forte nos meridianos do coração e do intestino delgado, do lado de fora do braço (lado do dedo mínimo). Para a dor nos dentes inferiores, aplique uma pressão forte com o polegar (meridianos do pulmão e do intestino grosso).

Shiatsu para prevenir prisão de ventre

Se você tem um problema de gengiva, aplique pressão firme ao longo da linha central da parte interior do braço (meridianos do triplo aquecedor e do constritor do coração). As pessoas com problema de prisão de ventre devem aplicar o shiatsu entre o polegar e o indicador (meridianos do pulmão e do intestino grosso), sobre o FI-4 (figura 310).

Como aliviar tensão no braço

Em casos de fadiga nervosa, aplique o shiatsu na linha central do antebraço (figura 311). Isso alivia a tensão. Para aliviar a rigidez no antebraço, coloque-o no chão, sob o joelho, e segure o pulso (figura 312). Aplique pressão com o joelho. Repita do outro lado do braço (figura 313). Você pode aplicar pressão forte ou suave, dependendo da força empregada no joelho.

Correção de pulso deslocado

A energia detém-se muito facilmente nos pulsos, e é freqüente o deslocamento da junta. Nesse caso, coloque o joelho sobre o pulso, com uma mão sobre a outra, e pressione com o joelho.

Abra os dedos e cruze-os (figura 314). Aperte e puxe o polegar com dois dedos (figura 315).

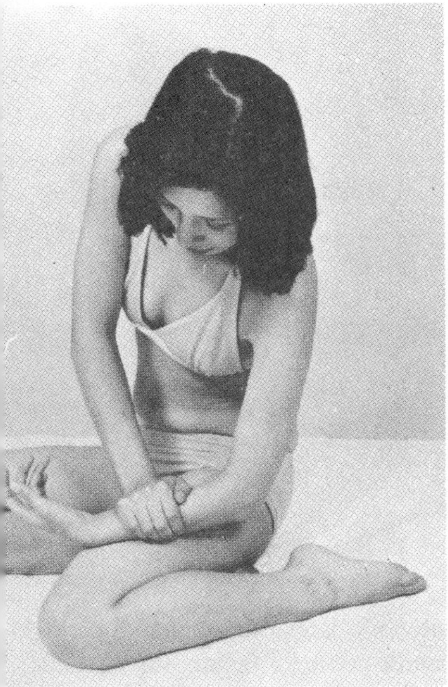

Fig. 311

Fig. 312

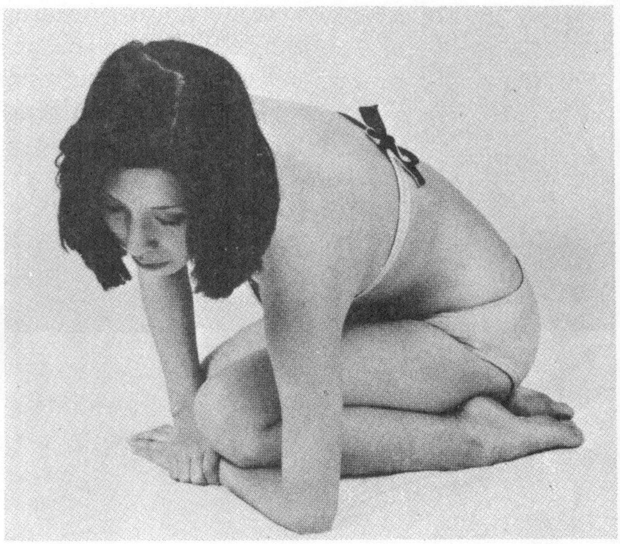

Fig. 313

Fig. 314

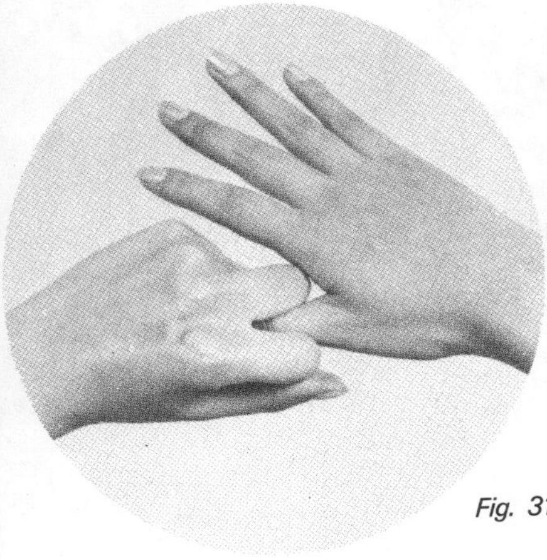

Fig. 315

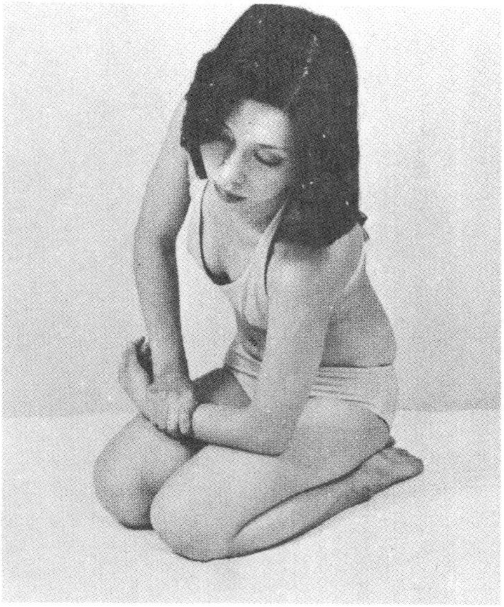

Fig. 316

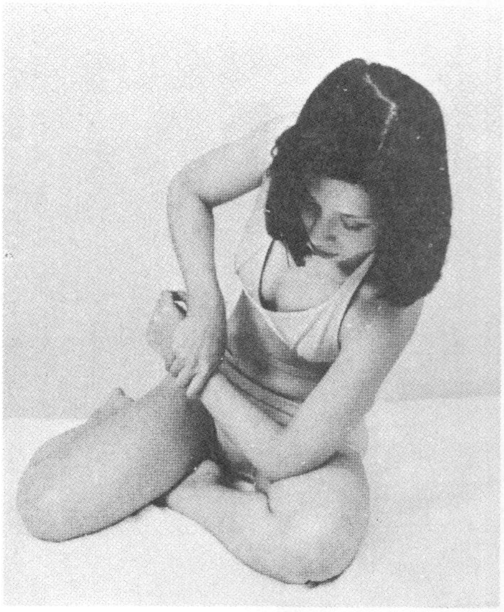

Fig. 317

Auto-shiatsu nas pernas: Sente-se no estilo japonês e coloque o cotovelo no centro da coxa. Aplique o shiatsu de cotovelo (figura 316). Você também pode se sentar com as pernas cruzadas, ou se sentar de lado, como na figura 317. Aplique o shiatsu com o cotovelo ou com ambas as mãos na parte de dentro da perna.

Fig. 318

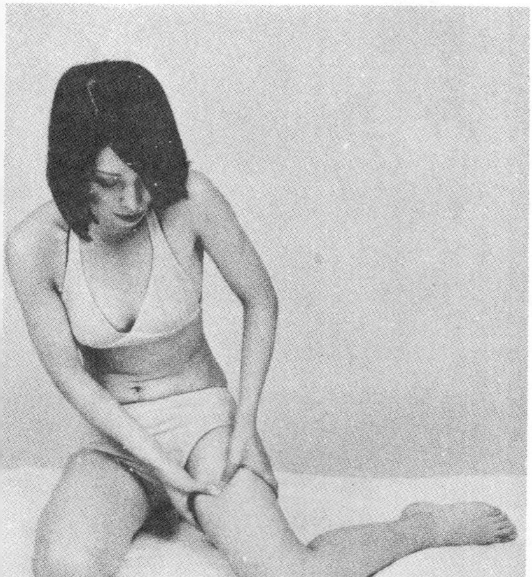

Fig. 319

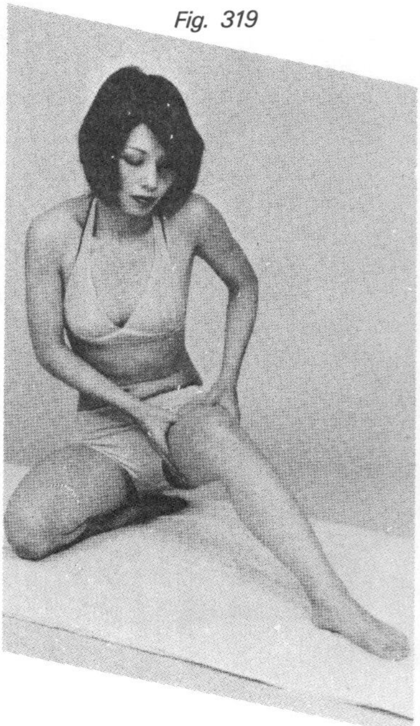

Fig. 320

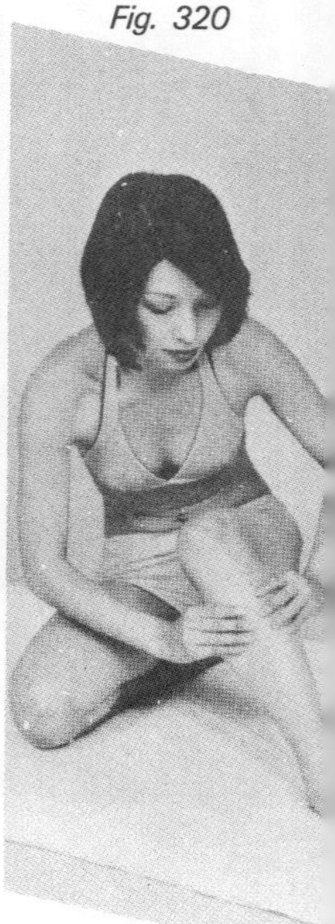

Você pode dobrar a perna para fora e aplicar o shiatsu do mesmo modo (figura 318). Ou, então, pode esticar a perna para o lado e aplicar o shiatsu de polegar no alto da coxa (figura 319). Coloque os polegares um ao lado do outro no músculo da barriga da perna e os quatro dedos de cada mão nos lados da tíbia, e pressione (figura 320). Em casos de cãibras na barriga da perna, aplique mais pressão nessa área.

Como aliviar entorpecimento na barriga da perna

Quando sua perna estiver entorpecida devido a circunstâncias anormais, como depois de uma longa doença, aplique shiatsu forte desde o EST-36 do lado externo da tíbia até o tornozelo do lado de fora da perna (figura 321).

Aplique o shiatsu em cada dedo do pé. Dobre-os e aplique o shiatsu tanto com o polegar como com os dedos da planta dos pés aos tornozelos (figura 322). Então, aplique o shiatsu na área do tornozelo. Faça rotações com os pés. No Japão essa técnica é recomendada para a longevidade e o rejuvenescimento. É indicada também nos casos de hemorragia cerebral, de rigidez no tornozelo e na região dos dedos dos pés, e de dificuldades em girar a perna. Contusões e desmaios são sintomas de rigidez na planta dos pés.

Sentado à moda japonesa, você pode aplicar o shiatsu nos dedos e na planta dos pés e prevenir entorpecimento nas pernas (figura 323).

Fig. 323

Fig. 321

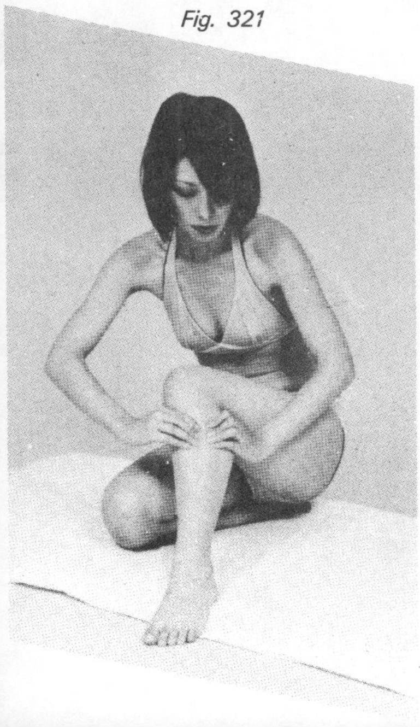

Fig. 322

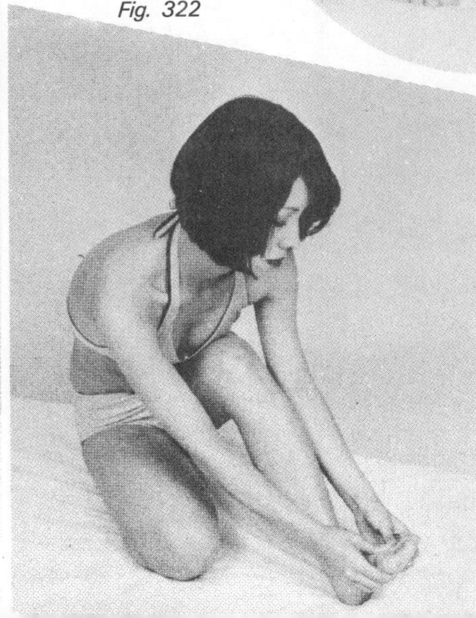

Fig. 324

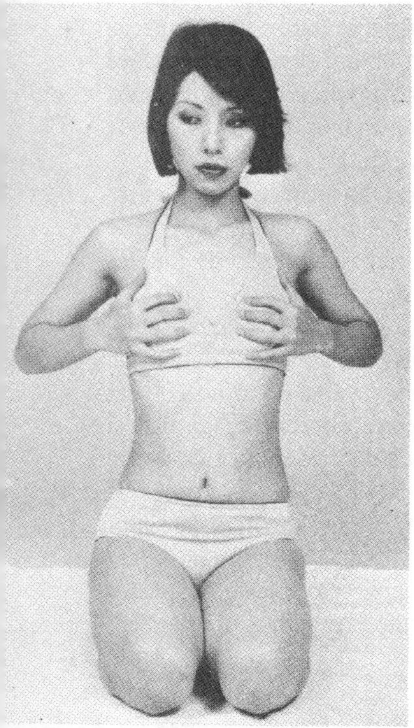

Auto-shiatsu no tórax: Quando você estiver com tosse ou sentir dificuldade em respirar e peso ou dor na área do tórax ao expelir muco, pode aplicar auto-shiatsu no tórax. Abra os dedos e aplique as pontas nos lados da caixa torácica em direção ao centro do tórax (osso esterno) (figura 324). Pressione e deslize os dedos para cima. Faça isso dos dois lados. Então, com ambas as mãos, do centro do tórax para os lados, aplique shiatsu com os dedos, abrindo e pressionando para baixo.

Deslize os dedos para cima e para baixo do osso esterno (figura 325).

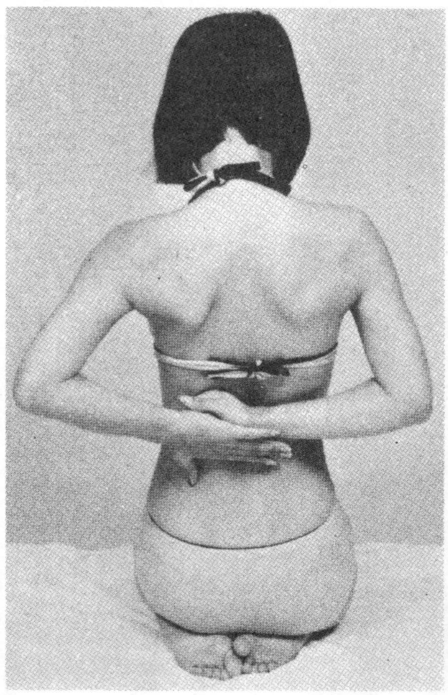

Fig. 326

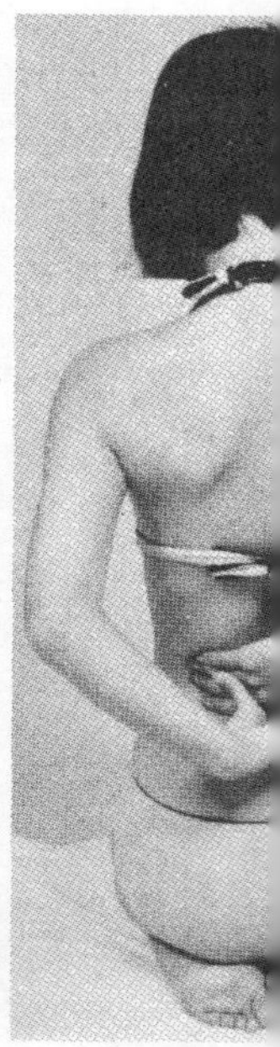

Fig. 327

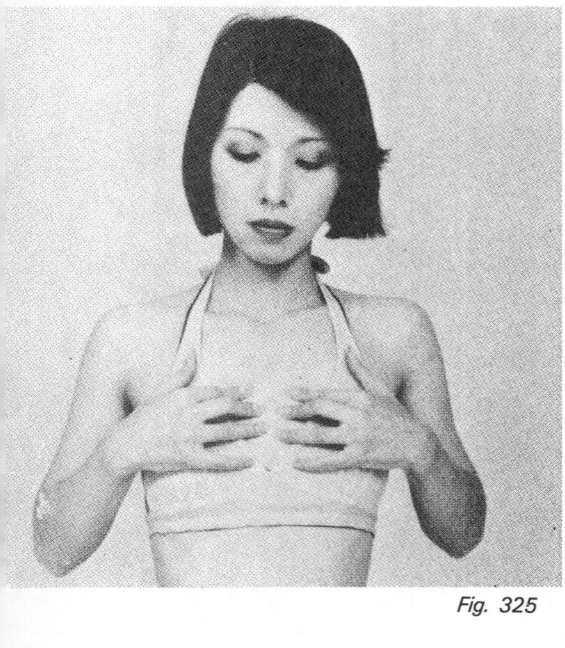

Fig. 325

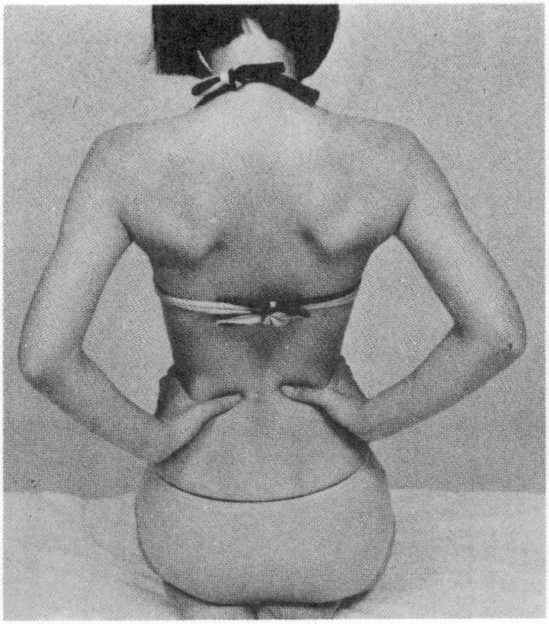

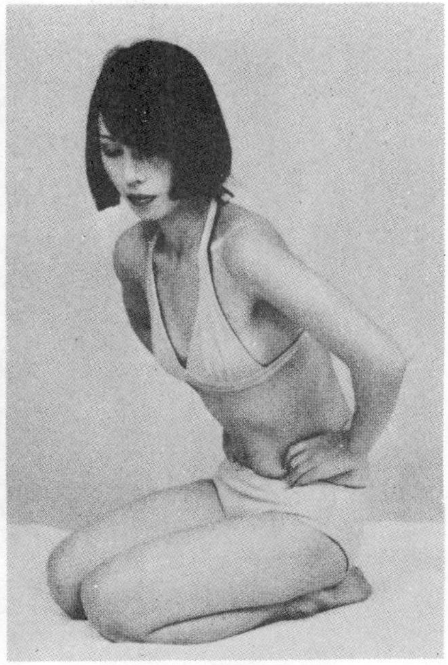

Fig. 329

Fig. 328

Como aplicar shiatsu na área inferior das costas: Coloque o punho nas costas, na altura do *hará,* e pressione, colocando a outra mão sobre ele (figura 326). Na área curva da parte inferior das costas, coloque as mãos de modo que o polegar e os quatro dedos fiquem apoiados nos lados da espinha. Pressione (figura 327).

Coloque as mãos na cintura de maneira que os polegares fiquem na parte inferior das costas e os quatro dedos de cada mão no meridiano do intestino grosso (figura 328). Pressione. Uma excelente técnica para a constipação é comprimir o meridiano do intestino grosso enquanto estiver evacuando (figura 329).

Auto-shiatsu na região do "hará": Coloque uma mão na caixa torácica e sustente-a com a outra. Pressione (figura 330). Coloque os quatro dedos na área do plexo solar e, sobre eles, a outra mão. Pressione lenta e suavemente (figura 331).

Fig. 331

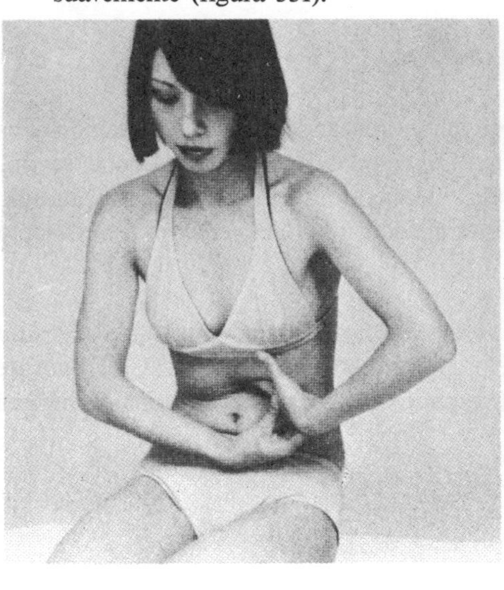

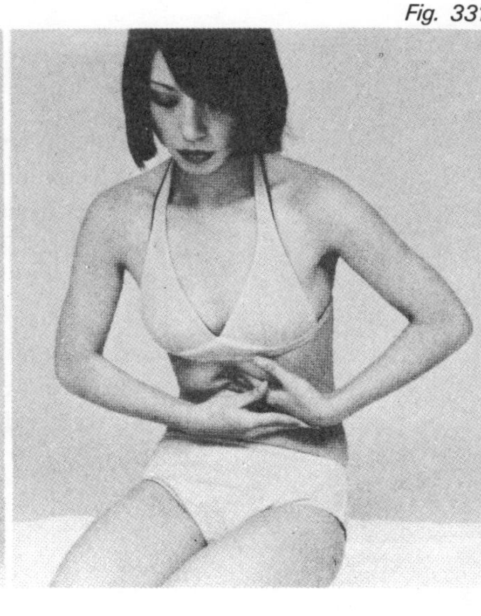

Fig. 330

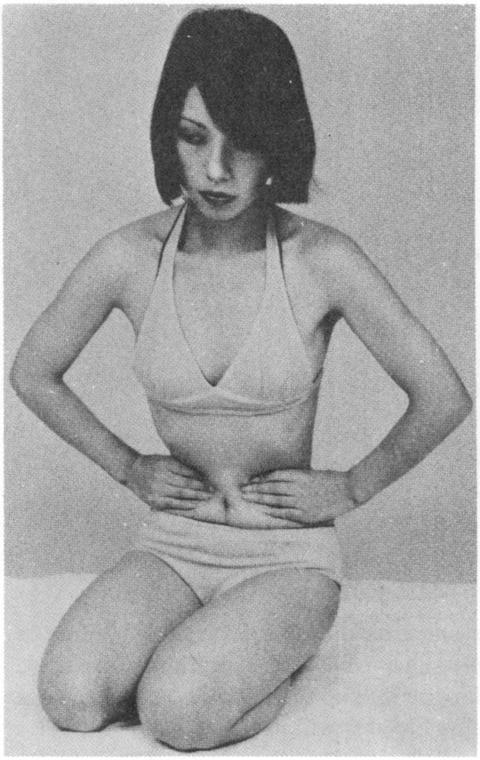

Fig. 332

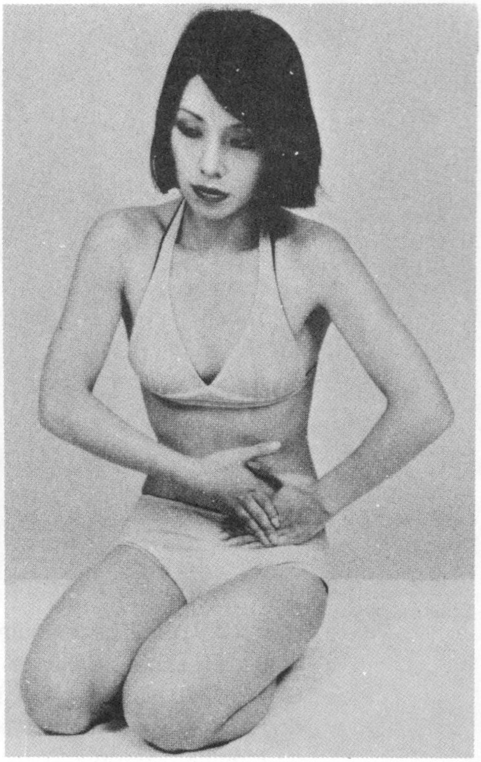

Fig. 333

Coloque os quatro dedos de cada mão no centro do *hará* com os polegares apoiados nos lados. Pressione (figura 332). Coloque os dedos quase verticalmente na parte inferior do torso. Coloque a outra mão sobre eles e pressione (figura 333). Quando as mãos estiverem livres, pode aplicar o auto-shiatsu em toda a região do *hará*. Isso pode estimular os órgãos digestivos e as respectivas funções. É bom para estômago fraco, constipação e, especialmente, inapetência.

Auto-shiatsu deitado

Quando você estiver aplicando o shiatsu, poderá ficar cansado e será difícil continuar. Os métodos deste capítulo podem ser aplicados quer você esteja deitado de lado, de bruços ou de costas, usando o peso do próprio corpo. Estes métodos são muito eficazes e previnem ou eliminam o cansaço.

Auto-shiatsu no braço: Deite-se de lado e aplique o shiatsu desde o ombro até o cotovelo com a mão oposta (figura 334). Não use o peso do corpo. Você pode expor mais os braços e pressioná-los inclinando-se para trás.

Peso do corpo no braço

Coloque o lado externo do antebraço sob os quadris e mantenha a posição. Não aplique shiatsu (figura 335).

Coloque a parte interna do braço sob os quadris e mantenha a posição. Você pode aplicar o shiatsu de segurar, desde o cotovelo até o pulso, mudando o ângulo do braço (figura 336). Repita do outro lado. Deitado de costas, coloque o lado externo do antebraço sob o osso ilíaco e mantenha a posição. Você pode aplicar shiatsu nos braços usando o peso do osso sacro ou da região das vértebras lombares (figura 337). Repita no outro braço.

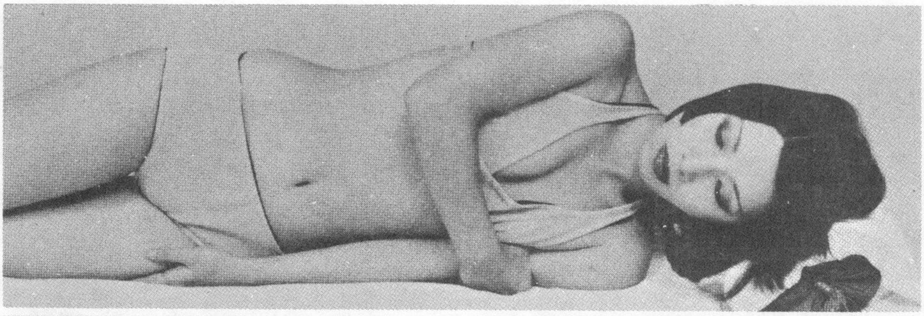

Fig. 334

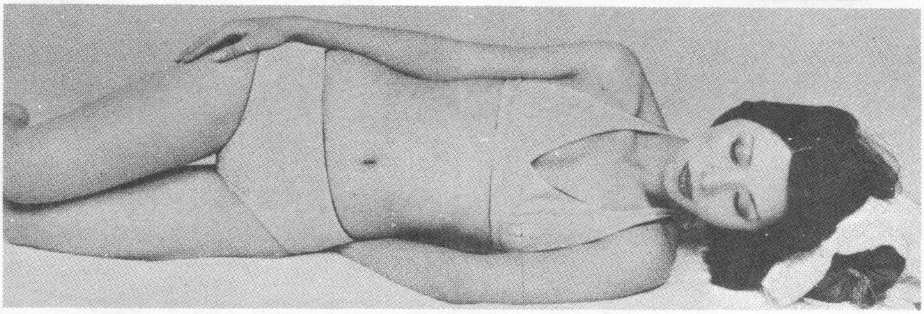

Fig. 335

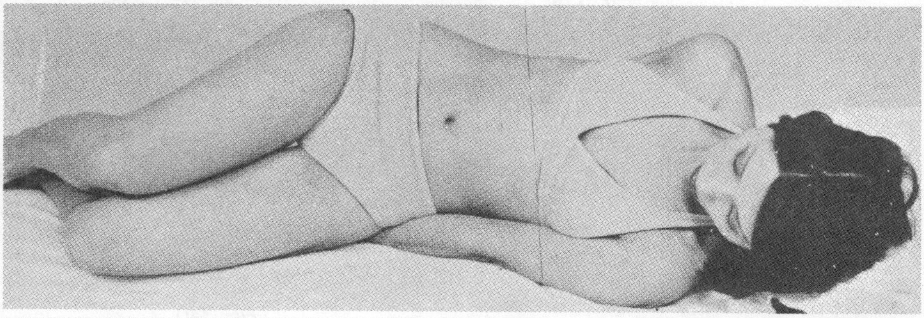

Fig. 336

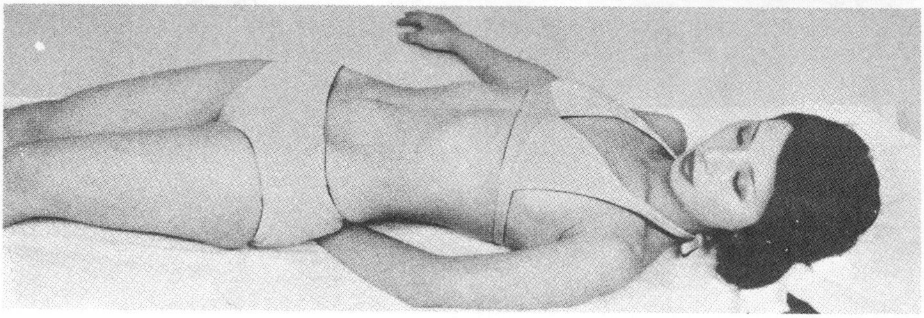

Fig. 337

Auto-shiatsu nas pernas na posição supina: Deitado de costas com uma perna esticada, dobre a outra e leve-a o mais alto possível, na direção da virilha da perna esticada (figura 338). Você pode aplicar o shiatsu deslizando o pé da perna dobrada até a rótula, da rótula até o EST-36 e do EST-36 até o tornozelo ao longo do meridiano do estômago (figuras de 339 a 341).

Fig. 338

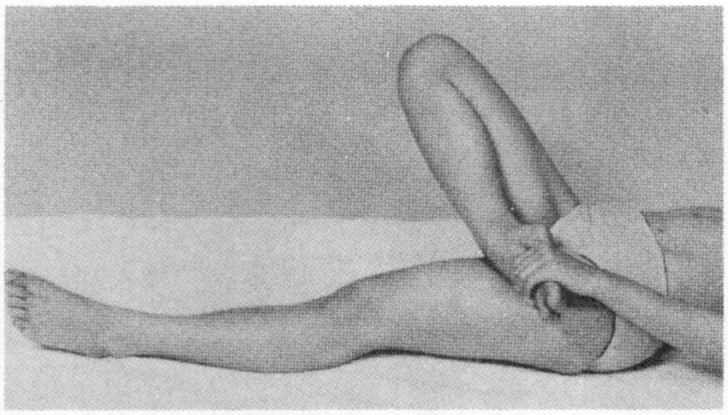

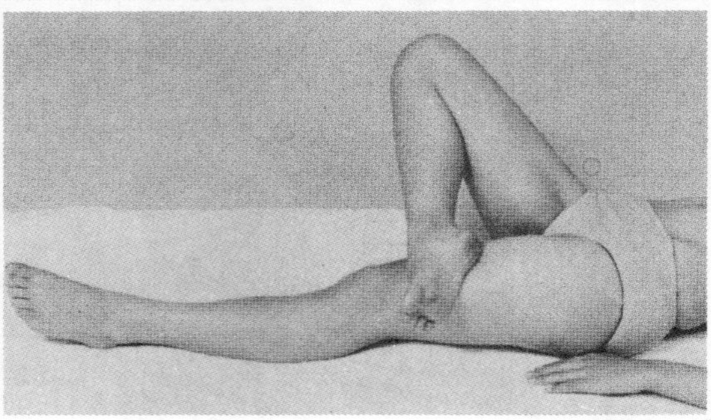

Fig. 339

Fig. 342

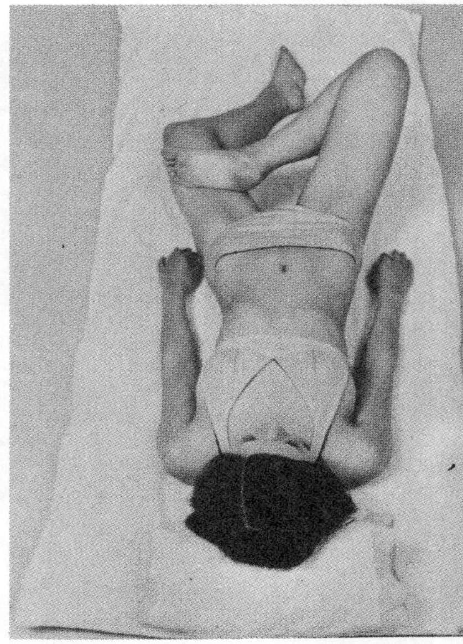

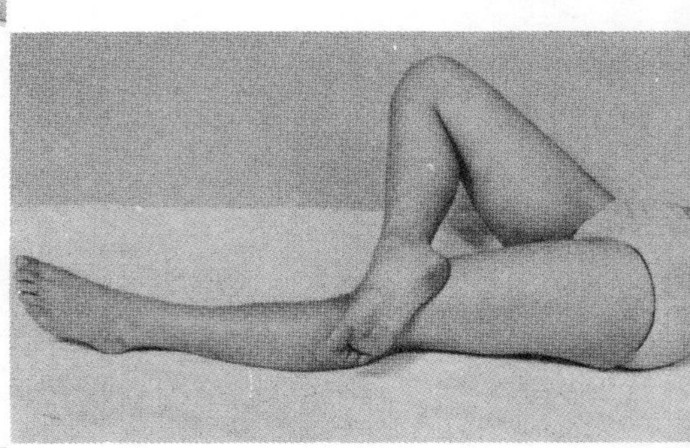

Fig. 340

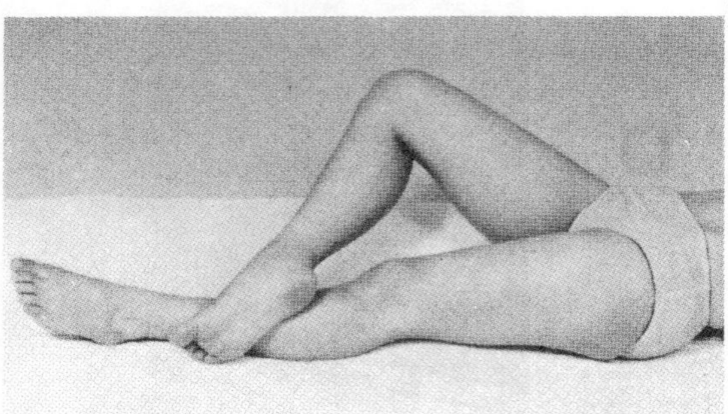

Fig. 341

Fig. 344

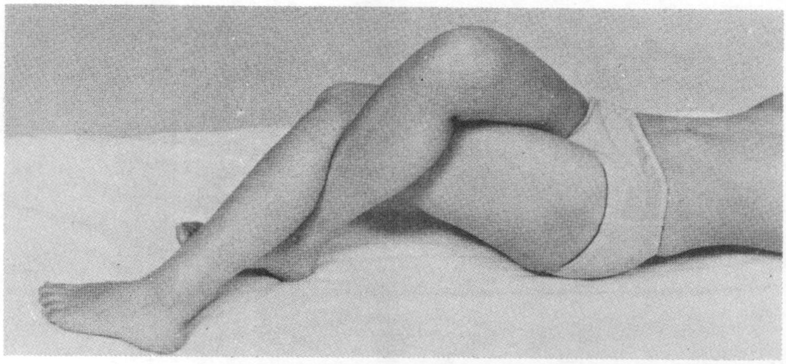

Fig. 343

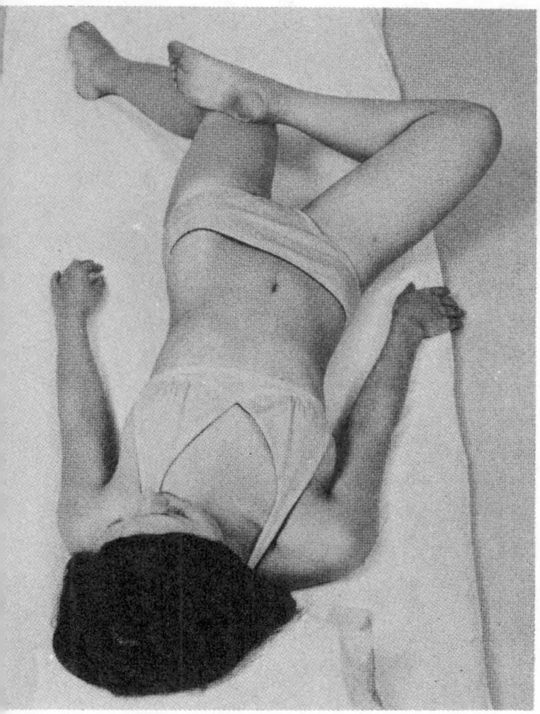

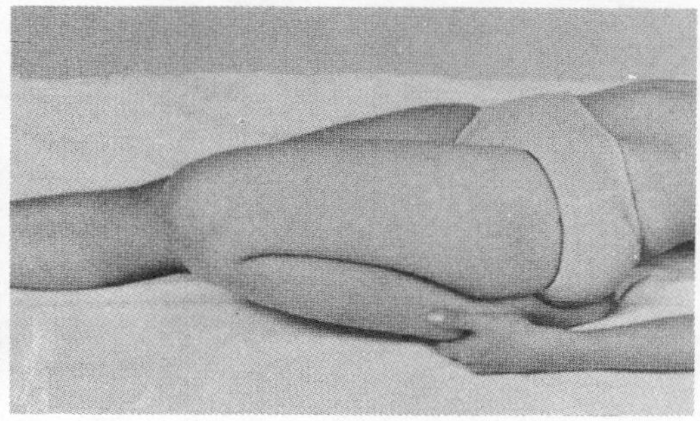

Fig. 345

Shiatsu no lado interno da perna

Dobre uma perna para dentro e leve o pé o mais alto possível na direção da virilha. Pressione com o pé a parte interna da perna, ligeiramente dobrada, desde o joelho até o tornozelo (figura 342). Vire para fora a perna dobrada e pressione com o outro pé o lado externo da perna, do mesmo modo que na figura 342 (figura 343).

Atrás da parte inferior da perna

Cruze as pernas e com os dedos do pé aplique shiatsu na barriga da perna (figura 344).

Dobre uma perna e coloque os dedos do pé sob o quadril (figura 345).

Em seguida, dobre a outra perna e coloque-a na mesma posição (figura 346). Essa técnica alonga o meridiano do estômago.

Coloque o tornozelo no joelho oposto. Deslize-o para baixo devagar, aplicando pressão contínua, em direção ao chão, na parte inferior da perna (figura 347).

Fig. 346

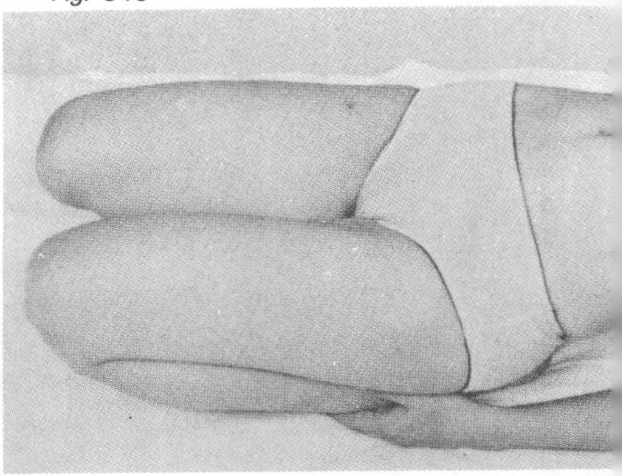

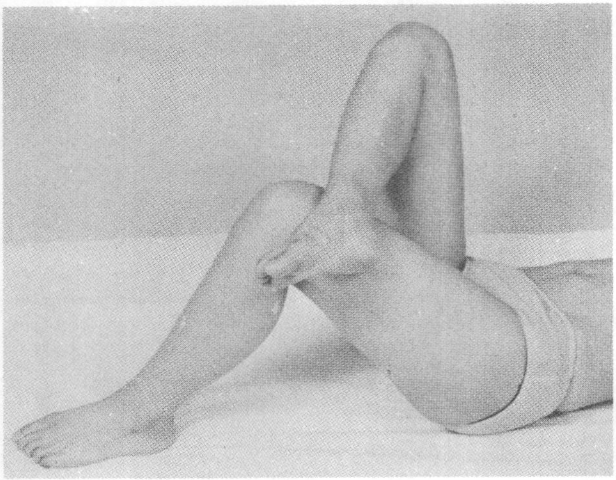

Fig. 347

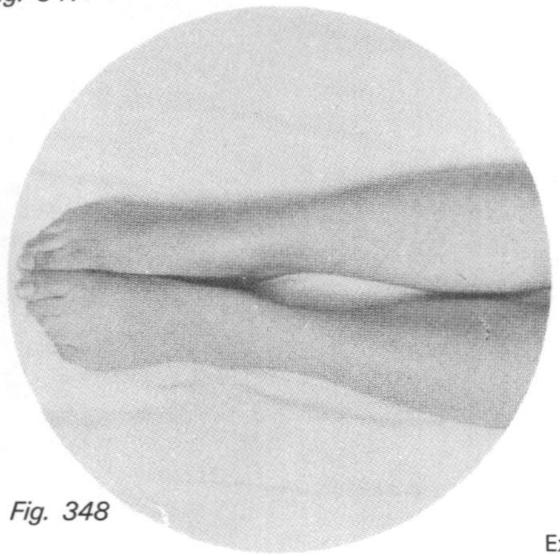

Fig. 348

Fig. 349

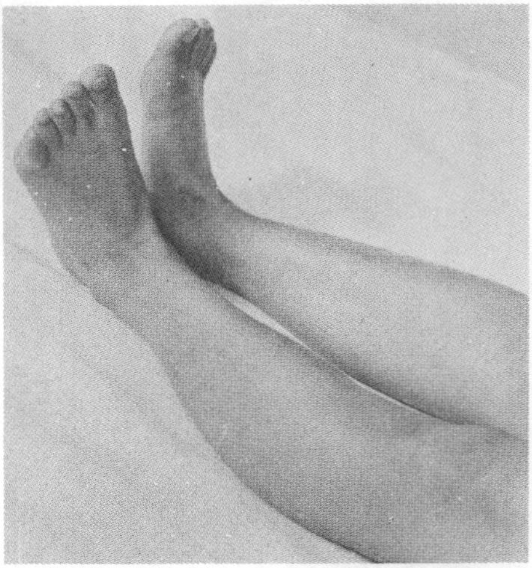

Exercício para o tornozelo

Estenda as pernas e estique os dedos dos pés para fora, com todo o vigor (figura 348).

Flexione os dedos e então estique (figura 349). Repita algumas vezes. Flexione os dedos e estique-os alternadamente, mantendo o corpo relaxado. Isso é bom para pernas cansadas, insônia, má digestão, falta de apetite e má circulação nas pernas.

Auto-shiatsu na parte inferior das costas na posição supina: Deitado na posição supina, coloque os punhos debaixo das costas ao longo da coluna vertebral. Deixe o peso do corpo sobre os punhos (figura 350). Deslize os punhos desde a parte mais alta das costas que puder alcançar até os quadris.

Coloque um travesseiro na parte inferior das costas, segurando-a com uma das mãos (figura 351).

Deixe o peso do corpo sobre ela e pressione a parte inferior das costas com a palma e os dedos. A outra mão deve sustentar o corpo pelos quadris. Repita o processo do lado oposto.

Fig. 350

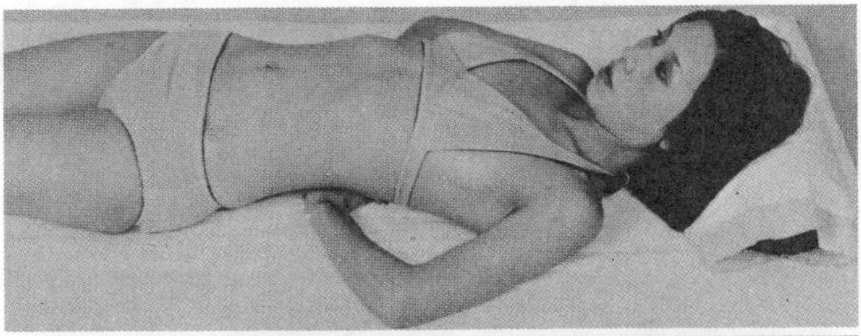

Fig. 351

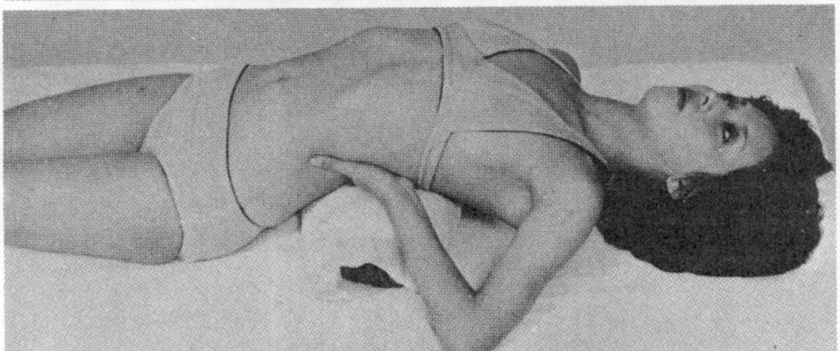

Fig. 352

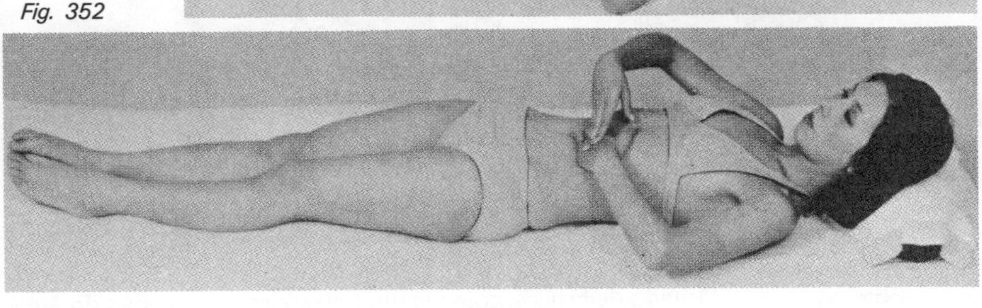

Como aplicar shiatsu no "hará": Deitado de costas, utilize a mesma técnica da posição sentada para o *hará* (figura 352). Use ambas as mãos e procure sentir cada rigidez no tórax e na região do *hará*. Se usar um cobertor sobre o corpo, esse peso lhe dará uma pressão eficaz.

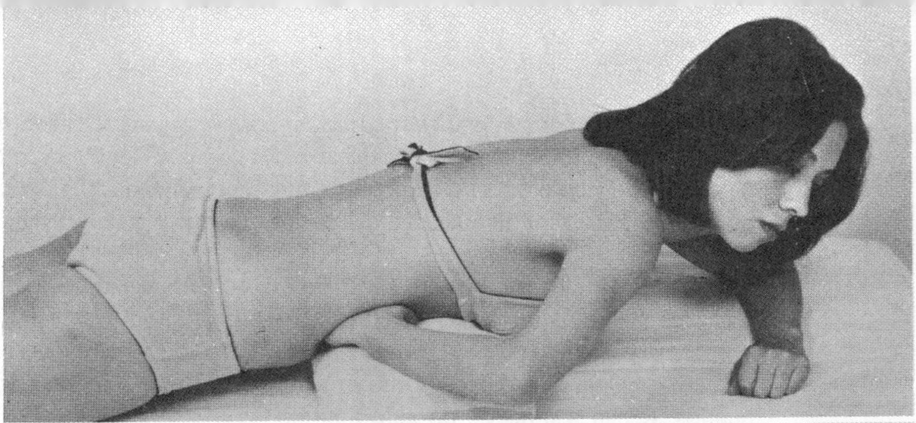

Fig. 353

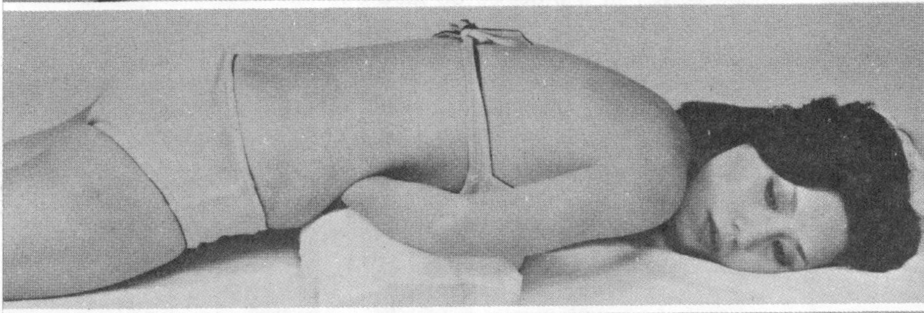

Fig. 354

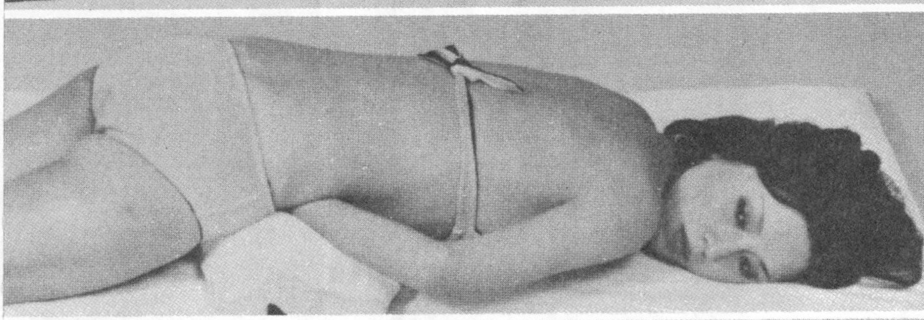

Fig. 355

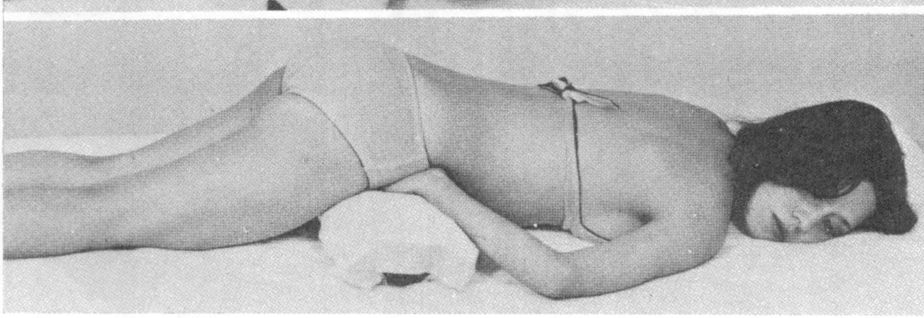

Fig. 356

Shiatsu no "hará" na posição de bruços

Deitado de bruços, coloque um travesseiro sob a região do *hará*. Coloque uma mão entre o *hará* e o travesseiro e sustente o corpo dobrando na frente o cotovelo oposto (figura 353). Coloque a palma, o polegar e os dedos na parte superior do *hará*. Feche a mão naturalmente e aplique pressão.

Região do umbigo

Com a mão fechada naturalmente, coloque-a na região do umbigo de modo que a base das palmas se apóiem nele (figura 354). Traga de volta o braço que estava sustentando o corpo. Deixe o tórax apoiado no chão, vire a cabeça para os dois lados e mantenha a posição. Repita do outro lado do *hará*.

Região inferior do "hará"

Trabalhe a região inferior do *hará* como na figura 353 ou na figura 354. Coloque o travesseiro na área onde estiver aplicando o shiatsu (figura 355). O travesseiro deve ser duro. Se usar uma almofada, dobre-a ao meio para que fique mais dura.

Região da virilha

Aplique o shiatsu na virilha da mesma maneira que na figura 354. Quando você o aplicar do lado direito, use a mão direita, e, para o lado esquerdo, a esquerda (figura 356). Isso é muito confortável.

Fig. 357

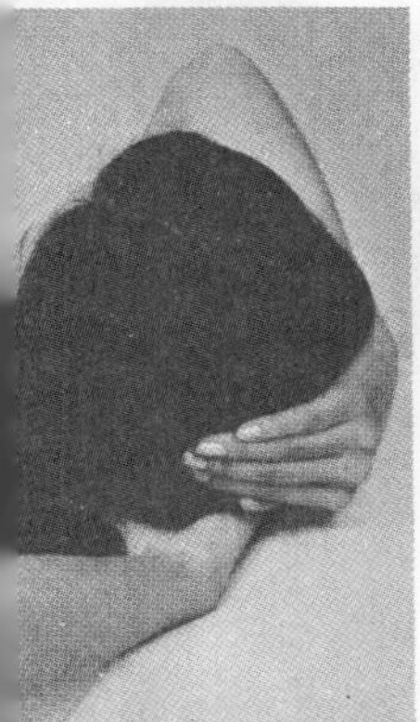

Fig. 358

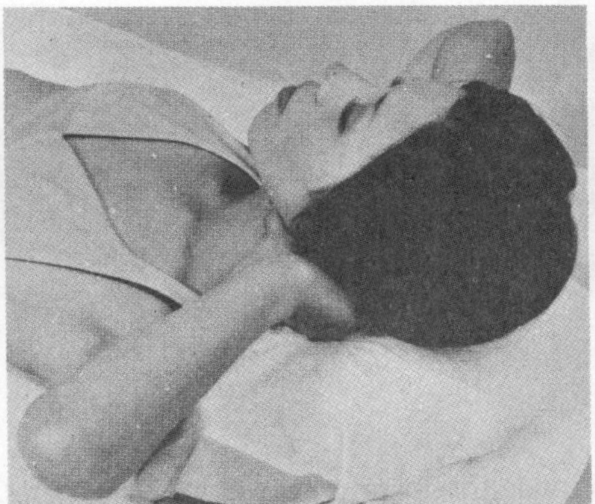

Fig. 359

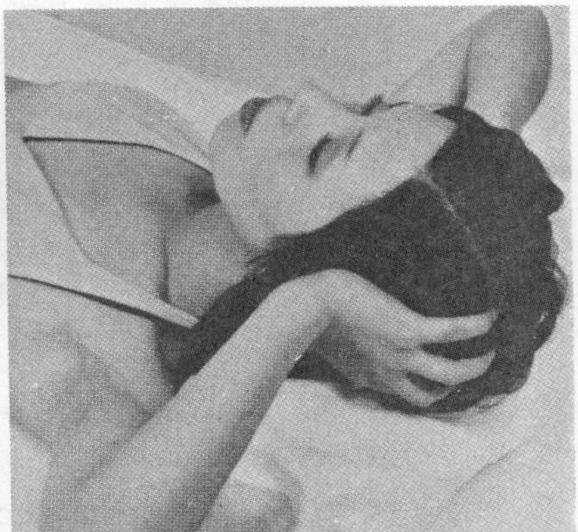

Como aplicar auto-shiatsu no pescoço e na nuca: Deitado de costas, coloque um travesseiro sob a cabeça. Pressione atrás do pescoço com uma mão, apoiando a cabeça na palma da outra (figura 357). Coloque os dedos nas vértebras cervicais e aplique o shiatsu desde a base até o alto do pescoço. Em vez de pressionar com os dedos, deixe o peso da cabeça cair sobre eles (figura 358). Com os polegares, pressione as áreas BX-10 e VB-20 (base do crânio) (figura 359). Em seguida, pressione a cabeça com as palmas (figura 360).

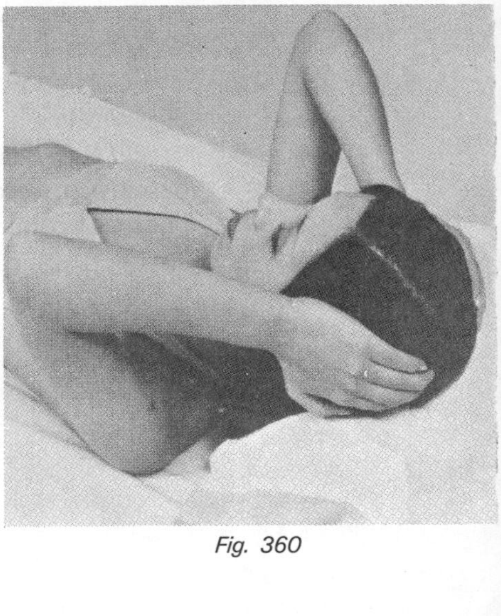

Fig. 360

Fig. 361

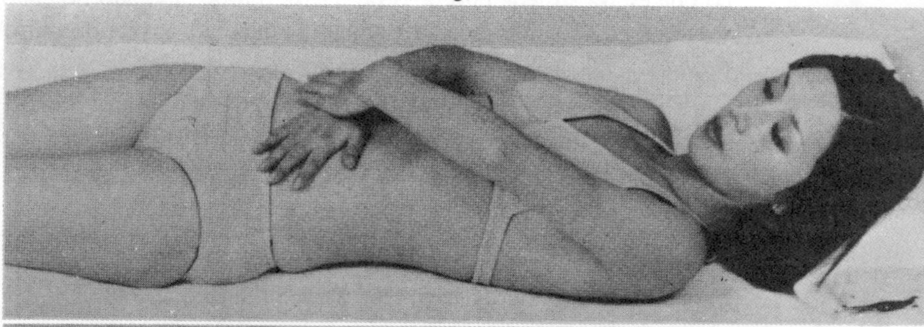

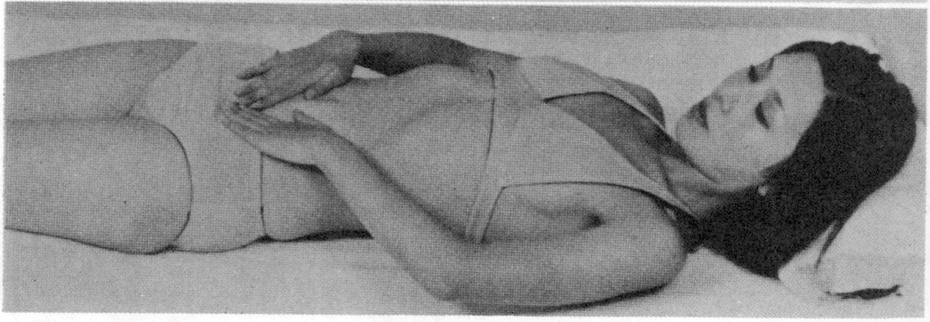

Fig. 362

Resumo: Você pode friccionar o rosto com os polegares. Friccione o tórax e o *hará* com ambas as mãos. Ponha a mão direita sobre o umbigo e a mão esquerda sobre a direita e pressione. Abra os dedos e coloque a mão na área do umbigo. Com a ajuda da outra mão, aplique o shiatsu, deslizando as duas e girando-as no sentido horário (figura 361).

Como respirar

Coloque as mãos na área inferior do *hará*, apontando-as para o umbigo. Acalme a respiração (figura 362).

O auto-shiatsu deve ser praticado antes de você ir se deitar, para que durma bem e acorde revigorado. Também é bom para pessoas acamadas; pode trazer bons resultados e encurtar o período de hospitalização.

6. Doenças específicas

Reações ao tratamento de shiatsu

A filosofia básica do shiatsu é a restauração do funcionamento normal do corpo, mais do que o tratamento dos sintomas. Quanto mais tempo o corpo for negligenciado e funcionar anormalmente, mais demorará para recuperar o equilíbrio. Durante o processo de recuperação da saúde, o corpo reagirá a qualquer tratamento administrado com essa finalidade, mas o grau dessa reação diferirá de acordo com o tipo de tratamento.

Quanto mais intenso for o tratamento ou a cura que tente restabelecer, em curto tempo, o corpo doente, tanto mais intensamente o corpo reagirá. O dr. Toudou, médico japonês que emprega sedativos em seus tratamentos radicais, declarou certa vez: "Sem o *menken* (uma reação), não há esperança de recuperação". Embora, em essência, esse princípio seja acertado, o grau de reação necessário para a recuperação não deve ser determinado assim.

Quando alguém está doente, é natural que procure ajuda para remediar a situação o mais depressa possível. Do mesmo modo, é natural que o praticante deseje a cura rápida do paciente. Contudo, ao tentar fazer isso, invariavelmente acabamos tratando somente dos sintomas. As drogas químicas, usadas para anestesiar a dor que se associa aos sintomas, enganam o paciente, fazendo-o acreditar que está curado.

É difícil explicar ao paciente que o processo de recuperação não é necessariamente de todo indolor e livre de sintomas. Inicialmente, as reações fortes e o prolongamento dos sintomas são, às vezes, fundamentais para a recuperação perfeita de uma doença. Na acupuntura, na moxibustão e na medicina herbácea chinesa, os estudantes são ensinados e treinados para que possam interpretar e tratar de reações inesperadas à terapia. Esse conhecimento é particularmente útil em casos de diagnose e de tratamento incorretos. Os tratamentos visam o alívio rápido; em geral, surgem fortes efeitos colaterais, como na terapia de drogas. Na terapia de manipulação, contudo, esse perigo normalmente não ocorre.

Por outro lado, a atitude do paciente é de extrema importância em qualquer tratamento. Tratei de pacientes que pioraram depois de um tratamento de shiatsu. Eles concluíram que talvez não houvesse a possibilidade de esse tipo de terapia curar suas condições crônicas. Quando um paciente pergunta se o shiatsu pode curar seu problema, digo que a responsabilidade de remediá-lo deve ser atribuída ao próprio paciente, não ao praticante. A prática do shiatsu permite ao paciente sentir e perceber o poder de cura que está dentro dele. É também um meio de conscientizá-lo de que ele mesmo ocasiona a doença e que, portanto, deve tomar as providências para adotar um estilo de vida mais adequado à sua saúde. O poder de curar doenças não reside em uma superforça constitucional, em drogas químicas ou em milagres. Sua força vital ou poder natural de regeneração é que constitui a chave decisiva para sabermos se é possível ou não nos mantermos saudáveis. Para se tornar saudável, portanto, você deve fazer o oposto daquilo que o tornou doente.

A alienação e a negligência — produtos de nossa era tecnológica — afetam drasticamente a nossa saúde psicológica, a ponto de a doença e o sofrimento se tornarem o modo preferido de vida. Esse desejo inconsciente de permanecer doente pode ser a razão pela qual o mesmo tratamento, feito por pessoas diferentes, produz resultados também muito diferentes. O praticante deve estar consciente da causa da queixa dos pacientes, que nunca parecem estar satisfeitos se não fizerem, continuamente, um tipo ou outro de queixa. Em geral, o forte espírito crítico visa o praticante. Por outro lado, há pessoas que colocam a inteira responsabilidade de seu bem-estar nas mãos do praticante. Esse tipo de posição é, por si mesmo, uma forma de doença.

Não é errado acreditar que o shiatsu possa curar todas as doenças, mas você descobrirá que haverá falhas se não se quebrar a resistência do paciente. Em japonês, o shiatsu é *te-ate* isto é, a aplicação das mãos de uma pessoa na parte do corpo de outra pessoa. Essas mãos substituem o desejo instintivo de colocar as próprias mãos nas partes doentes. Dessa forma, quando você coloca a mão no ponto *kyo*, o paciente é capaz de acreditar em sua recuperação.

Quando a reação ao tratamento for positiva e ele em seguida se sentir melhor, o paciente estará percebendo a sensação de energia total que diminui o sintoma. Os sintomas são intensificados quando estão concentrados numa só área, mais do que se estivessem espalhados pelo corpo. Nos casos em que ocorrem novas reações, os sintomas, que tinham se tornado crônicos, retrocedem a um estágio agudo e, dessa forma, estão prontos a serem eliminados do corpo.

É importante que você seja sensível ao desejo de descanso manifestado pelo corpo quando este estiver fatigado: é importante atentar para a posição mais confortável, etc. A princípio, você perceberá melhoras rápidas, mas, à medida que o tempo passa, a doença parecerá estacionária; parece que você melhorou, mas não os sintomas. Devemos entender que muitos estágios estão envolvidos na recuperação e que conseguir saúde é um processo gradativo. Trata-se de um processo muito semelhante ao crescimento de uma criança. Se você estiver com a criança todos os dias, não perceberá tão bem quanto ela cresceu como perceberia se a visse depois de uma longa ausência. Mas permanece o fato de que ocorrem mudanças, sejam elas perceptíveis ou não. Ao se conscientizar disso, o praticante de shiatsu profissional será paciente e compreensivo. Ele garantirá ao paciente que a melhora virá com o tempo e será sensível às suas necessidades durante a fase de recuperação.

Doenças dos órgãos locomotores

Entorses: Prejuízo causado a um ligamento ou tendão como conseqüência de um movimento rápido ou brusco. A entorse do tornozelo ou do pulso, a distensão e as dores crônicas do cotovelo, comuns entre os tenistas, podem ser consideradas luxações de um certo grau. Algumas luxações podem ser facilmente curadas pela massagem ou pela aplicação de panos quentes, emplastros e ungüentos. Em alguns casos, contudo, ocorrem deslocamentos parciais. Embora isso não possa ser constatado por meio de raios X, esse tipo de deslocamento afeta o músculo e o meridiano a tal ponto que a recuperação se torna difícil. As perturbações internas causadas por choques externos afetam enormemente o funcionamento do corpo.

Para tratar esse problema com o shiatsu, é importante que você descubra as linhas meridianas afetadas em volta da articulação. Coloque a mão tonificadora na área dolorida e, com a outra, procure a área *kyo* ou *jitsu* ao longo do tendão ou do músculo. Lembre-se de que, para fazer isso, você deve conhecer os meridianos envolvidos. Se você tentar sedar o meridiano que for *jitsu*, o paciente achará a sua manipulação muito dolorosa. É melhor tratar os meridianos *kyo* com o shiatsu de pressão longa e, então, aplicar gradualmente a técnica de sedação-tonificação, alongando a articulação para que readquira sua mobilidade. Em muitos casos, você perceberá mais deformações nas áreas *kyo*, por causa do grau de contração muscular que ocorre no meridiano *jitsu*. A técnica de tonificação-sedação é fundamental para o tratamento das entorses, mas é importante que se empreenda uma série de tratamentos para assegurar a completa recuperação. Isso é ainda mais verdadeiro em casos crônicos.

Traumatismos: Os acidentes de tráfego são uma das principais causas desse problema que afeta as vértebras cervicais. Os movimentos bruscos do pescoço para a frente e para trás, que causam o mau funcionamento dos nervos, ao longo da cabeça, dos ombros e dos braços, comumente são chamados de traumatismo. As dores no pescoço e a limitação de movimentos nessa área podem causar dores de cabeça, vertigens, zumbido nos ouvidos, vômitos, dor nos olhos e na garganta, dormência nos braços e dificuldade para segurar e para andar. Os tratamentos por massagem, tração ou drogas não têm oferecido curas completas.

Ao tratar de casos como esses, toque muito suavemente o lado de cima e as laterais das vértebras cervicais, uma por uma. O paciente sentirá uma dor muito forte na área. Segure-lhe a cabeça com as mãos de modo a que ele não possa movê-la rapidamente em reação à dor. Os meridianos do triplo aquecedor e da vesícula biliar são afetados não só em casos de traumatismo, mas também se houver qualquer problema nas vértebras cervicais.

Quando ocorrer um traumatismo, o meridiano do triplo aquecedor é *kyo* e o do intestino delgado é *jitsu*. A tração repentina exercida pela força que é imposta ao pescoço alonga-o a tal ponto que o meridiano do intestino delgado se contrai para suportá-la. As lesões nas vértebras cervicais facilmente afetam as vértebras dorsais. Quando o meridiano do triplo aquecedor está envolvido, são afetadas as vértebras dorsais, da sétima à nona (área do meridiano do constritor do coração). Algumas vezes, descubro que o meridiano do intestino delgado é *kyo* e o do triplo aquecedor, *jitsu*. Ao interrogar o paciente sobre os detalhes do acidente traumático que sofreu, descubro que a pancada inesperada veio do lado, e não da parte de trás ou da frente.

Você pode encontrar deslocamentos na área da primeira e segunda vértebras lombares, que está relacionada com o meridiano do intestino delgado. As perturbações *kyo* e *jitsu* também podem ser encontradas na região do *hará*, assim como nas pernas. Deve-se dar atenção a todas as regiões afetadas antes que se obtenham bons resultados.

Em casos agudos e no início do tratamento, não deve ser usado um shiatsu forte na região das vértebras cervicais. Segure o pescoço do paciente de modo firme mas suave, de tal sorte que o paciente permaneça totalmente relaxado e seguro em suas mãos. Preste muita atenção à normalização dos meridianos. Os casos crônicos reagem bem à tonificação da área *kyo* pela manipulação da cabeça. Deve-se tomar o cuidado, contudo, de utilizar uma série de tratamentos em todo o corpo para prevenir a volta da deformação.

Entorse do pescoço: Esta condição é causada geralmente pelo excesso de estiramento do músculo. Manter só um tipo de posição ou um tipo de movimento constantemente pode causar a perda do tônus muscular e a deformação dos músculos. Os meridianos da vesícula biliar, do triplo aquecedor, do intestino delgado e do baço são afetados. A massagem geral não é muito eficaz, porque estimula somente a superfície. O tratamento só na região dolorida não é eficaz porque o problema envolve distorção nos meridianos dos órgãos internos. Desde que o tônus muscular seja profundo, o shiatsu de pressão deve ser feito nas áreas *kyo*. O shiatsu em todo o corpo, usando a técnica de tonificação-sedação nas áreas *kyo* e *jitsu*, é importante no tratamento desse problema. Para outros detalhes, retorne ao item sobre as entorses.

Os problemas do cotovelo de tenistas, os problemas locomotores crônicos e a dor nos ombros causada por fadiga temporária requerem tratamento semelhante. O problema geralmente não reside na área de interesse direto, mas no corpo como um todo.

Problemas dos ossos: Em casos de dor e problemas na espinha, o shiatsu incorreto pode agravar a situação; assim, é importante que você siga o procedimento correto. Há muitos terapeutas de shiatsu que acreditam que a simples pressão na área dolorida pode curar tudo. O instinto natural, porém, torna evidente que não se deve pressionar diretamente essas áreas. Todavia, alguns terapeutas de shiatsu ainda insistem em que o paciente agüente a dor e lhe infligem mais dor, afirmando que a dor cura. Além disso, quando a condição piora, esses terapeutas consideram-na uma reação normal ao tratamento. Nesses casos, deve-se levar em conta o mau funcionamento de todo o corpo.

Primeiro, coloque suavemente a palma da mão na área problemática e, então, proceda à diagnose. Depois que a diagnose estiver completa, tonifique a área de mau funcionamento, sem aplicar pressão. Se a aplicação da palma na espinha causar dor, isso pode indicar problemas ósseos e desvios ao longo da espinha.

Aplique o shiatsu no *hará* e verifique então se há qualquer alteração no grau da dor. O shiatsu no corpo todo pode, então, ser aplicado.

No Japão, dizemos que o osso é o espelho dos rins e que a coluna vertebral é o espelho da bexiga. Portanto, quando ocorrem problemas nos ossos ou na espinha, o mau funcionamento dos rins ou da bexiga retarda o tempo de recuperação. Também a má nutrição e a deficiência de circulação podem causar o mau funcionamento dos meridianos do intestino delgado e do triplo aquecedor.

Lumbago — dor na parte inferior das costas: Os japoneses observaram que as dores na parte inferior das costas aparecem por volta dos quarenta anos de idade. Recentemente, porém, esse problema pode ser encontrado entre pessoas na faixa etária de vinte a trinta anos. A expressão "dor na parte inferior das costas" tem um sentido muito amplo e pode incluir problemas específicos, como deslocamentos de disco, de vértebras e ciática. Muitos problemas na parte inferior das costas podem ser o resultado de movimentos impróprios, de problemas ósseos, já mencionados, ou do mau funcionamento dos órgãos internos. Para tratar esse problema, é importante um diagnóstico cuidadoso. No caso de deslocamento de disco, pressionar a área problemática não dará alívio ao paciente. A região lombar está conformada de tal maneira no nível do *hará* que as vértebras freqüentemente se deslocam. Isso pode causar hérnia entre as vértebras, com a conseqüente pressão do nervo. É natural que as vértebras lombares reajam à dor tentando permanecer eretas. Essa reação também é comum em casos de traumatismo e de desvios lombares. Muitos desses tipos de problemas são tratados pela medicina com aparelhos e coletes, mas o shiatsu também pode ajudar.

Na quiropatia, a área de desvio é ajustada com um forte empurrão. No shiatsu, nós nunca pressionamos a região do desvio; antes, tentamos conseguir total flexibilidade nas vértebras lombares, de forma que elas retornem à sua posição normal.

O shiatsu no *hará* tanto melhora a flexibilidade e a elasticidade ao longo dos músculos do tórax como corrige qualquer deformação na região das vértebras lombares. Descubra quais meridianos são *kyo* e trabalhe com eles em conjunção com shiatsu do *hará* e com a manipulação, dobrando e girando as pernas. Essas técnicas relaxam os músculos em questão (os que provocam os desvios) e permitem que a coluna volte à sua posição normal. Também pode-se usar a técnica específica para desvios das vértebras lombares. Em geral, estão envolvidos os meridianos do baço e do pâncreas, do intestino delgado, dos rins, da bexiga e do intestino grosso.

Ombros rígidos: Mais conhecido no Japão como "ombros enregelados", é o estado que caracteriza os cinqüenta anos de idade. Não há causa específica relacionada com esse problema. O cansaço acumulado com a idade, problemas nos dentes ou nas gengivas, causando inflamação do nervo e a deterioração do funcionamento dos órgãos internos, são fatores que contribuem para o surgimento desse estado. É fácil aplicar pressão nos músculos distendidos, mas, se houver dor, a área ao longo da articulação do ombro pode se tornar especialmente inflamada. Nesse estágio agudo, é preferível interromper o tratamento. Quando realizar a diagnose do meridiano, você deve descobrir que os meridianos do intestino grosso e delgado e da vesícula biliar são *jitsu*. É mais importante, contudo, que você trabalhe com os meridianos *kyo*. Em geral, você encontrará os meridianos *kyo*, que são profundos e fracos, no lado oposto da dor ou das áreas *jitsu*. Os meridianos *kyo* são geralmente os do estômago, do baço, pâncreas, triplo aquecedor, coração e rins.

Aplique o shiatsu nas regiões *kyo*, mantendo a pressão. Não estimule as áreas *jitsu*. Depois de confirmar seu diagnóstico no *hará* e nas costas, graças à técnica de tonificação-sedação, aplique uma manipulação suave nos braços. Tome cuidado para não esticar os braços em qualquer das posições usadas no tratamento. Forçar os braços na posição pode dar mobilidade temporária, mas aumentará depois a dor. O alívio pode ser dado através do shiatsu em todo o corpo, usando-se a técnica de tonificação-sedação.

Artrite: Artrite aguda e reumatismo são freqüentemente causados por acidentes. A artrite tuberculosa crônica e a gota são acompanhadas por intumescimento, dificuldade de locomoção, febre e dor resultantes da rigidez e contração ao longo da junta. A desidratação da área da articulação dá somente um alívio temporário, porque não é parte do processo natural de cura. Deve-se proibir a manipulação ou estimulação direta das articulações. Em vez disso, segure firmemente a articulação com a palma da mão para protegê-la e aplique o shiatsu nos meridianos e músculos mais próximos. Isso relaxará os músculos rígidos e os tendões e propiciará uma circulação sangüínea melhor na região. As dificuldades de locomoção também podem ser um indício de falta de energia constitucional para o movimento e de acúmulo de toxinas que devem ser eliminadas.

A artrite reumatóide e a osteoartrite são caracterizadas por tensão geral do corpo com o meridiano do intestino delgado *kyo* e o da vesícula biliar *jitsu*. Isso é acompanhado freqüentemente por dificuldades na absorção do alimento pelo intestino delgado, por má circulação, movimentação locomotora limitada e mau funcionamento do mecanismo de desintoxicação. A artrite no joelho e no tornozelo indica que o meridiano do baço é *kyo*. Algumas vezes estão envolvidos os meridianos do intestino grosso, da bexiga e dos rins. O intumescimento e o inchaço em geral afetam os meridianos do triplo aquecedor.

Reabilitação: Problemas que envolvem o mau funcionamento locomotor, com derrame cerebral ou qualquer tipo de artrite, com freqüência deixam o doente parcialmente curado depois de concluído o tratamento médico. Infelizmente, a reabilitação dessa área não se concentra na correção do mau funcionamento dos órgãos internos. Ao contrário, a atenção é colocada no treinamento funcional e nos exercícios para capacitar o paciente a reassumir seu lugar na sociedade. Nenhuma atenção é dada ao problema que o paciente ainda poderia ter com o restabelecimento da liberdade total de locomoção e com o bom funcionamento de seus órgãos internos, que são necessários para a boa saúde física e psicológica. Em geral, a terapia física é acompanhada de revitalização energética, mas corrigir o funcionamento dos órgãos internos também é pré-requisito para boa saúde geral.

Nesse campo, o *shiatsu* pode ser de grande ajuda na reabilitação de inválidos. Ao tratar os meridianos e os órgãos correspondentes pode-se estabelecer tanto o total equilíbrio externo como o interno, permitindo ao paciente levar uma vida saudável e completamente normal.

Doenças do aparelho digestivo

Problemas estomacais e intestinais: Quando alguém tem um problema estomacal ou intestinal, instintivamente friccionamos-lhe as costas num gesto de conforto ou fazemos a pessoa deitar-se de costas e friccionamos o estômago suavemente. Também acontece o mesmo ao aplicarmos o shiatsu. Ao aplicá-lo com a palma da mão, primeiro nas costas, obtemos um diagnóstico geral da condição da pessoa. Depois que o paciente estiver mais relaxado, confirme o seu diagnóstico aplicando o shiatsu na região do *hará*.

Visto que muitos problemas nessa área não podem ser chamados de doenças específicas, tomei a liberdade de usar descrições comuns de cada condição, através das sugestivas indicações de como lidar com esses problemas a fim de obter uma recuperação rápida, usando a teoria dos meridianos. Antes de ler este item, é importante que você conheça o conceito dos doze meridianos, bem como o método para o uso do *kyo* e do *jitsu*.

Inflamação nervosa do estômago — meridiano do estômago: *jitsu*, meridiano da bexiga: *kyo*.

Comer em excesso, hipertensão, hiperacidez gástrica, amargor na boca e fadiga contínua — meridiano do estômago: *kyo*, meridiano dos rins: *jitsu*.

Estômago inchado ou sensação de ter comido demais — meridiano do estômago: *jitsu*, meridiano dos rins: *kyo*.

Mau funcionamento intestinal, inapetência causada por falta de exercício — meridiano do estômago: *kyo*, meridiano do intestino delgado: *jitsu*.

Consumo excessivo de doces e lanches entre as refeições — meridiano do estômago: *jitsu*, meridiano do intestino delgado: *kyo*.

Vontade anormal de comer — meridiano do baço: *kyo*, meridiano do intestino delgado: *jitsu*.

Má digestão causada por excesso de trabalho — meridiano do baço: *jitsu*, meridiano do intestino delgado: *kyo*.

Úlceras duodenais — meridiano da sístole cardíaca: *kyo*, meridiano da bexiga: *jitsu* ou meridiano da vesícula biliar: *kyo*, meridiano da bexiga: *jitsu*.

Diarréia causada por excesso de comida — meridiano do estômago: *jitsu*, meridiano do intestino grosso: *kyo*.

Diarréia por comer muito depressa — meridiano do baço: *jitsu*, meridiano do intestino grosso: *kyo*.

Diarréia por resfriado ou choque causado por dificuldade de absorção — meridiano do intestino delgado: *jitsu*, meridiano do intestino grosso: *kyo*.

Diarréia causada pelo nervosismo — meridiano da bexiga: *jitsu*, meridiano do intestino grosso: *kyo*.

Estágio inicial da apendicite — meridiano do estômago: *jitsu*, meridiano do intestino delgado: *kyo*.

Formação de pus — meridiano do triplo aquecedor: *jitsu*, meridiano do intestino delgado: *kyo*.

Falta de exercício — meridiano do triplo aquecedor: *jitsu*, meridiano do intestino delgado: *kyo*.

Má digestão causada por falta de exercício — meridiano do intestino delgado: *jitsu*, meridiano do intestino grosso: *kyo*.

Cansaço e falta de paciência causados por deficiência de nutrição — meridiano da vesícula biliar: *jitsu*, meridiano do intestino delgado: *kyo*.

Espasmos estomacais causados pela ansiedade — meridiano do estômago: *kyo*, meridiano do coração: *jitsu*.

Má digestão — meridiano do estômago: *kyo*, meridiano do intestino delgado: *jitsu*.

Exemplificando o modo de tratar esses casos, vamos tomar um caso de espasmo estomacal. Você pode aplicar o shiatsu ao CO-5 com o antebraço, para aliviar a dor, enquanto aplica o shiatsu de pressão sobre o estômago, para deter o espasmo.

Hérnia: Há dois tipos principais de hérnia: hérnia inguinal, em que o conteúdo do abdômen passa através da abertura ou canal inguinal na virilha, e a hérnia umbilical, que se produz no umbigo. Os meridianos associados aos órgãos internos na região da hérnia em geral são *kyo*. Os meridianos do intestino delgado, do intestino grosso e, ocasionalmente, do baço-pâncreas são, em geral, *kyo*.

Para tratar hérnias, sustente a área rompida com a palma da mão, para tonificar a região. O shiatsu deve ser aplicado para fortalecer e aumentar a elasticidade do estômago e dos intestinos e para relaxar os músculos da perna e os citados meridianos.

Hemorróidas: Há muitos estágios de hemorróidas, porém o mais comumente conhecido envolve a área anal. Os japoneses mostram-se em geral muito tímidos ao revelar esse problema quando ele ocorre; dessa forma, agravam a condição com a ansiedade.

O shiatsu geral pode melhorar a circulação sangüínea anal e aliviar qualquer estagnação energética na região pelo relaxamento dos músculos do cólon. O VB-20 (*hyakue*), localizado no alto da cabeça, é eficaz no alívio de condições hemorroidais. O meridiano da bexiga é eficaz para tratar problemas anais e de má circulação. Visto que a prisão de ventre está freqüentemente relacionada com este problema, o meridiano do intestino grosso, especialmente no nível da perna, deve ser tratado. É necessário evitar beber em excesso e ingerir alimentos ácidos por causa de seu efeito adverso sobre os meridianos do fígado e dos rins. Ocasionalmente tive casos de hemorróidas relacionados com alguma desordem mental. Nesses casos, são afetados os meridianos do coração e do baço, que devem ser tratados.

Problemas de fígado: Na medicina oriental, há uma crença de que tudo provém do fígado e dos rins. Só recentemente a medicina ocidental tem considerado a importância desses assim chamados órgãos silenciosos, porque o seu mau funcionamento habitualmente nem é percebido. Quando o mau funcionamento desses órgãos atinge o estágio patológico, costuma ser muito difícil curá-los, a despeito de nossa abordagem analítica da doença com equipamentos tecnologicamente avançados. Portanto, outros métodos antipatológicos devem ser usados para desintoxicar esses órgãos.

A medicina oriental criou métodos de tratamento desses órgãos, com bons resultados. Os meridianos do fígado e da vesícula biliar tanto governam e controlam toda a energia vital, como desenvolvem a resistência às doenças. O tratamento dos meridianos do fígado e da vesícula biliar pode ser um meio eficaz de equilibrar a energia do corpo como um todo. A medicina herbácea chinesa, a acupuntura e o shiatsu ajudaram a solucionar muitos problemas do fígado, quando aplicados antes que fossem perdidas todas as esperanças. Ao tratar esses dois meridianos, ocorre a normalização de problemas de congestão, mau funcionamento digestivo, contração muscular aguda, rigidez nas articulações, fadiga, insônia e olhos cansados.

O mau funcionamento do fígado, de acordo com a teoria dos meridianos, indica que os meridianos dos rins e do intestino delgado devem ser tonificados ou acalmados para se revitalizar o fígado. Indica também intoxicação sangüínea e má circulação nos meridianos do constritor do coração e do triplo aquecedor. Ao manipular as juntas, você pode melhorar a circulação sangüínea, aliviar a tensão nessas áreas e, conseqüentemente, normalizar o funcionamento do fígado. A diminuição da ingestão de calorias e o descanso, tantas vezes aconselhados pelos médicos ocidentais, não são tão eficazes como o shiatsu no corpo inteiro e a manipulação das articulações.

Pedras na vesícula biliar: A bílis produzida pelo fígado é armazenada na bolsa da vesícula biliar, até que seja necessário encaminhar a sua secreção para o duodeno. Quando a bílis, por causa de alguma reação química anormal, se cristaliza em minúsculas massas, formam-se as pedras na vesícula. Enquanto essas pedras estão na bolsa, não há dor. Porém, quando essas pedras viajam através do ducto biliar para o duodeno, as paredes dos tubos se irritam, causando dor no nível da caixa torácica direita e da região do plexo solar. Ocasionalmente, a dor pode migrar para o ombro direito e para o braço, bem como pode causar desordem estomacal geral e congestão. A dor ou espasmos da vesícula biliar podem não ser indicação de que há pedras: é importante que você diagnostique cuidadosamente para poder determinar o problema real. Quando as pedras são pequenas, pode não haver qualquer dor perceptível; contudo, elas podem causar icterícia, inflamações na vesícula biliar e no fígado.

Os pontos de diagnóstico para pedras na vesícula são o alto da oitava até a décima primeira vértebras dorsais, os lados da oitava até a décima e o lado direito da décima até a décima segunda vértebras dorsais, bem como o lado direito do músculo psoas. Os pontos de diagnóstico do fígado e da vesícula biliar devem ser usados tanto para o diagnóstico como para o tratamento.

Quando a pedra passa através da vesícula biliar, irritando-lhe as paredes, a vesícula se contrai, causando forte dor. Ao aplicar o shiatsu, segure essa área (da vesícula biliar) para relaxar os músculos do órgão, de modo que as pedras possam passar através do tubo. Por experiência, descobri que pedras relativamente grandes podem passar facilmente, sem muita dor. A câibra na vesícula biliar, causada por tensão nervosa ou desequilíbrio emocional, também pode ser tratada com o shiatsu de pressão em toda a área da vesícula. Os meridianos do estômago e do baço, além disso, podem estar envolvidos com as pedras na vesícula devido à estagnação da bílis e ao mau funcionamento dos sucos digestivos. Em casos de tensão nervosa, verifique o meridiano da vesícula biliar e, para a acidez do sangue, o dos rins. É importante saber quais meridianos são *kyo* ao se aplicar o shiatsu.

Doenças dos órgãos circulatórios e respiratórios

Hipertensão cardíaca: A ansiedade obsessiva devido à ignorância do funcionamento do coração e a crença de que ele é a vida levaram a esse problema que eu chamo de "mal da civilização". O coração tem sido considerado a expressão central de todo o nosso corpo e, por isso, responde a qualquer tipo de nervosismo e rigidez na coluna vertebral. Freqüentemente, o estresse produz rigidez nos ombros e no sistema autônomo, o que faz com que o meridiano da bexiga se torne *jitsu*. Os desvios na área da espinha relativos aos meridianos do coração da sístole cardíaca podem resultar numa curvatura da região torácica e aumentar a sensibilidade às doenças cardíacas. A tensão nos antebraços indica o mau funcionamento do meridiano do triplo aquecedor. Controle os meridianos do coração e da sístole cardíaca, bem como o do triplo aquecedor no *hará* e na região do tórax. Em casos de palpitações, aplique o shiatsu de pressão na área do plexo solar e pressione descendo na direção do umbigo. Para dores no coração, aplique o shiatsu de segurar na zona do estômago e pressione para baixo.

Angina do peito: A angina do peito ou espasmo na artéria coronária é caracterizada por depressão, peso em volta do tórax e medo da morte. Em alguns casos, o repouso absoluto ajuda. O infarto do miocárdio é causado pela degeneração do miocárdio devido à estagnação sangüínea na artéria coronária. Em alguns casos, é fatal. Em geral, sente-se uma pontada de dor desde o peito e o ombro esquerdo até o dedo mínimo, envolvendo os meridianos do coração e do intestino delgado. Antes de um ataque, o meridiano do coração do paciente é *kyo* e o do intestino delgado é *jitsu*, o que também pode significar que a tensão emocional e a fadiga física ou mental, mais do que uma anormalidade cardíaca, são a causa real do problema.

Aplique o shiatsu para ajudar a circulação sangüínea nos meridianos do fígado e dos rins; para corrigir qualquer mau funcionamento do nervo autônomo, no meridiano da bexiga, e, para a má digestão e a falta de oxigênio, no meridiano do baço-pâncreas. No caso de um ataque, aplique o shiatsu na parte superior do braço e antebraço e, em seguida, nas costas e na região do *hará*. Aplique o shiatsu de pressão firme e evite estimulações fortes e movimentos bruscos. Se, depois de um ataque, persistirem as palpitações fortes, a temperatura baixa, a falta de urina, a dor no peito e outros sinais de um coração fraco, consulte um médico.

Hipertensão: No Japão, somente dez por cento dos casos de hipertensão ocasionam derrame cerebral. Por isso, em vez de nos preocuparmos com possíveis problemas cardíacos, devemos interpretar esse estado como uma advertência de que o estilo de vida não é compatível com a saúde. Devemos tomar cuidado ao considerar a dieta, o grau de fadiga emocional, mental e física e a falta de exercícios.

A pressão sangüínea alta geralmente é caracterizada pelo meridiano da sístole cardíaca *jitsu* ou *kyo*. Quando ele for *kyo*, a pressão muda rapidamente. A hipertensão cardíaca é a causa mais freqüente da hipertensão arterial. Por isso, a administração de remédios só resolve parcialmente o problema; além disso, produz efeitos colaterais. Os meridianos dos rins, da bexiga, do fígado e da vesícula biliar parecem confundir-se. Sente-se pouca energia nos meridianos dos intestinos delgado e grosso.

Anemia: Caracterizam a anemia as palpitações fortes, deficiência respiratória, fadiga mesmo depois de descansar, compleição fraca e falta de vitalidade. Uma diminuição nas células vermelhas do sangue evita que a quantidade exata de oxigênio atinja todo o corpo. Também uma dieta pobre, hemorragias, falta de sangue, verminose, falta de ácidos pépticos e anemia gástrica podem levar à anemia. O mau funcionamento gástrico e intestinal, devido ao jejum para perda de peso, ou uma dieta desequilibrada podem resultar num caso brando de anemia que se agrava progressivamente. Sentir-se cansado depois de longo período em pé pode indicar anemia cerebral. As pessoas que se cansam facilmente e que apresentam erupções cutâneas estão predispostas à doença e à anemia.

Hipotensão: Quando nossa pressão sangüínea somada à nossa idade ultrapassa 90 (pressão sistólica), preocupamo-nos com a pressão sangüínea alta e com as doenças cardíacas e, imediatamente, tentamos remediar a situação. Devido à ênfase dada aos perigos da pressão alta, muitas pessoas associam a pressão baixa com a longevidade e com um sinal de que o sistema cardiovascular é saudável.

A regra usada para determinar se a pressão sangüínea é normal é a idade + 90. Essa é a média; contudo, dez ou vinte pontos acima ou abaixo ainda podem ser considerados normais, dependendo do indivíduo. Assim, não importa qual seja a sua idade: se a leitura de sua pressão sangüínea for 120, você pode ficar feliz, pois tem um sistema cardiovascular correspondente a uma pessoa de trinta anos.

Por outro lado, se a pressão sistólica está abaixo de 90 e a pressão diastólica, abaixo de 60, você tem uma pressão sangüínea constitucionalmente baixa. Fadiga, tontura, vista cansada, insônia, dores de cabeça, palpitações, deficiência respiratória, má circulação, inapetência, irritação no peito e no estômago e falta de concentração, tudo isso pode originar-se desse estado. Quando você estiver tratando alguém com um ou mais desses sintomas, a causa pode ser a hipotensão. O consumo de drogas ou de bebidas alcoólicas só fará aumentar a pressão sangüínea e provocará um amolecimento cerebral, úlceras estomacais e asma.

É essencial levar uma vida regular com exercícios, períodos de repouso e consumo de mais verduras e legumes, aliados ao shiatsu em todo o corpo para assegurar o funcionamento correto de nossos órgãos interiores. Deve-se evitar dormir pouco, fumar e ter indigestão.

Ao tratar esses problemas com o shiatsu, devem ser considerados os seguintes meridianos: do intestino delgado, da sístole cardíaca, do triplo aquecedor, da bexiga e do estômago.

As pessoas que sofrem de anemia crônica, má nutrição e má circulação, e cuja pressão sangüínea é inferior a 100 mm Hg (pressão sistólica), são geralmente consideradas hipotensas. Embora essas pessoas vivam mais do que as hipertensas, têm dificuldade para dormir, sentem tontura quando acordadas, preguiça, fadiga e sensação de peso por falta de sono. Elas têm tendência a colapsos do sistema nervoso autônomo, úlceras estomacais e asma. A falta de ácidos gástricos, a estagnação da bílis e o mau funcionamento das células vermelhas do sangue levam o meridiano do estômago a tornar-se *kyo* e o da vesícula biliar, *jitsu*. A absorção imprópria dos nutrientes e o regurgitamento sangüíneo afetam o meridiano do intestino delgado, ao passo que o aspecto psicológico causa mau funcionamento dos meridianos do coração e da bexiga e, ocasionalmente, do fígado e dos rins. Em casos de má circulação, os meridianos da sístole cardíaca e do triplo aquecedor se tornam *kyo*. O mau funcionamento do meridiano do triplo aquecedor produz freqüentemente rigidez geral em todo o corpo, submetendo a pessoa à claustrofobia e às sensações de desconfiança, bem como à insatisfação permanente. Em pessoas com insônia, ou que se sentem cansadas depois de um longo repouso, ou alérgicas no nível da pele, você encontrará o meridiano dos rins *jitsu* e o do triplo aquecedor *kyo*. As alergias e a má circulação indicam que o meridiano da bexiga é *jitsu* e o do triplo aquecedor, *kyo*. A exaustão total, o trabalho excessivo e a tendência a sentir calor indicam que o meridiano da sístole cardíaca é *kyo* e o dos rins, *jitsu*.

Tosse: As pessoas costumam associar a tosse com a gripe ou com alguma disfunção do aparelho respiratório, mas, de acordo com uma obra clássica de medicina oriental, esse fenômeno está ligado com vários meridianos, dependendo da causa. O praticante deve estar bem informado acerca da terapia dos meridianos. Sufocação na garganta e tosse constante são freqüentes sintomas de uma tensão neurótica. Os mesmos sintomas da chamada "tosse cardíaca" ocorrem em pacientes que se preocupam ansiosamente com o câncer. A tosse que produz dor forte no lado do torso, pressionando o diafragma para cima, pode ser causada por uma disfunção do fígado, devido ao excesso de consumo de alimentos altamente calóricos, especialmente doces (comum entre crianças), pela ingestão demasiada de líquidos e pela exaustão. A tosse com irritação da mucosa da garganta pode ser indicação do mau funcionamento do meridiano da vesícula biliar e do processo de desintoxicação. Entre as crianças, a tosse pode ocorrer devido ao excesso de comida ou a uma indigestão. O repouso parece curar o problema, mas, em casos mais graves, a tosse recomeça quando a criança estiver ativa ou quando ela tiver urticária. Nesses casos, o meridiano do estômago será *kyo*, o dos rins, *jitsu*, ou vice-versa. Se houver rigidez nas costas, devido a tosse causada por hipertensão, verifique os meridianos dos rins e da bexiga. As dores no braço, especialmente no polegar, na direção do tórax, podem indicar mau funcionamento dos meridianos dos pulmões e do intestino grosso. Nos casos em que a verminose é a causa da tosse, deve-se verificar o meridiano do estômago. Verifique o meridiano do triplo aquecedor nos casos de paciente suscetível à amigdalite, à inflamação da garganta, à bronquite e aos resfriados. A congestão nasal e os problemas com o olfato indicam um mau funcionamento dos meridianos do intestino grosso e da bexiga.

Problemas do sistema nervoso

Paralisia infantil: O mau funcionamento do sistema nervoso central, a apoplexia, a pólio, o frio nas extremidades, a artrite reumatóide, a neurite e o beribéri podem causar a paralisia. Com freqüência ela é acompanhada de febre alta, dor e dormência ou contrações musculares. A paralisia facial, um problema comum, é caracterizada pela falta de expressão, dificuldade em fechar as pálpebras e a boca, impossibilidade de assobiar e engolir eficazmente, salivação descontrolada e lacrimejamento. Além disso, a paralisia dos nervos pode ocorrer na região das coxas e na parte inferior das pernas. A nevralgia ou neurite pode atacar o ombro e a omoplata, o tórax e áreas das costas, prejudicando as funções locomotoras.

Ao tratar a paralisia, verifique qualquer curvatura ou desvio nas vértebras lombares, dorsais e cervicais, bem como na região do sacro. Verifique também as articulações dos ombros, cotovelos, pulsos, pernas, quadris, joelhos e tornozelos.

Visto que nem sempre você poderá encontrar o *kyo* e o *jitsu* na área em questão, mantenha essa região sob pressão enquanto verifica onde se localiza, de fato, a perturbação. Você pode fazer isso ao diagnosticar os músculos associados e a região das articulações. Você descobrirá que a perturbação se transforma de um fenômeno superficial a um mais profundo e que muda constantemente. É importante, portanto, que você controle isso antes de cada tratamento.

Neurose: Devido à dificuldade em atribuir esse problema a um fenômeno físico específico, os médicos relegam-no a um problema psicológico baseado num desconforto imaginário. Pouca atenção se deu a esse problema no passado, mas agora os médicos estão prescrevendo drogas para aliviá-lo. Cerca de um terço de todas as drogas químicas são prescritas para problemas psicológicos ligados ao sistema nervoso autônomo e à ansiedade psicológica. Esses venenos, sob a forma de tranqüilizantes, são ministrados com a convicção de que o paciente se curará. Uma grande falha da medicina ocidental é que ela não é capaz de tratar eficazmente de um problema que não pode ser classificado numa categoria específica.

No shiatsu acreditamos que o paciente está, de fato, sofrendo de desordens mentais e físicas, e o tratamos de acordo com isso. Em casos de tensão do sistema nervoso autônomo, é afetado o meridiano da bexiga; a ansiedade e a obsessão acompanhada de medo envolvem o meridiano dos rins; o meridiano do estômago está ligado aos problemas nervosos digestivos e à ansiedade; o meridiano do baço-pâncreas, à aceleração excessiva do pensamento; o meridiano do coração, à impaciência; o meridiano do intestino delgado, à circulação ineficiente; o meridiano da vesícula biliar, à dor de cabeça e nos olhos; a falta de atividade e a exaustão estão relacionadas com o meridiano do fígado; o meridiano da sístole cardíaca está ligado às palpitações, e o meridiano do triplo aquecedor, ao peso na cabeça e às dores oculares. Nos casos de histeria, ocorre tensão rígida no plexo solar, e o meridiano do coração é *jitsu*.

Essa dicotomia entre o aspecto psicológico e o aspecto físico do paciente deixa o médico ocidental em desvantagem. Na medicina oriental, combinamos esses dois aspectos porque acreditamos que um afeta o outro, e vice-versa. Nossa abordagem global às doenças humanas torna o problema complicado por envolver muitos aspectos, mas permite tratá-las de uma forma mais eficaz.

Problemas do metabolismo e do sistema endócrino

Diabetes: Devido à falta de insulina nas ilhotas de Langerhans, no pâncreas, o açúcar do sangue não é bem consumido na célula, acumulando-se anormalmente. O açúcar presente na urina indica o diabetes. O tratamento dessa doença geralmente envolve a diminuição da taxa de açúcar no sangue com a ajuda de drogas como a insulina. Porém, esse tipo de tratamento só cura os sintomas, e não as causas. Muitos casos de diabetes, e também de hipertensão, envolvem não só o pâncreas, mas também os rins. A doença de Basedow ou outras reações secundárias costumam estar ligadas à ingestão da insulina. Visto que o problema do diabetes, causado pelo mau funcionamento das ilhotas de Langerhans, não pode ser solucionado, a insulina só age como um tratamento do sintoma de excesso de açúcar no sangue. As pessoas que sofrem de diabetes eliminam açúcar pela urina, estão sempre com muita sede e têm tendência a comer demais, especialmente alimentos doces. Também são características do diabetes: fadiga contínua, decréscimo da vitalidade sexual, sensação de coceira na pele, nevralgia, dormência, pressão sangüínea alta, arteriosclerose, catarata e deficiência visual. É interessante notar que esses problemas ocorrem, algumas vezes, como uma reação à insulina. As pessoas que têm tendência a comer demais, que são nervosas, não fazem exercícios e trabalham intelectualmente em excesso são propensas ao diabetes. Do ponto de vista do meridiano, o diabetes é caracterizado pelo meridiano *kyo* do baço-pâncreas. Os meridianos dos rins e da bexiga devem ser tratados para evitar acidose e os do fígado e da vesícula biliar, para evitar a ingestão excessiva de calorias e a falta de atividade sexual.

Gota: Essa doença é caracterizada por uma penetrante e forte dor nos dedões dos pés durante a noite. Essa dor diminui depois de uma semana, mas volta a ocorrer. As juntas incham e tornam-se vermelhas ou roxas; ocasionalmente há febre. Essa região fica tão dolorida que não se pode tocá-la. Em alguns casos, o tendão de Aquiles e o tornozelo se inflamam. Antigamente a gota era chamada de doença real, porque era comum entre nobres e fidalgos que praticavam o epicurismo. No Japão, depois da Segunda Guerra Mundial, a mudança de alimentação trouxe como resultado a gota. A ingestão excessiva de proteína e de álcool cria um excesso de ácido úrico, que se acumula no sangue e nas articulações dos braços e das pernas. Também o mau funcionamento dos rins, o excesso de trabalho ou a influência de hormônios sexuais masculinos podem ser fatores que favorecem a gota. O homem de meia-idade é a vítima comum dessa doença.

Os meridianos do baço e do fígado são importantes no tratamento da gota, porque estão relacionados com o dedão do pé e com o tendão de Aquiles. Também deve-se estar atento aos meridianos dos rins e da bexiga. O shiatsu é muito eficaz para evitar a recaída dessa doença.

Doença de Basedow: Esse problema, comum entre mulheres de vinte a trinta anos de idade, envolve o mau funcionamento do hormônio da tireóide, produzindo o intumescimento da região do pomo-de-adão, palpitações fortes e rápidas, proeminência do globo ocular, tremor nas mãos e nas pálpebras, superexcitação nervosa e insônia. A glândula tireóide, os problemas dos olhos e a insônia estão relacionados com o meridiano da vesícula biliar, ao passo que a proeminência do globo ocular está relacionada com o VB-31 *(ponto fushi)*. A rigidez nas costas e a inflamação da garganta podem ser causadas por um desvio da quarta, quinta ou sexta vértebra cervical. Os meridianos da vesícula biliar e do triplo aquecedor são *kyo*. As palpitações relacionam-se com o meridiano da sístole cardíaca e o nervosismo, com os meridianos dos rins e da bexiga. O meridiano do triplo aquecedor deve ser tratado para relaxar os braços. Qualquer curvatura da espinha e das vértebras cervicais afeta os meridianos da sístole cardíaca e do intestino delgado e deve ser recolocada no lugar.

Menopausa: Em muitas mulheres, a cessação do ciclo menstrual traz muitos sintomas de mau funcionamento do organismo. As palpitações, as vertigens, o excesso de transpiração, as dores de cabeça, o zumbido nos ouvidos e as dores nos ombros, bem como a obesidade, a fadiga contínua e a perturbação mental são freqüentemente causados por desequilíbrio hormonal. Como é difícil, por vezes, determinar a exata causa para essa miríade de problemas, cegamente e com muita facilidade o médico administra medicamentos à base de hormônios. Essas drogas, contudo, somente prolongam as dificuldades que envolvem a menopausa. A fadiga mental e física contínuas, a falta de apetite e um estado de abatimento depois de cirurgias como o aborto indicam uma séria perturbação na mulher.

Quando a paciente está sujeita a vertigens, zumbido nos ouvidos e dores nos ombros, deve-se considerar o meridiano do intestino delgado por causa de sua relação com o funcionamento dos ovários. As perturbações estomacais e nervosas, ou o fato de comer demais por frustração se relacionam com os meridianos do baço e do estômago. As palpitações e perturbações nervosas podem relacionar-se com os meridianos do coração, dos rins e da bexiga. A fadiga contínua, a obesidade e a dor de cabeça envolvem o meridiano do triplo aquecedor, enquanto o meridiano da vesícula biliar governa o desequilíbrio hormonal e a obesidade. É importante que se faça uma diagnose correta para o tratamento da menopausa.

Doenças dos órgãos urogenitais

Doenças renais: Há muitos tipos de problemas renais que até os especialistas têm dificuldades em detectar. No shiatsu, o tratamento não depende da categoria em que se encontra o doente, mas dos fenômenos que ocorrem nos meridianos nas formas *kyo* e *jitsu*.

Em casos de problemas renais agudos, deve-se ter o bom senso de aplicar shiatsu forte na área dos rins. A má absorção de oxigênio e o mau funcionamento do processo de desintoxicação causam a poluição do sangue e são responsáveis pela nefrite. Comer demais e indigestão afetam os meridianos do pulmão, do intestino grosso, do baço e do estômago. No caso de perturbação nervosa, ou de obsessão de doenças, são importantes os meridianos do coração e do intestino delgado. Verifique os meridianos da sístole cardíaca e do triplo aquecedor em casos de intumescências, de sensação de frio, de febre forte ou de hipertensão. Esses sintomas podem ser a causa ou o resultado da nefrite.

De acordo com a relação dos cinco elementos, os problemas renais crônicos influenciam o funcionamento do meridiano do fígado por causa da relação que existe entre a água (rim) e a madeira (fígado). A influência de um rim doente sobre os meridianos do fígado e da vesícula biliar pode provocar falta de apetite, fadiga contínua e vista cansada.

Um shiatsu em todo o corpo com uma boa dieta e a melhoria na estabilidade mental têm dado melhores resultados no tratamento de doenças renais do que a terapia com drogas. Em alguns casos, quando o problema é mais fundamental e relacionado com a constituição hereditária do paciente, serão necessários mais tempo e paciência para recuperação.

Cistite: A micção freqüente e dolorosa, acompanhada de insônia, de nervosismo e de dor na parte inferior das costas são os sintomas comuns de infecções na bexiga. No caso da pielite, manifestam-se febre alta e calafrios. A causa principal de muitas infecções na bexiga é o bacilo que causa a prisão de ventre, a diarréia, a irregularidade menstrual, os problemas da próstata, o mau funcionamento do sistema urinário e uma sensação de frio na parte inferior do ***hará***. Em geral, você encontrará os meridianos do intestino delgado, do triplo aquecedor e do intestino grosso como *kyo*, devido ao frio nesses meridianos, ao passo que o meridiano da bexiga será *jitsu*. Nos casos de secreções mucosas anormais, o meridiano do triplo aquecedor é *jitsu* e os meridianos da bexiga ou dos rins, *kyo*. Pode-se fazer um diagnóstico preciso apalpando-se a região do *hará*. A falta de exercícios influencia os meridianos do baço-pâncreas e do estômago, enquanto os problemas da próstata e outros problemas relativos aos órgãos genitais afetam os meridianos do fígado e da vesícula biliar.

Problemas da próstata: A deterioração da glândula da próstata que produz o sêmen causa-lhe o intumescimento e a pressiona contra o ducto urinário, tornando difícil a micção. Para algumas pessoas, a única resposta é a remoção dessa glândula. Mas, desde que essa é uma decisão delicada a tomar, vale a pena tentar primeiro o shiatsu. Mesmo em casos sérios, você pode obter alívio para a dor e o desconforto com o shiatsu. Ao diagnosticar esse problema, você encontrará o meridiano do fígado como *kyo* e o dos rins, como *jitsu*. Insistindo nesses dois meridianos, aplique o shiatsu total aos meridianos do fígado, da vesícula biliar, dos rins e da bexiga, usando a técnica de tonificação-sedação. Em alguns casos, você deverá tratar também dos meridianos dos intestinos delgado e grosso e do baço-pâncreas.

Impotência: É natural que o adulto saudável normal deseje manter atividades sexuais. Porém, a fadiga psicológica, a hipertensão do sistema nervoso autônomo e o desequilíbrio hormonal podem afetar adversamente essa atividade. Esse mau funcionamento é chamado de impotência, no caso do homem, e de frigidez, no caso da mulher.

Houve muitos casos em que apliquei o shiatsu por outras razões e em que curei não só o problema principal, mas também a insuficiência sexual do paciente.

Tratar problemas sexuais isoladamente não pode produzir resultados duráveis porque, freqüentemente, o problema se relaciona com mais de um aspecto. Há pessoas cujos problemas sexuais não decorrem de um mau funcionamento físico. Muitas vezes essas pessoas são hipertensas, dedicadas demais ao trabalho; conseqüentemente, trabalham muito e assumem muitas responsabilidades.

Os fatores emocionais são, em geral, a causa da frigidez na mulher. O constrangimento sexual, o recato com o sexo oposto e a associação do sexo com obscenidade são atitudes que contribuem para o problema e que não podem ser ignoradas. Devemos todos perceber que um meio de vida saudavelmente equilibrado, tanto física como mentalmente, é importante na manutenção de uma vida sexual feliz.

No shiatsu, podemos saber onde está o problema ao examinar os meridianos. O *jitsu* nos meridianos dos rins e da bexiga revela a supersecreção de hormônios sexuais, causando problemas para o equilíbrio emocional, o relacionamento sexual e o funcionamento hormonal regular. Em casos de não ereção e de ejaculação precoce, os meridianos do fígado e da vesícula biliar, que comandam a circulação sangüínea, são muito importantes. Se o meridiano do baço-pâncreas estiver duro ou tenso, como é freqüente em casos de diabetes, o paciente pode sofrer de carência de impulso sexual. Os meridianos do coração e do intestino delgado também estão associados a esse tipo de problema. A falta de exercício também pode ser um fator nos casos de mau funcionamento sexual. Nesse caso, os meridianos do pulmão e do intestino grosso devem ser normalizados.

O shiatsu pode ajudar eficazmente no estabelecimento de um fluxo energético equilibrado no corpo, e é a melhor conduta a seguir para restaurar a potência sexual. Contudo, o praticante deve estar cônscio de que fatores emocionais e psicológicos também estão envolvidos e desempenham um papel igualmente importante na manutenção de um fluxo energético equilibrado.

Problemas de sensibilidade cutânea

Erupção na pele e micose: A pele doentia, sem resistência às bactérias ambientais, bem como o estresse psicológico, são causas freqüentes desses problemas. A má eliminação de secreções e a incapacidade de desintoxicação do corpo favorecem o enfraquecimento da resistência. Os meridianos dos pulmões e do intestino grosso, ambos relativos à pele, devem ser equilibrados para melhorar as funções dela. O envenenamento interno, causado principalmente pelo estresse psicológico, afeta o meridiano do intestino delgado, de modo que esse meridiano também deve ser tratado. Para equilibrar o corpo, trate os meridianos dos rins e da bexiga, que controlam os líquidos do organismo; os meridianos do fígado e da vesícula biliar, para desintoxicar o sangue dos venenos que ele contém; os meridianos do baço-pâncreas e do estômago, para assegurar um funcionamento das vias digestivas e o meridiano do triplo aquecedor, para diminuir os efeitos do estresse psicológico. Aplicar o shiatsu em todo o corpo é um meio natural e eficaz de curar esses problemas sem o uso de medicamentos.

Problemas dos olhos: O olho é um órgão muito delicado, que consome mais oxigênio do que qualquer outro. O fígado e os rins também requerem grandes quantidades de oxigênio. Quando há falta de oxigênio no corpo, esses três órgãos competem entre si por suas cotas. O olho não está necessariamente relacionado com a manutenção da vida em si mesma, como estão os outros dois órgãos, de modo que, geralmente, fica com o oxigênio que sobra depois que as necessidades do fígado e dos rins são atendidas. Portanto, quando se estabelece a fadiga e o funcionamento do fígado se altera, o olho também é afetado.

Na diagnose oriental, a córnea está relacionada com o meridiano do fígado; o fundo e o canto externo e interno do olho, com o meridiano do coração; a borda da pálpebra, com o do baço-pâncreas; o branco do olho, com o do pulmão; a pupila, com o dos rins, e a retina, com o do triplo aquecedor. Observando o olho do ponto de vista dos meridianos, vemos que os meridianos do fígados e da vesícula biliar são os mais importantes. Os meridianos dos rins e da bexiga são importantes para a homeostase líquida e as condições do sistema nervoso autônomo. Os meridianos do pulmão e do intestino grosso são responsáveis pelo funcionamento normal da absorção de oxigênio e pela eliminação de toxinas. O FG-11 dá alívio a olhos cansados.

Os problemas de olhos causados por um choque emocional afetam os meridianos do coração e do intestino delgado. Uma alimentação pobre e o diabetes afetam os meridianos do baço-pâncreas e do estômago; a dor ou pressão anormal no fundo dos olhos afetam os meridianos da sístole cardíaca e do triplo aquecedor. Do ponto de vista da nossa teoria dos meridianos, é compreensível que algumas pessoas acreditem que o olho é o espelho de todo o corpo.

Os pacientes míopes podem beneficiar-se enormemente se seguirem uma boa dieta, comerem com moderação e fizerem shiatsu em todo o corpo para aliviar a dor nos ombros e manter o pescoço e o sistema nervoso autônomo relaxados. Você também pode aplicar o shiatsu nos olhos e em volta deles, usando a palma da mão.

Problemas do ouvido: Alguns problemas mais comuns dos ouvidos são: otite externa, causada por inflamação no ouvido externo; timpanite, causada pela gripe, pela natação ou por problemas que se originam no nariz e na garganta; zumbido no ouvido; vômitos e tontura —

todos causados pelo mau funcionamento do ouvido interno ou por outros órgãos, como o nariz, o cérebro, o estômago, os intestinos e os olhos. A menopausa também pode causar desequilíbrio no ouvido interno.

O tratamento dos pontos dos meridianos da bexiga e do vaso condutor localizados na cabeça é muito eficaz para remediar os problemas do ouvido. Os pontos nos meridianos do triplo aquecedor e da vesícula biliar, na região do ouvido, bem como na do pescoço e da nuca, são eficazes para as dores de cabeça e os problemas do ouvido. São igualmente importantes o meridiano do intestino delgado, localizado no ouvido interno, e o do estômago, no nariz. No caso de dores de ouvido, trate os meridianos do pulmão e do coração; para a hipertensão e arteriosclerose, trate o meridiano da sístole cardíaca.

A acupuntura é bem conhecida como um método eficaz no tratamento de problemas do ouvido, inclusive a inflamação dos tímpanos. Desde que a teoria que serve de base ao shiatsu está ligada aos mesmos *tsubôs* ou pontos, o shiatsu também pode ser um meio eficaz no tratamento dos mesmos problemas. Simultaneamente, o shiatsu pode revitalizar também todo o corpo, porque age sobre os meridianos e suas relações com todo o organismo.

Problemas ginecológicos

Irregularidade menstrual: O mau funcionamento dos ovários, que causa menstruações irregulares, acompanhadas de dores, tem como conseqüência o mau funcionamento dos meridianos do estômago e do intestino delgado. Portanto, esses meridianos são importantes no tratamento de problemas menstruais. Os outros meridianos que podem ser tratados são: o do coração, para o correto funcionamento do diencéfalo e da glândula pituitária; o da bexiga, para o funcionamento normal do útero e do sistema nervoso autônomo; o dos rins, para o funcionamento saudável das glândulas, especialmente as que comandam os hormônios sexuais; o meridiano do baço-pâncreas, para a eliminação de problemas psicológicos, como a frustração, e o do triplo aquecedor, para a secreção normal de muco no útero. O shiatsu geral aplicado na região das vértebras lombares, entre a terceira e a quinta, bem como na área do sacro, também pode contribuir para restabelecer a regularidade da menstruação.

Leucorréia: Um corrimento menstrual anormal espesso acompanhado de inflamação e coceira na região dos lábios é chamado de leucorréia. Causada por tricomonas e outras infecções virais, ela também afeta o útero e os ovários, produzindo inflamação nessas áreas. A insônia e os ataques nervosos compõem o quadro, tornando difícil a cura somente por medicamentos. Ao se tratar de problemas femininos, em geral, são muito importantes os meridianos do intestino delgado e do triplo aquecedor. Quando há sensação de frio e circulação fraca e anormal na região do púbis, como no caso da leucorréia, trate o meridiano do intestino grosso e manipule as pernas para suprimir e prevenir a estagnação na região do osso púbico. Para ajudar a aliviar a tensão nervosa, aplique o shiatsu na nuca e nos braços.

Gravidez: Durante os primeiros estágios da gravidez, a variação hormonal e as toxinas liberadas pelo desenvolvimento do feto causam mal-estar matinal. Na mulher saudável, essas toxinas são filtradas pelo fígado e eliminadas. Porém, se o fígado não estiver funcionando bem, os venenos penetram no sangue e estimulam o sistema nervoso, causando reações emocionais e psicológicas desfavoráveis. Em muitos casos, as toxinas também penetram no estômago e causam vômitos e inapetência. Essas toxinas também afetam os rins, causando prisão de ventre. Conquanto alguns médicos recomendem o aborto para casos extremos de toxemia, esses problemas podem ser curados pela aplicação regular do shiatsu nos meridianos do fígado, da vesícula biliar, do estômago, dos rins e do intestino grosso.

A aplicação do shiatsu durante os últimos períodos de gravidez não é perigosa se você evitar pressões fortes diretamente sobre o feto. Se você seguir o meu método dos meridianos, poderá estimular e reforçar os órgãos fracos como preparação para o parto. Para um rápido e eficaz alívio da dor durante o parto, aplique o shiatsu na região do cóccix e do sacro. O shiatsu associado a vários exercícios especificamente recomendados para a mulher grávida pode prepará-la tanto física como psicologicamente para um parto fácil e feliz.

Dificuldades de lactação: Parece-me irônico que, a despeito dos esforços da medicina ocidental em aumentar e melhorar os seios usando vários métodos de injeções e de cirurgia plástica, a maioria das mulheres não sejam capazes de amamentar os filhos, ou se recusam a fazê-lo. A ênfase excessiva na beleza é um erro. Recentemente, porém, muitas mulheres estão reavaliando e compreendendo a importância de restituir o seio à sua função normal — aleitamento.

Os problemas da lactação podem ser causados pelo subdesenvolvimento ou inflamação das glândulas mamárias, pelas anormalidades hormonais, pela contração indevida do útero ou por hábitos incorretos de aleitamento. A dor nos ombros é característica desses problemas. Antigamente, havia massagistas japoneses especializados em massagem do seio antes e depois do parto. Com o advento da medicina ocidental, contudo, essa especialidade desapareceu.

Para promover a lactação e a recuperação pós-parto, é importante que a mulher seja capaz de descansar num ambiente tranqüilo e seguir uma dieta bem equilibrada. Por outro lado, ingerir grandes quantidades de alimento para favorecer a lactação produz resultados opostos.

Um método muito eficaz e agradável de estimular as glândulas mamárias pode ser praticado pelo marido. A estimulação do seio com algum tipo de carinho, antes e depois da gravidez, auxilia enormemente na preparação da mãe para amamentar o filho.

Quando aplicar o shiatsu, massageie suavemente os seios para estimular as glândulas mamárias e aliviar qualquer inflamação glandular que possa existir. Trate do meridiano do estômago, que passa através dos mamilos e dos ovários, bem como dos meridianos da sístole cardíaca, do coração e da vesícula biliar, que passam todos pelo peito.

Quando a mãe não pode descansar suficientemente depois de dar à luz, o sangue pode estagnar particularmente nos ombros, causando rigidez, dores de cabeça, tontura, febre e desequilíbrio emocional e mental. Esse mesmo tipo de estagnação sangüínea ocorre também em mulheres de meia-idade. Você pode massagear os ombros e os braços para aliviar essa estagnação. Aplicar, nessa área, o shiatsu nos meridianos da bexiga, do triplo aquecedor, do intestino delgado e da vesícula biliar, relaxará os músculos subjacentes. Para regularizar o funcionamento dos ovários, controlar os órgãos internos da região pubiana, purificar os líquidos no corpo e estabilizar o sistema nervoso autônomo, aplique o shiatsu ao longo dos meridianos dos rins e bexiga.

Shiatsu para o bebê: Uma das mais importantes necessidades de um bebê é a estimulação cutânea. Os distúrbios infantis como indigestão, espasmos, diarréia, vômito, tosse, febre, dor de barriga, colite e erupções na pele, podem ser facilmente curados pela aplicação do shiatsu nas costas e na região do *hará*.

Quando o bebê é incapaz de dormir durante a noite devido à superexcitação, à febre ou à perturbação estomacal, aplique simultaneamente na nuca e na região do *hará* o shiatsu com a palma das mãos.

Doenças não classificadas

Muitas pessoas hoje se tornam vítimas de doenças para as quais a medicina ocidental não tem classificação. Quando finalmente atingem o limite de tolerância à dor, procuram um médico. A preocupação e a ansiedade quanto à gravidade da doença que o médico irá diagnosticar agrava o problema. Depois vêm a visita ao médico, o exame completo e o veredicto final — e nada está errado! Assim, eles voltam para casa com o conselho médico de não se preocuparem se a dor continuar.

A medicina moderna fez incríveis avanços na cura de doenças agudas, mas dedica pouca atenção às doenças crônicas, que não colocam a vida do paciente em risco, mas que, não obstante, existem. Devido ao aumento de doenças crônicas, porém, muitas pessoas desiludem-se com a medicina convencional e voltam-se para a medicina popular e oriental, que são baseadas na experiência e na sabedoria acumuladas através dos tempos. Embora a medicina convencional considere os remédios populares e a terapia oriental como não científicos, eles têm desempenhado um papel importante na solução de aparentes "mistérios" da ciência médica moderna. A terapia de manipulação é, provavelmente, a melhor terapia a ser tentada primeiro, porque não é necessário preparação e porque nenhuma reação colateral a acompanha. O shiatsu pode ser usado de forma eficaz e segura.

Rigidez nos ombros: Não há problema tão comum e tão difícil de curar como a rigidez nos ombros. Por falta de uma cura definitiva para o tratamento desse problema, as técnicas médicas modernas incluem injeções de vitamina, tranqüilizantes e/ou tração, ou simplesmente uma massagem ou fricção, acompanhados de um banho quente para favorecer a circulação. Os emplastros, os *sprays*, as massagens e as vibrações são outros remédios populares que as pessoas usam quando os métodos convencionais falham.

Certas pessoas crêem que a rigidez vem dos tendões localizados entre os músculos em questão, enquanto outras se conformam com a idéia de que esse é o preço que o homem paga por andar sobre duas pernas numa posição vertical. Em muitos casos, o problema fundamental reside no mau funcionamento dos órgãos internos, na fadiga física ou psicológica, ou numa deformação geral do corpo.

Quando se aplica o shiatsu, é importante diagnosticar a região dos ombros para descobrir a causa básica do problema. O shiatsu aplicado somente na região dos ombros não será suficiente. Por isso, o terapeuta de shiatsu deve fazer o paciente entender que sua condição também está relacionada com uma atitude física e mental diante da vida.

Fig. 363

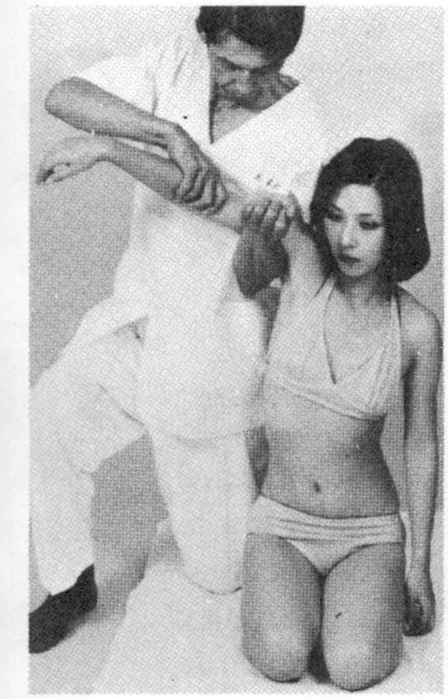

Fig. 364

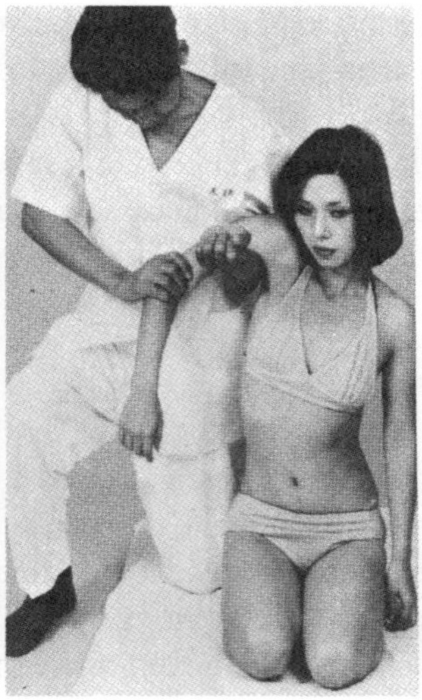

Fig. 365

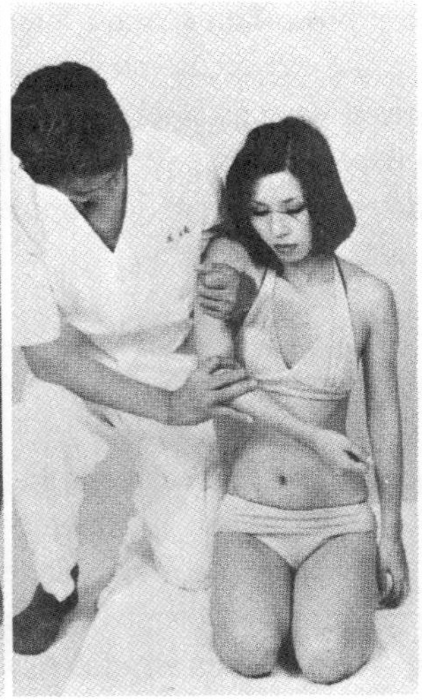

Fig. 366

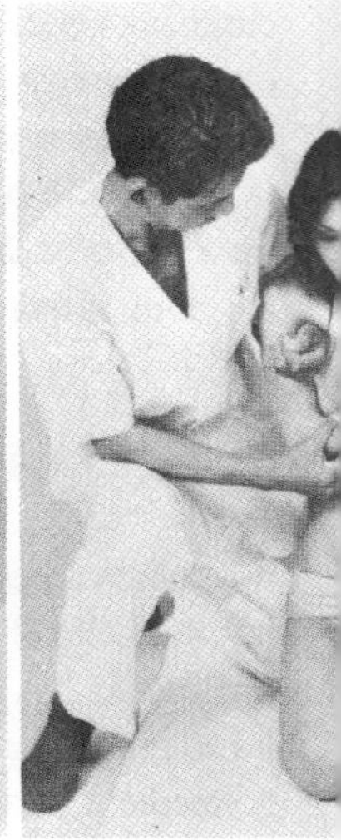

Se for bem sucedido, o terapeuta de shiatsu preencherá a lacuna que hoje existe entre o médico e o paciente ao reconhecer que este é um ser humano.

Há duas técnicas usadas para tratar de rigidez nos ombros. Antes de aprendê-las, contudo, é importante que se compreenda o princípio da tonificação e sedação dos pontos *kyo* e *jitsu*.

Mantenha o paciente sentado no estilo japonês e coloque o antebraço sob sua axila (figura 363). Com a outra mão, segure o braço pelo cotovelo (figura 364). Dobre o braço do paciente pelo cotovelo e leve-o para a frente do corpo (figura 365). Puxe o ombro dele para cima com o seu braço enquanto lhe empurra o cotovelo na direção do *hará*. Puxe-lhe um pouco mais o ombro e pressione-lhe o cotovelo contra o tórax (figura 366). Gire o braço e relaxe-o.

Fig. 367

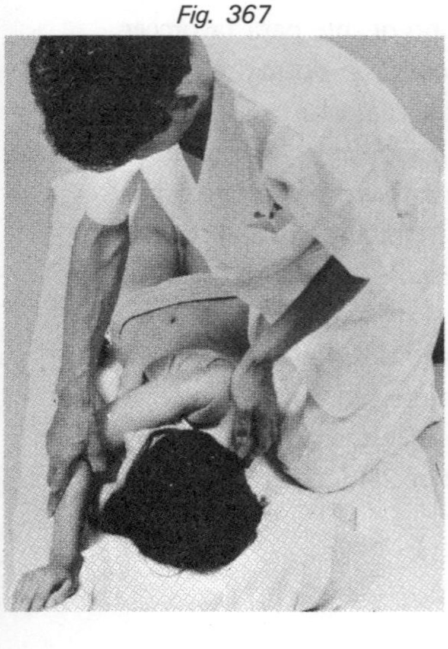

Fig. 368

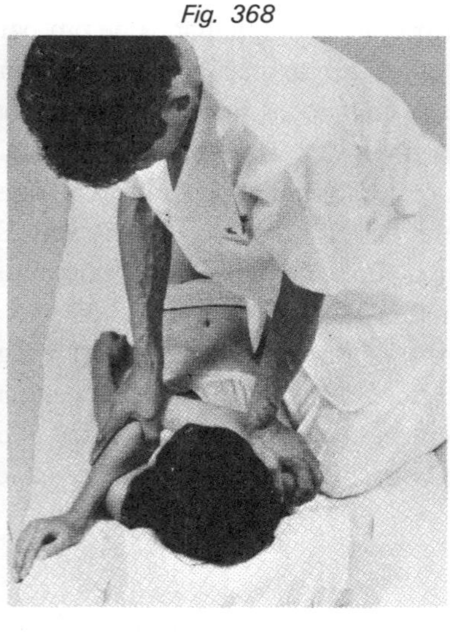

Fig. 369

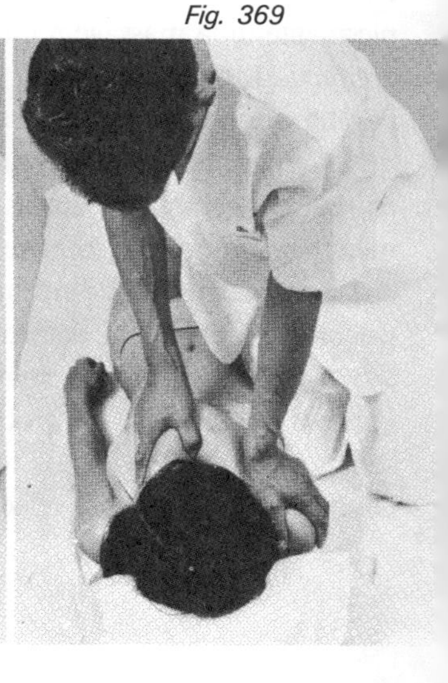

Para a segunda técnica, mantenha o paciente deitado de costas. Sustente a articulação do ombro com a palma da mão. Coloque o cotovelo sobre o tórax, levantando-lhe o ombro suavemente (figura 367). Leve o ombro do paciente na direção do tórax, pressionando o cotovelo contra o tórax (figura 368). Pressione-lhe o ombro para baixo e mantenha o cotovelo no lugar (figura 369). Quando o ombro encostar no chão, puxe-lhe o cotovelo para fora de modo que descanse no chão (figura 370). Segurando o ombro, gire-lhe a articulação com a outra mão (figura 371).

Fig. 370

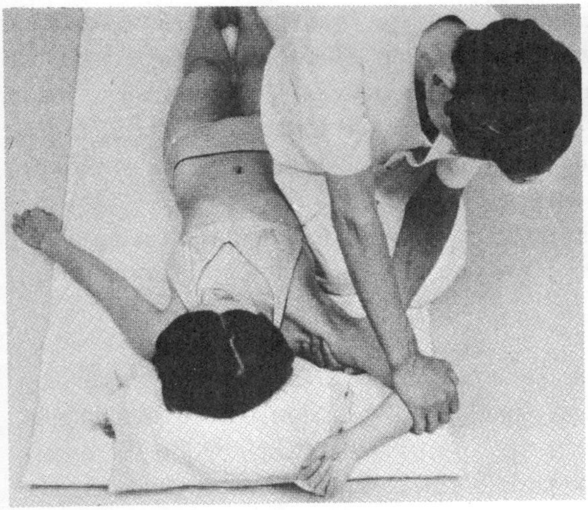

Fig. 371

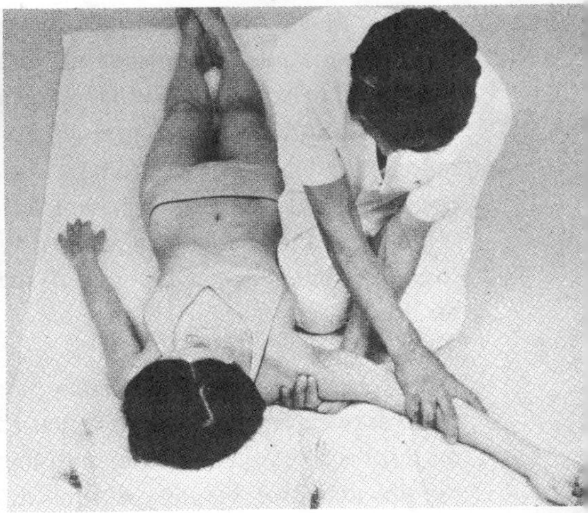

A corcunda e a curvatura nas costas: Embora o problema da corcunda em pessoas idosas tenha decrescido, talvez devido à mudança no estilo de vida, a curvatura na espinha entre a geração mais jovem está aumentando alarmantemente devido a um *hará* subdesenvolvido. No passado, os pais assumiam a responsabilidade de instruir seus filhos para esticar suas costas depois de cada refeição, bem como ensinavam-lhes exercícios para manter a postura correta.

Hoje, a confiança nas técnicas médicas modernas, que utilizam o espartilho e a tração, assim como injeções e terapia hormonal, com pouco destaque para exercícios, teve como resultado uma geração com um *hará* subdesenvolvido. Ironicamente, numa era em que a independência e o individualismo são salientados, tanto mais dependentes nos tornamos dos procedimentos médicos modernos para corrigir problemas de saúde, colocando a total responsabilidade sobre os médicos e não sobre nós mesmos.

A quiropatia, diante do problema da deformação da coluna vertebral, afirma que a causa da doença reside por vezes no alinhamento incorreto das vértebras. A correção desse estado geralmente é realizada pela quiropatia, por meio de manipulações. Ao trabalhar somente com a coluna, séries de manipulações quiropáticas são realizadas até que a coluna fique no lugar. É dada pouca ênfase à relação entre o mau funcionamento dos órgãos internos e a coluna. Porém, trabalhar somente na coluna vertebral cobre apenas um aspecto do problema. Nos casos de colite, há uma tendência natural para empurrar a parte inferior da espinha para dentro a fim de aliviar a dor, gerando, dessa forma, uma perturbação nessa área, por causa do mau funcionamento do órgão. Nos casos de dores no tórax, é freqüente a tendência de alongar as costas para aliviar qualquer pressão dolorosa nessa região. Essa forma instintiva de alongamento pode ser considerada uma forma alternativa de tratar a espinha. Em muitos anos de experiência, tenho aplicado o shiatsu para determinadas doenças internas e, sem querer, corrigido o estado crônico da coluna vertebral do paciente.

Em nossa clínica, acreditamos que cada vértebra está ligada a um órgão e o afeta; é nessa teoria que baseamos nossa diagnose e tratamento. Muitos crêem que é devido a desvios na coluna que ocorrem curvaturas nas costas. Contudo, percebemos que o mau funcionamento dos órgãos internos é a causa dos desvios das vértebras. A contração dos músculos e dos tendões causa uma dor que nos impede instintivamente de alongarmos as costas a fim de manter o alinhamento correto.

Corrigimos, portanto, a região do desvio na espinha usando a técnica do alongamento e aplicamos a terapia *ampuku* aos meridianos para corrigir o mau funcionamento interno dos órgãos.

Dormência: Aqueles que estudaram o zen, ou outra disciplina oriental, provavelmente sentiram dormência nas pernas ao sentar-se no estilo japonês. Essa dormência é causada pela má circulação e pela obstrução no sistema nervoso periférico das pernas devido à compressão dos músculos. Levantar-se também se torna difícil, com uma sensação de dor aguda nas pernas causada por formigamento e pela perda da capacidade de coordená-las. Nesse caso, é importante permanecer calmo e aplicar o shiatsu no ponto *sanri* (EST-36) e o shiatsu forte nos meridianos do triplo aquecedor das pernas. Como mencionei no capítulo sobre o auto-shiatsu nas pernas, estimule-as com o shiatsu na posição sentada. Geralmente, as pessoas com problemas digestivos (estômago e intestinos) são propensas à dormência nas pernas. Contudo, as doenças crônicas e mais fortes, como deslizamento de disco, hérnia de disco, traumatismo, diabetes, arteriosclerose, hemorragia cerebral, achatamento do nervo, etc., podem também ser a causa dessa dormência. Um tratamento apropriado deve ser dado nesses casos. A dormência, em geral, indica um funcionamento anormal do sistema nervoso, bem como da circulação sangüínea, e um temperamento muito forte.

Um shiatsu firme, portanto, deve ser aplicado no centro e nas extremidades do sistema nervoso e sangüíneo. A dor geralmente aparece no nível dos discos, ao passo que a dormência ocorre no meridiano *kyo*, em particular na linha meridiana do triplo aquecedor. Depois de diagnosticar o que é *kyo*, pode-se aplicar o shiatsu correto.

Cãibras: Tenho certeza de que todos nós já experimentamos uma cãibra de uma ou de outra forma. Embora freqüentemente não o levemos a sério, elas têm causado muitos acidentes fatais. Provavelmente, a cãibra mais comum ocorra na barriga da perna. Isso acontece muito com os nadadores cansados ou que não aqueceram os músculos: eles sentem cãibras quando estão na água fria. E o que dizer quando se acorda no meio da noite com uma dor forte nas pernas ou nos braços? A alimentação, o estômago e intestino debilitados e a falta de sono podem ser causas subjacentes das cãibras, mas nenhuma outra razão específica foi citada. A má circulação associada a uma grande quantidade de exercícios num tempo determinado pode ser um fator que vale a pena considerar. Por exemplo, quando você repentinamente exercita os músculos frios, eles se contraem e acontece a cãibra. Para aliviar as cãibras, puxe o músculo em direções opostas; na direção da origem do músculo e na direção de sua inserção. Em seguida aplique o shiatsu com uma compressão suave sobre o músculo. Se a cãibra continuar, você pode segurar o final do músculo e o tendão e aplicar o shiatsu diretamente na área do espasmo. Em casos de cãibras na barriga da perna, aplique um shiatsu forte atrás da rótula e dobre o dedão dos pés para cima. Contudo, não se deve esquecer que a incorporação do shiatsu em todo o corpo no nosso dia-a-dia é o melhor meio para prevenir ocorrência de cãibras.

Estomatite: Mais freqüente entre crianças que nos adultos, esse problema ataca quando se está cansado ou se comeu demais. A dor reduz o apetite e aparecem pequenas manchas brancas. Minúsculas pregas brancas irradiam-se do canto da boca e abrem-se em leque, como a pata de um pássaro. Essa condição anormal indica uma desordem no revestimento mucoso do estômago. É importante, pois, que o meridiano do estômago seja tratado em primeiro lugar. O shiatsu pode ser aplicado nos braços e nas pernas, assim como o *ampuku*, para relaxar os músculos tensos, reduzir o nervosismo e compensar a falta de exercício — causas principais do problema. O mau hálito também pode ser uma indicação de estomatite, embora, em alguns casos, possa ser devido a uma higiene bucal deficiente.

Um provérbio japonês diz que o estômago é a fonte de todas as doenças, pois todas elas entram pela boca. Dessa forma, é importante que você mantenha um estilo saudável de vida, incluindo o shiatsu em seu programa diário para se libertar completamente de todos os problemas e manter boa saúde.

Ao aplicar o shiatsu, você descobrirá que o mau funcionamento do meridiano do triplo aquecedor, especialmente nos braços, pode ser a causa desse problema.

Palpitações: Uma enorme quantidade de energia é necessária para manter o correto funcionamento de todo o corpo. A função básica do coração é suportar o contínuo bombeamento do sangue para todas as partes do corpo. As palpitações fortes ocorrem quando você se prepara para cada movimento. Com o nosso atual interesse por doenças do coração, as palpitações têm sido associadas, equivocadamente, a condições cardíacas fatais. O sentido correto das palpitações está relacionado com o funcionamento normal do coração.

Quando começamos a nos preocupar com isso como um prenúncio de doenças cardíacas, as palpitações se tornam um problema. A ansiedade aguda não só as prolonga, como também afeta negativamente o funcionamento do estômago, gerando doenças estomacais, bem como encurtando nosso período de vida.

O shiatsu em todo o corpo e a terapia *ampuku* são altamente benéficos. O shiatsu suave, com os quatro dedos nos lados do plexo solar, acalma o paciente e normaliza as palpitações. Nos casos em que a causa é o mau funcionamento e a deterioração dos órgãos internos, o shiatsu em todo o corpo é muito importante. Você encontrará os meridianos do coração e do estômago *jitsu* e o meridiano da sístole cardíaca *kyo* ou *jitsu*.

Respiração curta: As pessoas levam a vida sem se preocupar com a saúde até a idade dos quarenta anos, quando sentem a fadiga e a tensão dos ombros. A respiração se torna superficial, e o corpo inteiro oscila a cada inspiração. Subir escadas ou correr velozmente as fazem perder o fôlego, e pensar que estão ficando velhas. Quando você não pode alcançar o cordão do sapato e amarrá-lo, porque a barriga fica no caminho, é tempo de parar e pensar sobre o estado alarmante da saúde. A insônia causada pela má nutrição, a compleição fraca a despeito de uma aparência saudável, a vertigem originada pela anemia são alguns dos indícios de que é tempo de fazer no corpo uma boa limpeza. Recorrendo-se ao shiatsu em vez de à medicina, podemos fazer uma diagnose localizando as áreas de tensão e de dor, bem como o grau de flexibilidade das articulações, evitando dessa forma que a situação se agrave. Quando nos conscientizamos do fato de que o corpo pode ter problemas e que a boa manutenção diária é imperativa para a saúde, não tememos a velhice nem a usamos como desculpa para os abusos a que o submetemos.

Congestão nasal: Há muitos tipos de congestão nasal: a congestão nasal aguda, causada por um resfriado; a congestão nasal crônica, que ocorre pelos motivos mais fúteis; a congestão nasal com inchaço, causada pelo muco nasal ou pela má formação do nariz e pelo empiema, quando a cavidade nasal contém pus.

Acredita-se também que as mudanças de clima afetam não só o nariz, mas também provocam a asma, a tuberculose, a artrite e as nevralgias. Ouvi falar muitas vezes de pessoas que se curaram do prolongado sofrimento causado por problemas de sinusite apenas por terem viajado para além-mar e se mudado para outro clima. A poluição do ar é outro fator importante a considerar quando se trata dessas doenças. Se essas situações se prolongam, seguem-se o mau funcionamento do cérebro e dos pulmões, bem como a inapetência. As drogas e os *sprays* nasais desobstruem temporariamente as fossas nasais, mas não solucionam o problema.

O shiatsu provê o tratamento necessário para resolvê-lo. A ênfase não deve ser colocada apenas na região nasal, mas nos meridianos dos rins, da bexiga, do intestino grosso e do triplo aquecedor. Visto que muitas pessoas com problemas nasais tendem a comer em demasia, debilitando dessa forma o estômago e os intestinos, também se deve dirigir a atenção para os meridianos do baço-pâncreas e do estômago.

Quando o corpo está saudável, sua resistência natural prevenirá os problemas que possam surgir devido às mudanças no clima ou na qualidade do ar.

Nota dos autores

Comecei minhas aulas de conversação em inglês vinte anos atrás, numa sala escura da igreja luterana de Hiroxima. O professor era um missionário americano nascido na Califórnia. Embora ele tenha conseguido me converter ao cristianismo, certamente me ensinou a me exprimir com confiança em inglês. Nas experiências com meu professor, freqüentemente me surpreendia o fato de que duas culturas completamente diferentes pudessem se comunicar uma com a outra. Como pode uma cultura ser transplantada para o terreno de outra? Esse é o dilema que existe em traduzir de uma para outra língua. Com que precisão e até que ponto podemos fazê-lo?

Embora fizesse conferências sobre cultura oriental por todos os Estados Unidos, eu me sentia, muitas vezes, frustrado e dominado por uma insatisfação indescritível. Mais do que culpar a pobreza do meu inglês, comecei a perceber que o problema era a existência de uma lacuna cultural. E ainda estou tentando preenchê-la.

No início de minha carreira de professor, senti-me obrigado a responder a todas as perguntas feitas por meus alunos, quer soubesse ou não as respostas. Por alguma razão, os americanos procuram, exigem e aceitam respostas prontas a tudo, venham elas do professor, ou do livro, da autoridade ou do vizinho. Infelizmente, muitas crenças são formuladas sem a compreensão completa por parte dos próprios crentes. Acho que há muitas perguntas que não têm respostas e algumas cujas respostas devem provir dos próprios estudantes. Possibilitar o desenvolvimento de uma idéia ou conceito às vezes é mais importante do que o próprio conceito.

Devo admitir que ao aceitar a tarefa de traduzir o *Zen-shiatsu* do japonês para o inglês deparei-me com pesadelos que simbolizavam o dilema cultural que teria de enfrentar para realizá-la. Mas, como um dom Quixote, dirigindo pela primeira vez uma motocicleta Honda, armei-me de coragem e de determinação para seguir em frente. Só espero não ter derrubado nenhuma cerca ao longo do caminho.

Comecei a traduzir este livro não só porque gostava dele e o considerava de interesse para o mundo ocidental, mas também por respeito às duas culturas. Não posso exprimir em palavras a extensão do gênio de sensei Masunaga, não só para o shiatsu como também para a filosofia que se relaciona com todo o ser humano. Seria realmente uma vergonha não compartilhar isso com o mundo.

Admiro o trabalho dedicado e a determinação por parte dos editores em publicar este livro para leitores ocidentais nesta época. Os conceitos que este livro contém estão cinco anos à frente de seu tempo. Aconselhei que o livro fosse publicado quando os americanos estivessem mais familiarizados com o seu conteúdo, mas o entusiasmo dos editores por ele excedeu qualquer interesse financeiro. Essa atitude é elogiável.

Meus agradecimentos para a sra. Pauline Sasaki, que me ajudou a corrigir a tradução. Devo confessar que, sem a sua assistência, a publicação deste livro em inglês teria sido difícil.

Quero também expressar minha gratidão à minha esposa, Bonnie Ohashi, cujos conselhos como agente literária e editora tornaram este livro possível.

Por último, mas não menos, quero agradecer a você, leitor, que está tão desejoso de aprender a filosofia oriental. Espero que, ao fazer isso, descubra que a sabedoria não é um assunto do Oriente ou do Ocidente, mas uma virtude comum a todo ser humano.

Esperando que o *Zen-shiatsu* contribua para a nossa saúde e para a paz no mundo, reparto com você esse conhecimento e crescimento. Coloco-me à disposição para responder às cartas que me enviarem no seguinte endereço:

P. O. Box 1011, Nova York, N. Y. 10019.

Com saúde e amor,

WATARU OHASHI

Concluindo, devo aproveitar esta oportunidade para fazer os comentários e agradecimentos seguintes. Interessei-me pela idéia de produzir uma versão em língua inglesa deste livro quando meu co-autor, Wataru Ohashi, leu o texto original em língua japonesa (*Shiatsu*, publicado por Ido no Nihonsha) enquanto estava em Nova York, e sugeriu que fosse traduzido.

No passado, os livros de shiatsu limitavam-se a explanações técnicas fundamentais destinadas aos iniciantes e não lidavam com as bases teóricas e científicas desse sistema terapêutico. Meu texto original em japonês é dirigido aos especialistas e inclui a filosofia médica que serve de base ao shiatsu. Esse aspecto do livro interessou ao sr. Ohashi por achar que meu trabalho poderia ser de importância para uma ampla compreensão do shiatsu mais sofisticado e do pensamento oriental em geral.

Quando ele propôs a versão deste livro para a língua inglesa, concordei a princípio e solicitei permissão para realizar a tradução da editora Ido no Nihonsha. A empresa não só deu consentimento, como também ofereceu generosamente os negativos da maioria das fotografias. Sou muito grato a eles por sua amável cooperação.

SHIZUTO MASUNAGA

Índice remissivo